经世济民

诚信服务

德法兼修

高等职业教育电子商务类专业
数实融合 守正创新
新形态一体化教材

数据可视化

○ 主 编 胡 辉
○ 副主编 吕忠民 杨 宁 刘宇畅

中国教育出版传媒集团
高等教育出版社·北京

内容提要

本书是高等职业教育电子商务类专业“数实融合 守正创新”新形态一体化教材。

本书围绕数据可视化的基本理论，运用数据思维的基本方法，以有效展现业务指标为核心，借助软件辅助实现有效的数据可视化表达。本书共有六个项目，具体包括数据可视化基础、类别数据可视化、相关关系可视化、占比数据可视化、时间序列数据可视化、新零售智能销售数据可视化实战。全书内容紧密结合典型行业案例，力求做到业务需求故事化、任务场景化，使学习者在掌握数据可视化基本理论的同时，具备较高的实操技能。

教师如需获取本书授课用 PPT、电子教案、习题答案、数据素材等配套资源，请登录“高等教育出版社产品信息检索系统”（xuanshu.hep.com.cn）免费下载。

本书可作为高等职业院校电子商务类专业专科、本科“数据可视化”相关课程的教材，也可作为企业管理者和数据分析及可视化从业人员的学习参考用书。

图书在版编目（CIP）数据

数据可视化 / 胡辉主编. -- 北京 : 高等教育出版社，2025. 6. -- ISBN 978-7-04-063961-2

Ⅰ. TP31

中国国家版本馆CIP数据核字第20254VC174号

数据可视化
SHUJU KESHIHUA

策划编辑 王 沛　　责任编辑 王 沛　　封面设计 赵 阳　　版式设计 杜微言
责任绘图 于 博　　责任校对 刁丽丽　　责任印制 刘思涵

出版发行 高等教育出版社
社　　址 北京市西城区德外大街 4 号
邮政编码 100120
印　　刷 运河（唐山）印务有限公司
开　　本 787mm × 1092mm 1/16
印　　张 16.75
字　　数 280 千字
购书热线 010-58581118
咨询电话 400-810-0598
网　　址 http://www.hep.edu.cn
　　　　 http://www.hep.com.cn
网上订购 http://www.hepmall.com.cn
　　　　 http://www.hepmall.com
　　　　 http://www.hepmall.cn
版　　次 2025 年 6 月第 1 版
印　　次 2025 年 6 月第 1 次印刷
定　　价 49.80 元

本书如有缺页、倒页、脱页等质量问题，请到所购图书销售部门联系调换

物 料 号　63961-00

前　言

目前，我国数字经济蓬勃发展，无论是规模总量、发展速度，还是辐射范围、影响程度都呈现出良好态势。云计算、物联网、智能制造、人工智能等数字经济新业态蓬勃发展，深刻影响着人们的生产生活方式。党的二十届三中全会提出健全实体经济和数字经济深度融合制度。

2022 年 12 月 12 日，《中共中央、国务院关于构建数据基础制度 更好发挥数据要素作用的意见》对外发布，提出“数据作为新型生产要素，是数字化、网络化、智能化的基础，已快速融入生产、分配、流通、消费和社会服务管理等各环节，深刻改变着生产方式、生活方式和社会治理方式。”数据可视化作为推动企业数字化转型、优化业务流程、提升市场竞争力和创新能力的重要手段，在产业数字化和数字经济中发挥着极为重要的作用。

数据可视化是利用计算机图形学和图像处理技术，将数据转换成图形或图像显示出来，并进行交互处理的理论、方法和技术，旨在将复杂的数据以直观、易懂的方式呈现，帮助人们更好地理解和分析数据，即“一图胜千言”。

目前，数据可视化技术已经广泛应用于数据分析、科学研究、教育、电子商务、市场营销、城市规划、交通管理等多个领域。这些领域对数据可视化专业人才的需求不断增加，推动了相关专业的快速发展。此外，随着技术的不断进步和应用场景的拓展，数据可视化相关应用也在不断创新和发展。一方面，一些高校和培训机构开始将数据可视化与人工智能、机器学习、AIGC 等技术相结合，培养具有跨学科知识和技能的数据可视化专业人才；另一方面，随着数字经济的快速发展，人们越来越难从海量数据中得到与具体业务相关的有效信息，需要数据可视化对业务进行更为直观高效的表达，数据可视化也逐渐成为现代经济社会所需的复合型人才的通用技能。鉴于此，本书编写团队在内容设计上兼顾广度和深度，经过反复斟酌，将本书的内容体系呈现为：数据可视化基础、类别数据可视化、相关关系可视化、占比数据可视化、时间序列数据可视化、新零售智能销售数据可视化实战六个项目。本书具有如下鲜明特点：

一、潜移默化融入育人元素，更好地发挥教材的育人功能

党的二十大报告强调“育人的根本在于立德”，本书通过数据可视化手段展示社会主义核心价值观在不同领域、不同群体中的体现，如乡村振兴可视化项目、农产品电商高质量发展可视化项目，以及新零售智能销售数据可视化实战项目等，在不同方向和不同程度上引导学习者关注社会问题，展示国家经济发展趋势和人民生活水平的提高等，培养学习者的社会责任感，引导学习者思考数据背后的意义和价值，在潜移默化中培养学习者的爱国意识和文化自信。

二、兼顾数据可视化的广度和深度，注重适应性和易学性

本书从数据可视化相关具体业务需求出发，为学习者构建数据可视化的基础理论体系，遵循业务指标，合理运用图形方式，直观地呈现复杂数据的逻辑规律及其背后的信息，使学习者能够通过数据可视化方式做分析、理逻辑、判趋势、定方案，成长为合格的跨学科、跨专业的数据分析人才。

三、反映行业企业发展新趋势，突显职业教育类型特色

本书以《职业教育专业教学标准（2025 年）》为依据，注重培养学习者的数据思维、创新思维和跨学科素养，在讲清数据可视化基本理论的基础上，并不局限于某一工具的使用，而是紧跟行业企业发展新趋势，结合企业案例的具体业务需求，选择高效、便捷、流行的工具解决现有问题。通过引导学生尝试采用新的可视化方法和工具，探索数据可视化的新领域和新应用，激发学习者的主动性、创造性、探索精神，提高其学习效果。

四、以优质在线开放课程为依托，推进线上线下混合式数学

本书紧跟教育数字化的发展趋势，依托编写团队建设的在线开放课程，配套开发了微课、PPT课件等数字化教学资源，实现了线上线下资源开发的相互支撑、交叉应用与开放共享，有效推动线上线下混合式教学的开展。

本书在编写过程中，得到了全国电子商务职业教育教学指导委员会的积极指导，依托武汉职业技术学院新形态教材建设项目编写而成。由武汉职业技术大学胡辉担任主编，由武汉职业技术大学的吕忠民、杨宁、刘宇畅担任副主编，全书具体编写分工如下：项目一和项目三由胡辉编写，项目四由吕忠民编写，项目五由杨宁编写，项目六由刘宇畅编写，项目二由编写团队共同编写。重庆翰海睿智大数据科技股份有限公司的技术总监兼副总经理雷悦为本书提供了大量真实的商业数据、案例和技术支持，高等教育出版社编辑王沛为本书的出版提出了宝贵的意见和建议，并做了大量的组织管理工作。本书的编写还得到了兄弟院校专家的指导，并在编写过程中借鉴了国内外许多专家学者的学术观点，参阅了大量书籍、期刊和网络资料，在此谨对本书编写出版中给予帮助的专家、学者和朋友表示感谢。本书还得到了武汉职业技术大学各部门同仁的大力支持，在此衷心感谢。

由于时间及编者水平所限，书中难免存在不当之处，恳请广大读者批评指正并提出宝贵意见，以使本书日臻完善。

编　者

2025年4月

目 录

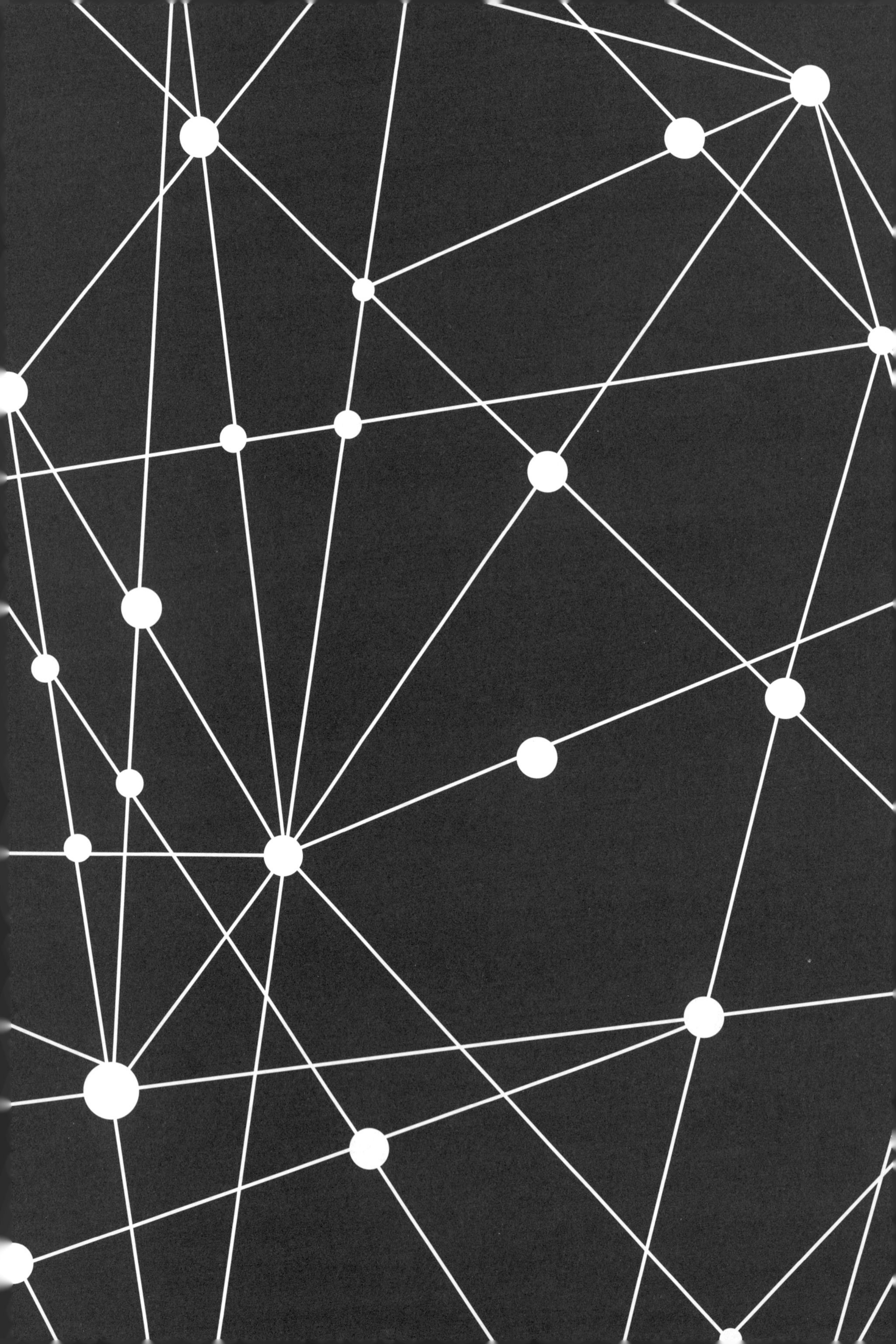

项目一

数据可视化基础

学习目标

素养目标

- ◆ 培养学生的数据可视化思维
- ◆ 培养学生自我学习的习惯和能力
- ◆ 培养学生的科学探究精神

知识目标

- ◆ 熟悉数据可视化的基本框架
- ◆ 掌握数据可视化的基本图形
- ◆ 了解数据可视化的工具分类及常用工具

技能目标

- ◆ 能够正确认知数据可视化的基本流程
- ◆ 能够根据具体的业务场景需求选择合适的数据可视化图形
- ◆ 能够根据具体的业务场景需求选择敏捷的数据可视化工具

思维导图

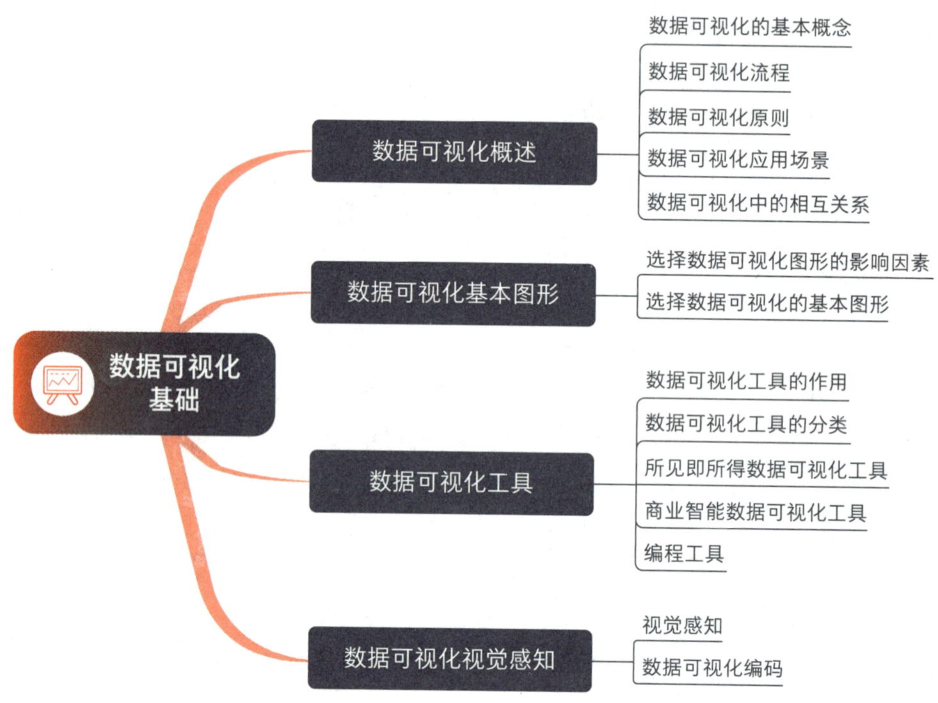

学习计划

- 素养提升计划

- 知识学习计划

- 技能训练计划

项目引入

某新零售企业在城市的不同位置开设有10家超市，临近年末，为提高销售业绩，该企业计划通过对前六个月销售数据的分析，使用数据可视化展示数据反映的深层次逻辑，统一各部门的认识，以便优化销售活动方案，实现企业目标。

本项目的数据源为该企业经营的连锁商超前六个月的销售数据，该报表中包含24个字段，选取部分字段进行可视化展现，表1-1摘录了本例主要采用的字段名及其数据类型。

表1-1 案例表主要字段

字段名	中文含义	数据类型
store_name	门店	字符型
business_name	商业类型	字符型
goods_name	商品名称	字符型
cate0_name	大类名称	字符型
cate1_name	中类名称	字符型
cate2_name	小类名称	字符型
date	时间	时间型
goods_num	销量	整数型
sales_amt	销售额	数值型

任务一 数据可视化概述

一、数据可视化的基本概念

（一）数据

1. 数据是什么

数据是什么？在有些人眼中，数据是一种类似电子表格的东西，或者一大堆数字。如果不知道想了解什么，或者不知道有什么可以了解，那么数据就是枯燥的数字和文字的堆砌，除了冰冷的数值之外没有任何意义。

早在几个世纪之前，人们就开始对数据进行量化分析并为之绘制表格了。然而，这一领域在过去数年间出现了爆炸式发展，而且未来还会更加蓬勃。科技进步使得收集和存储数据变得轻而易举，而互联网则让人摆脱了时间和空间的束缚。如果运用得当，这种信息展现方式会成为"财富"，帮助人们更明智地制定决策，更清楚地传达理念，更客观地去审视世界。

数据的含义本身不仅包含了数据的存储方式，同时还有数字数值背后的含义。而对大多数人来说，真正有意思的并不是数据本身，而是数据背后蕴涵的信息。

广义上的数据，是指对现实世界中实体属性或行为的抽象表示或量化记录，可以通过数字、文字、图像等多种方式呈现。在商业领域，数据的来源极为广泛，包括销售记录、客户反馈、市场调研、社交媒体分析等，这些数据共同描绘出企业的运营状态、市场动态和消费者行为的全景图。

数据的三个关键要素包括元数据、数据容器和数据所蕴含的信息。

（1）元数据。作为"数据的数据"，元数据担当着解释与导航的角色，如相片的拍摄日期、位置及设备详情。元数据强化了数据的可读性和可管理性，为深入分析铺设了道路。

（2）数据容器。如同厨房中的各式器皿，数据库、数组等数据容器各司其职，优化数据的存储与组织。在商业情境中，数据库成为商品档案、顾客偏好与订单历史的集中管理者，而 Excel 或 CSV 文件则提供了灵活便捷的数据记录方式，适宜不同的管理和分析需求。

（3）数据蕴含的信息。数据蕴藏着丰富的信息。每一种商品的销量不仅是数字的堆砌，更是市场偏好的风向标，揭示着产品的流行周期、消费热点与目标市场。解开数据的密码，洞察其深层信息，正是实现数据分析价值、挖掘商业机遇的关键所在。

理解数据，不仅要识别其表面形态，更要深挖其背后的元数据，以获得情境感知，选择合适的数据容器以确保高效管理，提炼数据中蕴含的深层信息以指导决策。在实践中，数据从静默的数字转变为驱动决策的强大力量，展示了数据在提升商业智能与生活品质方面的无限潜能。

2. 数据类型

数据类型是数据可视化的基础。了解数据类型有助于选择最适合的可视化方式。按照不同的标准，可将数据分为不同的类型：

（1）按性质分类。

① 定量数据（Quantitative Data）

a. 连续型（Continuous）数据。数据可以在一定范围内取任何值，如身高、体重、年龄、收入等。在可视化中，连续型数据常用条形图、折线图、散点图、直方图、箱线图、面积图等来表示。

b. 离散型（Discrete）数据。数据只能取一组特定的值，如班级中的学生人数、投票结果等。离散型数据通常使用条形图、饼图等进行展示。

② 定性数据（Qualitative Data）

a. 分类数据（Categorical）。数据被分为不同的类别或组，如性别、职业、地区等。分类数据可以使用条形图、饼图、堆叠条形图、桑基图（Sankey Diagram）等进行可视化。

b. 顺序数据（Ordinal）。数据不仅被分类，而且类别之间存在顺序关系，如满意度评分（非常满意、满意、一般、不满意、非常不满意）。顺序数据可以使用条形图、箱线图等进行可视化，但需要注意区分顺序关系。

（2）按时间分类。

① 时间序列（Time Series ）数据。按时间顺序排列的数据，用于分析数据随时间变化的趋势。例如，股票价格、气温变化等。

② 横截面（Cross-Sectional）数据。在某一特定时间点或时间段内收集的数据，用于分析某一时刻的状态。例如，人口普查数据、市场调查结果等。

（3）按结构分类。

① 结构化（Structured）数据。它是指具有固定格式和预定义关系的数据，通常存储在数据库或表格中。例如，数据库中的记录、Excel 表格等。

② 非结构化（Unstructured）数据。没有固定格式或预定义关系的数据，如文本、图像、音频和视频等。例如，社交媒体上的帖子、网页内容等。

③ 半结构化（Semi-Structured Data）数据。介于结构化数据和非结构化数据之间，具有一些结构但不如结构化数据那么严格。例如，JSON 文件、XML 文件等。

3. 数据表达了什么

数据描绘了现实世界，与照片捕捉了瞬间的情景一样，数据也是现实世界的一个“快照”。如图 1–1 所示，直观来看，图中只是一个个大小不同、颜色不同的圆，而为这张图添加了横纵坐标和简单图例说明后，就基本能看出该图表达的大致意思了。这是一个描述 2023 年世界女性的中位数和生育次数的图片，不同的颜色代表不同区域，圆形大小表示数量多少，如图 1–2 所示。

图 1–1　未添加坐标与图例的图片

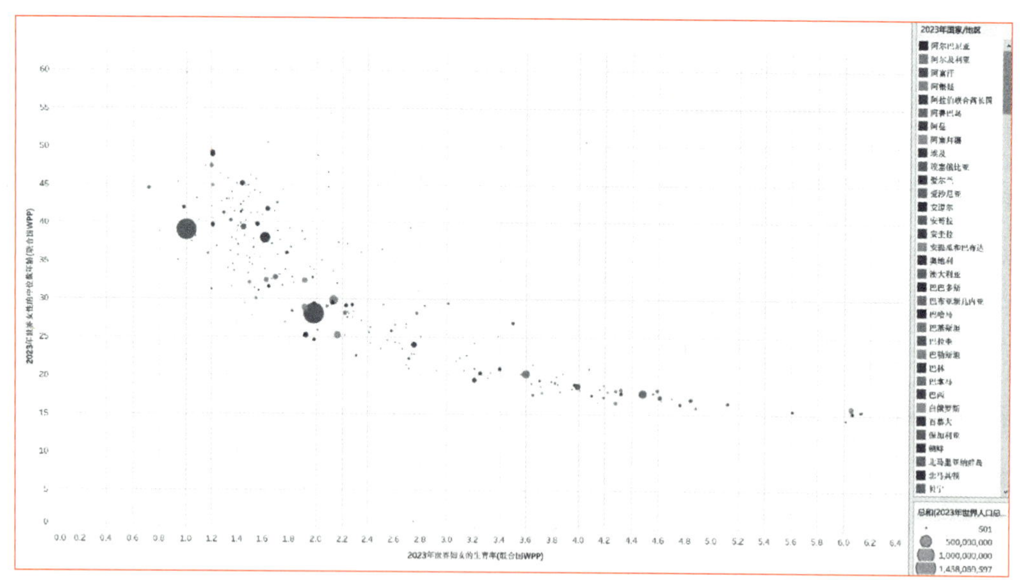

图 1–2　2023 年世界女性的中位年龄与生育次数

数据是现实生活的一种映射，其中隐藏着许多故事，在那一堆堆数字中存在着实际的意义、真相和美学。而且和现实生活一样，有些故事非常简单直接，有些则颇为隐晦费解。

4. 用数据讲故事

数据可以反映真实的世界，尤其是在得到相关性较高的一组数据集后，对其进行分析，得到的不只是数据的关联性，还能了解到身边正在发生什么，其结果还可以帮助人们深入理解或解决真实世界中存在的问题，如改善企业经营状况，优化管理流程，提高工作效率，改善高速公路上的交通状况等，或者只是确定门店当月最火爆销售单品。

如艾瑞网《艾瞰系列：5A 景区旅游活跃度盘点月报（2023 年 5 月）》中，全国 5A 景区游客来源地数据显示，2023 年 5 月，在排名前十位的 5A 景区中，丽江市丽江古城景区本省客源占客源总数的 40.7%，外省客源占客源总数的 59.3%，而金华市东阳横店影视城景区本省客源占客源总数的 81.7%，外省客源占客源总数的 18.3%，可以想象到全国各地游客涌入丽江市的场景，而对于金华市，想象得更多的则是大量本省内游客流动的场景。

（二）数据可视化

1. 数据可视化的含义及特点

数据可视化是指将数据转换成图或表，通过视觉感知，以一种更直观有效的方式将数据信息展现出来，达到“一图胜千言”的效果。

要想探索和理解那些大型的数据集，可视化是最有效的途径之一。人类对图形的理解能力很强，往往能够从中发现一些通过常规统计方法很难挖掘到的信息，所以把数字置于视觉空间中，人的大脑便会更容易发现其中潜藏的信息。

在计算机视觉领域，数据可视化是对数据的一种形象直观的解释，实现从不同维度观察数据，从而得到更有价值的信息。一般而言，数据可视化具有以下特点：一是可视化更有利于应用抽象、复杂、不易理解的数据；二是可视化一般由图形、图像、符号、颜色、纹理等元素组成；三是可视化具备较高的识别效率；四是可视化更有利于展现数据本身所包含的有用信息。

2. 为什么要进行数据可视化

首先，利用视觉获取的信息量，远远比别的感官要多得多，如图 1-3 所示。

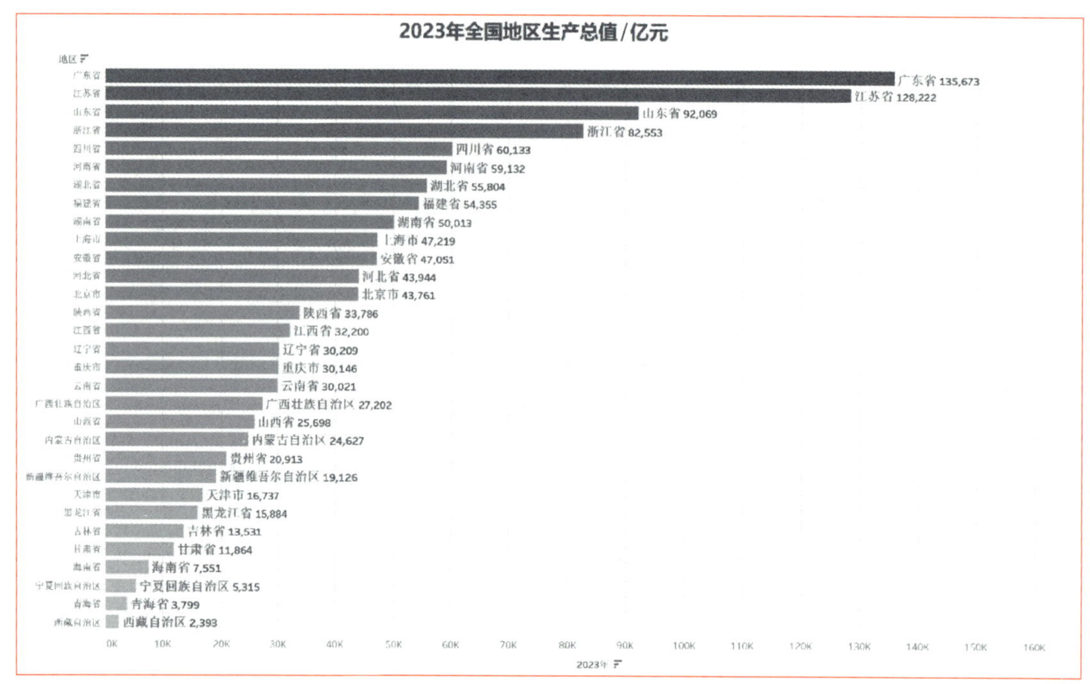

图 1-3　国内各地区生产总值

数据可视化能够在小空间中展示大规模数据，如图 1-4 所示。

利润额/元	单价/元	运输成本/元	区域	省份	城市	产品类别	产品子类别	产品名称	产品包箱
-213.25	38.94	35.000	华北	河北	石家庄	办公用品	容器，箱子	Eldon Base fo...	大型箱子
-4.64	2.08	2.560	华南	河南	郑州	办公用品	剪刀，尺子，锯	Kleencut® Fo...	小型包裹
1 054.82	107.53	5.810	华南	广东	汕头	家具产品	办公装饰品	Tenex Conte...	中型箱子
-1 748.56	70.89	89.300	华北	内蒙古	呼和浩特	家具产品	桌子	KI Conferenc...	巨型纸箱
-85.13	7.99	5.030	华北	内蒙古	呼和浩特	技术产品	电话通信产品	Bell Sonecor J...	中型箱子
-128.38	8.46	8.990	东北	辽宁	沈阳	技术产品	计算机配件	Imation 3.5 IB...	小型包裹
60.72	9.11	2.250	东北	吉林	长春	办公用品	笔、美术用品	Dixon Ticond...	打包纸袋
48.99	155.99	8.990	华南	湖北	武汉	技术产品	电话通信产品	CF 688	小型箱子
657.48	65.99	4.200	华南	河南	郑州	技术产品	电话通信产品	6162i	小型箱子
1 470.30	115.79	1.990	华南	广西	南宁	技术产品	计算机配件	Verbatim DV...	小型包裹

图 1-4　某企业分区域产品信息

数据可视化的目的，是对数据进行可视化处理，使其能够明确、有效地传递信息。

其次，可视化让数据更可信。大量数据汇聚到一起形成了数据集，而数据集犹如即时快照，能够帮助人们捕捉不断变化的事物。数据聚集在一起就形成了数据集合以及统计汇总，从而可以形成平均数、中位数和标准差等直观图形展示，在表现事物整体特征的同时，又不影响人们去了解每个数据的具体细节。这就是所谓的数据集人性化，它会使数据更加可信。

进行可视化设计需要具备统计学和设计方面的知识。没有前者，可视化只是插图和美术练习；没有后者，可视化就只是分析结果。统计学和设计方面的知识都只能帮助人们完成数据可视化的一部分工作。只有同时具备了这两种技能，才可以使数据可视化变得更有意义和价值。

二、数据可视化流程

在一般情况下，对数据集的分析工作所采取的具体步骤会随着数据集和项目的不同而不同。在探索数据可视化时，可以沿着以下四个问题逐步开展：一是拥有什么数据？二是关于数据想表达什么？三是应该使用哪种可视化方法？四是展现情况如何？数据可视化流程如图 1-5 所示，这四个问题中的每一个都依赖于上一个问题的回答情况，也可能出现在这四个问题间犹豫和徘徊的状态。实际上，数据可视化的过程，也是关于拥有的数据集按这四个问题迭代进化的过程。

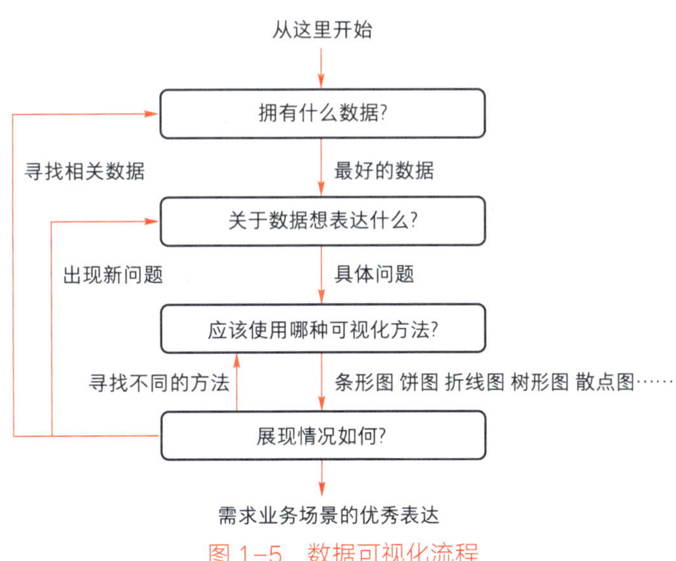

图 1-5 数据可视化流程

如果拥有的数据集较小，就会限制从中能够得到的信息，以及可用的可视化方法，最终也看不到太多可视化内容；反过来，如果拥有很多数据，在可视化这些数据的某个方面时就可能会看到其他有意义的信息，这也会促成其产生其他有意义的图表，挖掘更多有意义的可视化表达。

（一）拥有什么数据

在数据可视化的过程中，拥有丰富多样的数据类型和数据是至关重要的。这些数据包括定量数据，如数值数据和时间序列数据，通过它们能够进行数学计算并展示数量上的变化。这些数据也包括定性数据，如分类数据和顺序数据，用于描述数据的分类和顺序关系。此外，空间数据，如地理数据和形状大小数据，提供了关于物体位置和物理特性的信息；文本数据，如社交媒体评论和新闻报道，则包含了丰富的文本信息，需要通过文本挖掘和自然语言处理技术来提取价值。

如果先去想象可视化应该是什么样子，或者去找一个想要模仿的例子，再去考虑数据，这是不合适的。实际上这个过程应该反过来，应先有数据，再进行可视化。通常，获取需要的数据是最困难、耗时最多的一步。在学校教学中，数据一般以任务需要的格式提供，可以轻松将其导入选用的软件，但这在实际情况中很少见。实际中，可能需要通过访问 API 接口从网站中费力地获取数据，或从已有的数据中挖掘需要的数据。

例如，有个可视化任务中可能已有一份地址清单，要在地图上标注出来，这就需要经纬度坐标。所以在研究数据的时候，要先想一想它们代表着什么，来自哪里，以及如何衡量其变化。

（二）数据想表达什么

对于单个或少量数据而言，可以通过直接读取值来了解信息，但对于一个包含数以千计甚至数以百万计数据的数据集，通常情况会是一个有很多行数据的电子表格。在这种情况下，想要了解其背后的信息将非常具有挑战性。这时，要确定数据想要表达什么，就需要问问自己想从数据中了解什么，或者针对具体的业务场景有哪些具体需求，问题越具体，回答便越具体，方向也就越明确，可视化过程就更有目标。例如，对于有数十万行数据的某企业经营的连锁商超半年销售数据，如果没有较为明确的目的，也无法明确数据的可视化方向，但如果想找出该连锁商超半年来销售量排在前十位的商品，则能较快且准确地理清方向。

（三）应该使用哪种可视化方法

有很多图表和视觉暗示的组合可以选择来进行可视化。为数据选择正确的图表时，数据分析人员可能会感到茫然。在可视化过程的初期阶段，更重要的是要从不同的角度观察数据，深入理解数据的意义。

制作多个图表时，要比较所有的变量，看看有没有值得进一步研究的东西。先从整体上观察数据，再放大到具体的分类和独立的数据点。

可以尝试用不同的标尺、颜色、形状、大小和几何图形，可能会看到值得进一步探索的图形。不必盯着最精确和最容易阅读的视觉暗示不放，可以尝试一些不同的元素，复杂的数据通常需要复杂的可视化。

一旦目标改变，选择也会改变。如果需要设计仪表板，就要使系统状态显示一目了然，必须用直观的方式使可视化数据便于理解。如果目标是鼓励反思或激发情感，效率可能就不是主要的考虑因素了。

（四）展现情况如何

在进行数据可视化后，首先要判断可视化的观察结果是否和预期一致。同时，在确保不在现有图表中混入干扰信息的前提下，可以考虑增加、减少数据值，或者一些组合，观察可视化图表中的差异与随机性相比如何，其估值是否会因为人为或技术的错误而失真，是否达到了预期目标，是否能展现数据背后的信息和意义。

人们通常会认为数据就是事实，因为数据是不可能轻易变动的。但数据实际上是具有不确定性的，这是因为每个数据点都是对某个瞬间发生事情的快速捕捉，而其他内容则是根据这个瞬间数据推断的。那么，将数据可视化后，能否准确表达出过去已发生的状态情况，是否能够据此推断出未来的可能状态，这就是数据可视化展现的优劣了。

三、数据可视化原则

掌握数据可视化原则对于有效传达信息，揭示数据背后的故事，以及帮助用户作出明智的决策至关重要。数据可视化原则如下：

（1）目标性。在开始可视化之前，明确可视化的目标是什么。是为了比较差距、展示趋势、揭示关系，还是有其他目的？用户需要根据目标来选择合适的图表类型，如柱状图、折线图、散点图、饼图等。

（2）简洁性。避免过度设计，只展示必要的信息。精简标签、标题和图例，确保可视化清晰易读。使用一致的配色方案和字体，减少视觉噪声。

（3）清晰性。确保数据可视化易于理解，避免使用模棱两可的图形和颜色。除了使用适当的图例和标签来解释图表中的元素，还应该考虑色盲或色弱用户的需求，避免仅依赖颜色来传达关键信息。

（4）准确性。确保数据的准确性和完整性。在可视化之前，可对数据进行清洗和验证。避免误导性的数据解释或图形设计，必要时还需要注明数据的来源和收集时间。

（5）对比与强调。使用颜色、大小、形状等元素来突出显示重要的数据点或趋势。通过对比不同数据系列或类别来揭示它们之间的关系和差异。

（6）信息层次。确定信息的优先级，并将重要信息放在显眼位置。使用颜色、大小和位置来区分不同的信息层次。避免信息过载，只展示关键信息。

（7）交互性。如果可能的话，为数据可视化添加交互功能，如筛选、缩放、拖动等。允许用户根据自己的需求探索数据。提供反馈和提示，帮助用户更好地理解数据。

（8）一致性。在同一可视化中保持一致的设计风格和元素。在不同的可视化之间保持一致的设计语言和术语。遵循行业标准和最佳实践。

（9）可访问性。确保数据可视化对所有人都是可访问的，包括那些有视觉障碍或认知障碍的人。提供替代文本和描述性标签，以便屏幕阅读器能够读取。考虑使用可区分的颜色和对比度。

（10）反馈与迭代。收集用户反馈，了解他们如何理解和使用数据可视化图表。根据反馈进行迭代和改进，以提高可视化的有效性和吸引力。通过不断实践来加深理解。尝试使用不同的工具和技术来进行数据可视化，同时，关注行业内的最新趋势和最佳实践，并从用户的反馈中不断学习和改进。

四、数据可视化应用场景

（一）商业分析

（1）监控关键绩效指标（Key Performance Indicator，KPI）。通过数据可视化，企业可以实时跟踪销售、市场份额、客户满意度等关键绩效指标，以便及时调整战略。

（2）趋势预测。利用数据可视化工具（如时间序列图表），企业可以分析历史数据并预测未来的市场趋势和消费者行为。

（3）竞品分析。比较不同产品或服务的性能，揭示竞争对手的优势和劣势，为产品定位和市场营销策略提供依据。

（二）金融分析

（1）投资组合管理。金融分析师可以使用数据可视化工具来跟踪投资组合的表现，包括收益、风险、资产配置等，以便及时作出调整。

（2）风险管理。通过可视化风险数据，金融机构可以监测潜在的市场风险、信用风险等，并采取相应的风险管理措施。

（3）市场分析。利用数据可视化展示股票价格、市场指数、交易量等信息，帮助投资者理解市场动态，制定投资策略。

（三）医疗领域

（1）患者监测。通过大屏数据可视化，医生和护士可以实时监测患者的心电图、血液流动等关键指标，以便及时诊断和治疗。

（2）医学影像分析。使用数据可视化技术将医学影像以更清晰、直观的方式展示给医生，帮助他们更准确地诊断疾病。

（3）医疗管理。医院管理者可以利用数据可视化工具来监控医院的运营情况，如床位使用率、手术量、患者满意度等，以便制定更科学的管理决策。

（四）媒体娱乐

（1）社交媒体分析。通过数据可视化展示社交媒体上的用户行为、话题热度、传播路径等信息，帮助媒体从业者理解受众需求，制定内容策略。

（2）娱乐产业分析。利用数据可视化工具分析电影、电视剧、音乐等娱乐产品的市场表现和观众喜好，为制片方提供决策支持。

（五）智慧城市

（1）交通管理。通过数据可视化展示城市的交通流量、拥堵情况、事故信息等，帮助交通管理部门优化交通规划，缓解交通压力。

（2）环境监测。利用数据可视化工具实时监测空气质量、噪声污染、水质等环境指标，为环保部门提供决策依据。

（3）公共安全。通过大屏数据可视化展示公共安全事件的实时信息，如火灾、地震等，帮助应急管理部门及时响应和处理。

（六）教育研究

（1）科研数据分析。利用数据可视化工具展示实验数据和调查结果等，帮助研究人员发现规律，验证假设。

（2）在线教育平台。通过数据可视化展示学生的学习进度、成绩分布等信息，帮助教师更好地了解学生的学习情况并调整教学策略。

五、数据可视化中的相互关系

数据的相互关系往往体现为图表的故事感，这种相互关系在统计学中，通常代表的是关联性和关系，具体指多个变量之间存在的某种联系。在更为抽象的层面，抛开各种等式或假设检验，可以在视觉上对数据图进行设计，用于比较和对照各种数值和分布。而当需要处理很多不同的数据集时，还可以尝试将数据进行分组，这样能够产生更高效的结果。理解数据的相互关系非常重要，有助于更深入地了解数据的本质和内在规律。在数据可视化中，常见的数据相互关系包括以下几种。

1. 趋势型关系

研究某一变量随另一变量的变化趋势，常见的可视化工具有折线图、柱形图、时间序列图等，如图 1-6 所示。

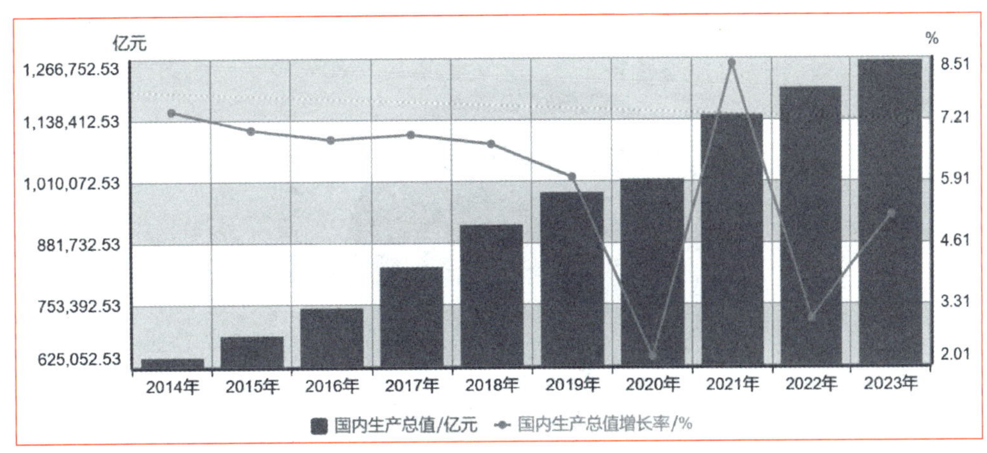

图 1-6　国内生产总值及增长率

2. 对比型关系

对比两组或多组数据，通常用于分类数据的对比。常见的可视化工具有柱形图、条形图、堆叠柱形图等，如图 1-7 所示。

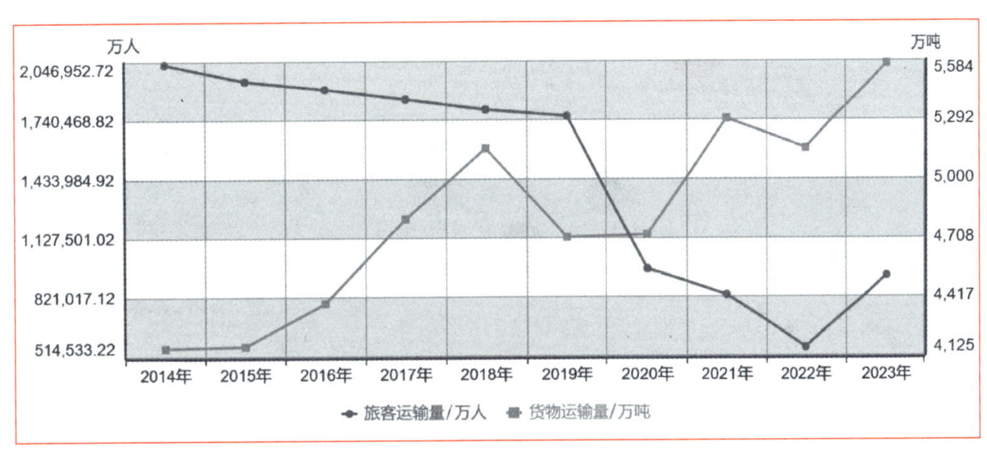

图 1-7　旅客运输量及货物运输量

3. 比例型关系

展示数据总体和各个构成部分之间的比例关系。常见的可视化工具有饼图、环形图、堆叠柱形图等，如图 1-8 所示。

4. 分布型关系

展现一组数据的分布情况，如集中趋势、离散程度、偏态与峰度等。常见的可视化工具有直方图、条形图、箱线图（盒须图）、散点图等。例如：企业经营的连锁商超半年销售数据情况统计（见图 1-9）。

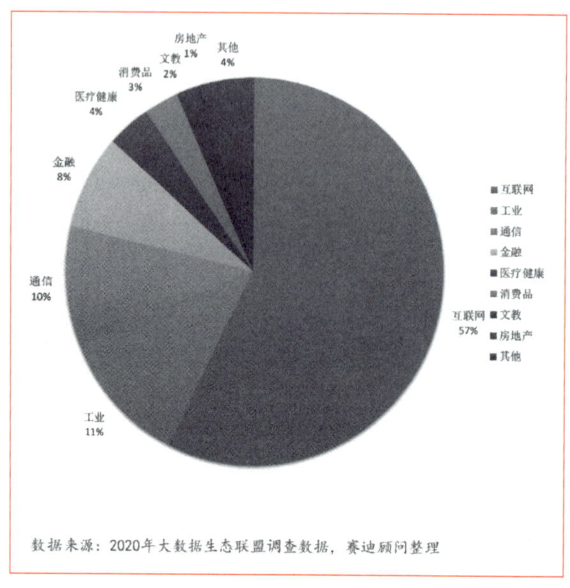

图 1-8　各个行业数据人才缺口占比

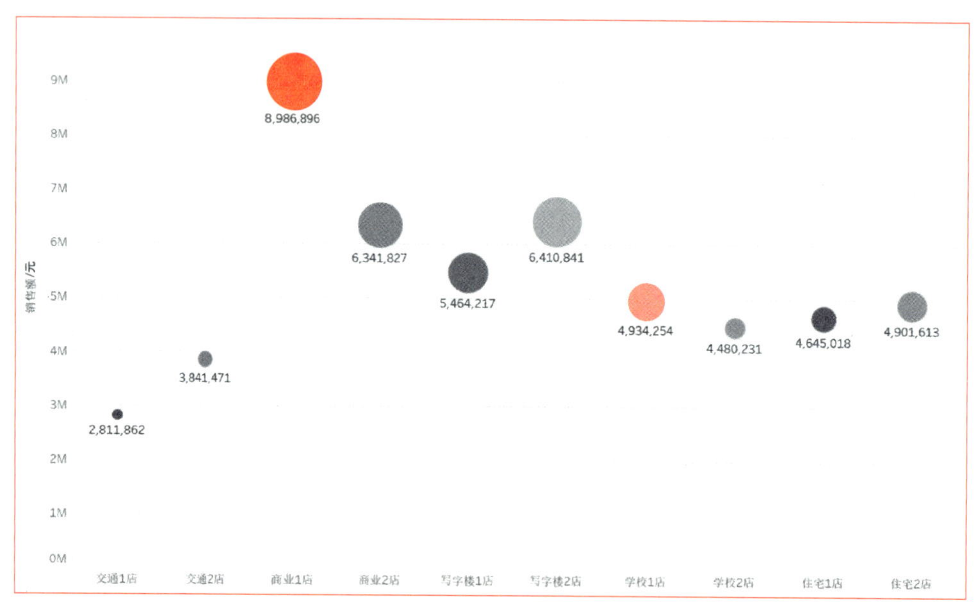

图 1-9　企业经营的连锁商超半年销售数据情况统计

5. 关联型关系

用于直观表示不同数据之间的相互关系，如包含关系、层级关系、分流关系、联结关系等。常见的可视化工具有散点图、气泡图、热力图、桑基图（Sankey Diagram）等。例如，通过散点图展示两个变量之间的相关性。

6. 地理型关系

通过数据在地图上的地理位置，展示数据在不同地理区域上的分布情况。常见的可视化工具有地图（包括二维地图和三维地图）、热力图（在地图上展示数据密度）等。例如，展示各地区的销售额分布情况。

7. 时间序列关系

显示同一维度下数值随时间的变化，有助于发现趋势和进行预测。常见的可视化工具有折线图、面积图、时间序列热力图等。例如，展示股票价格随时间的变化。

8. 相关性关系

分析同一维度下两个数值的变化关系，以发现正相关性或负相关性。常见的可视化工具有散点图、相关系数矩阵图等。例如，分析受教育程度与收入之间的相关性。

9. 分级排序关系

用于排序分级，展示两个以上数值之间的关系，如销售收入排名。常见的可视化工具有条形图（按数值大小排序）、雷达图等。例如，展示各省份的 GDP 排名。

10. 偏差性关系

展现数据点之间的关系，发现与普通数据有明显不同的情况，即异常值或偏差。常见的可视化工具有箱线图（识别异常值）、散点图（通过颜色或大小标记异常值）等。例如，识别销售额中的异常高值或异常低值。

通过选择适当的可视化工具和技术，可以更直观地展示和理解数据的相互关系，从而更有效地进行数据分析、决策和预测。

任务二　数据可视化基本图形

一、选择数据可视化图形的影响因素

在选择数据可视化图形时，要确保所选图形能够有效传达数据中的关键信息。首先要考虑到图形类型与数据类型相匹配，明确传达目标信息，保持简洁清晰的设计以便于阅读和理解。其次，要考虑读者的知识背景和偏好，避免误导性设计，并尽量保持图表风格和格式的一致性。最后，融入创新和美观的元素，以提升图表的效果。具体来说，在选择可视化图表时，有以下因素需要考虑：

1. 数据类型

首先要考虑数据的类型。不同类型的数据（如定量、定性数据，时间序列数据，地理空间数据等）适用于不同类型的图表。例如，定量数据适合使用柱状图、折线图或散点图，定性数据则适合使用饼图或条形图。

2. 数据关系

分析数据之间的关系，是想要展示数据的分布（如直方图）、趋势（如折线图）、比较（如柱状图）还是关系（如散点图），了解数据的内在关系有助于选择合适的图表。

3. 信息传达

明确目标用户以及制作者想要传达的信息。图表应该清晰、简洁地传达关键信息，避免混淆或误导。

4. 可理解性

选择易于理解的图表。过于复杂的图表可能会让受众感到困惑。简单的图表通常更容易被理解和接受。

5. 美观

虽然美观不是选择图表的首要因素，但一个设计良好的图表可以吸引受众的注意力并增强信息的传达效果。选择色彩、字体和布局时，要考虑整体的美感和一致性。

6. 可访问性

考虑不同受众的需求和限制。例如，色盲或色弱用户可能需要特殊的颜色方案；视力受损的用户可能需要更大的字体和更清晰的标签。

7. 可交互性

如果可能的话，选择支持交互功能的图表。这允许用户更深入地探索数据，例如通过缩放、过滤或悬停来查看更多的详细信息。

8. 避免误导

确保所选图表不会误导受众。例如，避免使用三维图表（除非有明确的理由），因为它们在视觉上可能会夸大数据的差异；避免使用扭曲比例或误导性的颜色方案。

9. 比较和测试

如果不确定哪种图表最适合需要展示的数据，可以尝试制作几种不同的图表并进行比较。还可以向同事、导师或受众展示这些图表，并收集反馈。这有助于了解哪种图表能最有效地传达自己的信息。

10. 持续学习和改进

数据可视化是一个不断发展的领域，新的图表类型和可视化技术不断涌现。保持对新技术的关注并愿意尝试新的方法可以帮助用户改进自己的可视化实践。

二、选择数据可视化的基本图形

在选择可视化图形时，需要考虑数据的类型、目的、用户，以及想要传达的信息。不同的可视化图形适用于不同的数据类型和场景。在创建可视化图形时，首先需要明确目标并分析需求，以便选择适合的图形类型来展示数据。其次，要准备和清洗数据，确保其准确性和完整性。在图形设计过程中，应考虑色彩、字体、布局和尺寸等因素，以保持整体的一致性和清晰度。重要的是，避免误导性的设计，并清晰地标注图形上的所有相关信息，如标题、轴标签和图例。为了提升用户体验，可以添加交互性和动态效果，使用户能够更深入地探索数据。最后，在发布前进行测试并收集反馈，以优化可视化图形的呈现效果。一般来说，数据可视化基本图形包括以下几种：

1. 对比型图形

对比型图形一般是比较几组数据的差异，这些差异通过视觉和标记来区分，体现在视图中通常表现为高度差异、宽度差异、面积差异等，包括柱形图、条形图、气泡图、雷达图等。

（1）柱形图。它描述的是分类数据的数值大小，回答的是每个分类中“有多少”的问题。需要注意的是，当柱状图显示的分类很多时，会导致分类重叠等显示问题。

（2）条形图。它显示各项目之间的比较情况，分为垂直条形图和水平条形图。其中水平条形图纵轴表示分类，横轴表示数值。条形图强调各个值之间的比较，不太关注时间的变化。

（3）气泡图。它是散点图的变体，气泡的大小表示数据维，通常用于比较和展示不同类别之间的关系。

（4）雷达图。对于一组类别型数据、一组连续数值型数据，为了对比数据大小，可以使用雷达图。

2. 趋势型图形

趋势型图形用来反映数据随时间而变化的趋势，尤其是在整体趋势比单个数据点更重要的场景下。趋势型图表主要包括折线图、面积图、曲面图等。

（1）折线图。它用于显示数据在一个连续的时间间隔或者跨度上的变化，其特点是反映事物随时间或有序类别而变化的趋势。

（2）面积图。它是折线图的另一种表现形式，其一般用于显示不同数据系列之间的对比关系，同时也显示了单个数据系列与整体的比例关系，强调随着时间变化的幅度。

（3）曲面图。它可以在曲面上显示两个或多个数据系列，实际上它是折线图和面积图的另一种形式，用户可以通过创建曲面图来实现两组数据之间的最佳配合。

3. 比例型图形

比例型图形用于展示每一部分占整体的百分比情况，至少有一个分类变量和数值变量，包括饼图、环形图、旭日图等。

（1）饼图。它将一个圆饼按照分类的占比划分成若干个区块，整个圆饼代表数据的总量，每个扇形表示各个分类的比例大小，所有区块的和等于 100%。

（2）环形图。它是一类特殊的饼图，是由两个及两个以上大小不一的饼图叠加在一起，然后挖去中间的部分所构成的图形。

（3）旭日图。它由多层环形图组成，在数据结构上，内圈是外圈的父节点。因此，它既可以像饼图一样表现局部和整体的占比，又能像树图一样表现层级关系。

4. 分布型图形

分布型图形用于研究数据的集中趋势、离散程度等描述性度量，用以反映数据的分布特征，包括散点图、直方图、箱型图等。

（1）散点图。将所有的数据以点的形式展现在直角坐标系上，以显示变量之间的相互影响程度，点的位置由变量的数值决定。

（2）直方图。它是用一系列高度不等的柱状条块表示数据的分布情况，柱与柱之间基本没有间隔，有间隔就是柱形图。一般用横轴表示数据类型，纵轴表示分布情况。

（3）箱型图。它又称盒须图，它是一种显示一组数据分散情况的统计图，能显示数据的最大值、最小值、中位数及上下四分位数，因形状如箱子而得名。

5. 其他图形

除了以上四种类型的基本图形，还有一些其他类型的图表，它们在日常可视化分析过程中也会经常遇到，主要包括树状图、瀑布图、股价图等。

（1）树状图。在嵌套的矩形中显示数据，使用分类变量定义树状图的结构，使用数值变量定义各个矩形的大小或颜色。

（2）瀑布图。形状似瀑布流水，采用绝对值与相对值结合的方式，适用于表达多个特定数值之间的数量变化关系，当需要表达两个对象之间数量的演变过程时，可以使用瀑布图。

（3）K 线图。用来显示股票价格的波动情况，在研究金融数据时经常被用到，一般包括股票的开盘价、盘高价、盘低价、收盘价等信息。

任务三　数据可视化工具

可视化工具是用于将数据以图形、图像或其他视觉形式呈现的软件或工具。这些工具可以帮助用户更直观地理解、分析和解释数据。

随着对数据可视化分析和应用的深入，市场上出现了各具特色和专门方向的可视化工具，但哪种工具最合适取决于数据本身以及数据可视化的目的。有些工具适合用于快速浏览数据，有些工具则适合为更广泛的用户设计图表，而更多的情况则是将某些工具组合起来使用。

数据可视化的解决方案主要有两大类：非程序式和程序式。以前可用的程序很少，但随着数据源的不断增长，市场上涌现出了更多的点击或拖拽型工具，它们可以帮助用户更为便利地进行数据可视化。若按工具的可扩展性从弱到强区分，可视化工具可依次分为：交互式、配置式和编程式。一般而言，交互式和配置式工具的易用性较强，而配置式工具的易用性较弱，适合具备编程能力的人员。从功能上看，数据可视化工具主要用于数据采集、数据分析、数据治理，以及数据管理。

一、数据可视化工具的作用

使用好数据可视化工具，能够更好地帮助用户做好以下工作：

（一）数据展示与理解

数据可视化工具能够将复杂的数据通过图表等形式直观呈现，帮助用户更容易地理解和洞察数据信息。

在商业智能（Business Intelligence，BI）领域，数据可视化工具使组织能够从海量数据中提取有价值的业务信息，并以易于理解的图表和报告的形式呈现，帮助决策者快速理解数据背后的意义。

（二）数据分析与决策支持

在企业运营层面，数据可视化工具被广泛应用于数据分析和决策支持，帮助管理者和决策者更清晰地了解企业状况，从而更准确地制定战略和决策。

在市场营销领域，数据可视化工具有助于对市场趋势、客户行为和产品销售情况进行分析，优化营销策略，提高销售效率。

（三）特定行业应用

在健康信息分析领域，数据可视化工具用于展示患者的健康记录、疾病发展趋势，以及医疗效果，帮助医疗从业者快速了解患者的健康状况，制定个性化的治疗计划。

在教育领域，数据可视化工具帮助教师了解学生的学习进度、课程效果和教学资源的使用情况，优化教学方法，提高教学效果。

在公共政策制定和分析领域，数据可视化工具提供了一种有效的方式来演示和解释政策影响。

数据可视化工具通过直观、易于理解的方式展示和分析数据，为各行各业提供了强大的数据分析和决策支持能力。

二、数据可视化工具的分类

一般而言，可以从可视化的具体需求、用户群体、数据类型和可视化目标对可视化工具进行分类，但这些分类并不是完全独立的，不同的工具可能具备多个分类特点。一般从以下几个维度进行分类。

（一）按照功能和应用领域分类

（1）入门级工具，如 Excel，适用于基础的数据可视化和分析。

（2）信息图表工具，如 Google Chart API、D3.js、Raphael、Flot、Tableau 等，用于创建复杂的信息图表和数据分析。

（3）地图工具，如 Modest Maps Google Fusion Tables、Quantum GIS 等，专注于地理信息和地图数据的可视化。

（4）时间线工具，如 Timetoast、Xtimeline、Time Slice、Dipity 等，用于展示时间序列数据和事件。

（5）高级分析工具，如 Processing、NodeBox、Weka 和 Gephi 等，适用于更高级的数据分析和可视化需求。

（二）按照可扩展性和使用难度分类

（1）交互式工具，易用性强，面向广泛用户，如大多数商业智能（BI）工具。

（2）配置式工具，易用性较强，允许用户通过配置选项进行定制，如某些数据可视化框架。

（3）编程式工具，易用性较弱，主要为编程人员设计，如 D3.js、R 等，提供了更高的灵活性和定制能力。

（三）按照软件类型分类

（1）软件类工具，中等难度的数据可视化工具，面向广泛用户，如 Tableau、Power BI 等。

（2）框架类工具，难度较高，主要用于开发人员和编程人员进行二次开发，如 D3.js、ECharts 等。

（3）SaaS 类工具，易于使用，面向所有业务人员，如 Google Data Studio、Looker 等，提供云端数据可视化服务。

（四）按照 Visual Studio 调试器中的分类

（1）文本可视化工具，用于显示字符串对象。

（2）HTML 可视化工具，解释 HTML 字符串，并将其显示在浏览器窗口中。

（3）XML 可视化工具，用于字符串对象的可视化。

（4）WPF 树可视化工具，用于显示 WPF 对象可视化的属性。

（5）数据集可视化工具，适用于 DataSet、DataView 和 DataTable 对象的可视化。

三、所见即所得数据可视化工具

“所见即所得”（WYSIWYG，What You See Is What You Get）的数据可视化工具是一种允许用户直接通过图形界面创建和编辑可视化图表，而无须编写复杂的代码或脚本的工具。这类工具通常提供直观的操作界面和丰富的组件库，使用户能够轻松地拖拽、组合和调整图表元素，从而快速生成满足需求的数据可视化作品。这也是较为符合普通用户认知规律的一类工具。以下是一些常见的所见即所得可视化工具：

（一）Excel

Excel（包括 WPS 中的 Excel）电子表格软件已经被用户广泛使用了数十年，它不仅是电子表格软件，也提供了丰富的图表和数据可视化功能。用户可以直接在单元格中输入数据，然后使用图表向导创建各种图表，并即时看到结果，极大地简化了数据的解读过程。用户可通过选择从柱状图、折线图、饼图到更复杂的地图等多种图表类型中，将枯燥的数据转化为生动直观的图像。不仅如此，Excel 还提供了丰富的格式化和样式设置选项，使用户能够根据自己的需求和偏好定制图表的外观，以强调关键数据点或突出特定趋势。更重要的是，Excel 图表支持动态交互功能，用户可以通过简单的点击或滑动操作，轻松过滤数据，查看详细信息，甚至与图表进行实时交互，从而更深入地挖掘数据的内在含义。这些功能使 Excel 成为强大的可视化工具，用户能够使用其更有效地理解数据，分析趋势，并据此做出合理决策。

例如，当某公司需要分析一款新产品在全国范围内的销售数据时，可以通过 Excel 的数据整理和格式设置，先将销售数据清晰地组织起来。然后运用 Excel 的图表功能，如折线图、饼图甚至地图图表，来直观地展示销售额的地区分布、产品销售趋势，以及不同销售渠道的占比。折线图揭示了产品销售随时间变化的趋势，饼图直观地比较了各销售渠道在总销售额中的占比，而地图图表则清晰地呈现了各地区销售情况的差异。基于这些可视化结果，公司能够快速了解数据、分析趋势，并据此制定更具有针对性的市场策略，如加强特定地区的推广力度或调整生产计划。Excel 的可视化功能不仅简化了数据的解读过程，而且有效地支持了公司的决策。

（二）ECharts

ECharts 是一款使用 JavaScript 实现的开源可视化库，它可以在浏览器中生成各种交互式图表。ECharts 提供了丰富的图表类型和配置选项，用户可以通过简单的配置和调用 API 来创建复杂的图表。此外，ECharts 还支持数据驱动的动态图表和多种交互方式，如缩放、拖拽等。

例如，在 Web 开发中，ECharts 经常被用于创建交互式图表。开发人员可以通过 JavaScript 代码或直接在 HTML 页面中嵌入 ECharts 的配置代码来创建图表。再如，开发人员可以使用 ECharts 的配置选项来设置图表的标题、坐标轴、数据系列等属性，从而生成一个展示销售数据的折线图。用户可以通过鼠标滚轮或手势来缩放图表，或者使用鼠标拖拽来平移图表。

此外，所见即所得的可视化工具中还有 Power BI、Tableau 等使用较为广泛的工具。这些所见即所得的可视化工具通常具有易于使用的界面和强大的功能，能够帮助用户快速创建出高质量的数据可视化作品。当然，不同的工具适用于不同的场景和需求，用户需要根据实际情况选择合适的工具。

四、商业智能数据可视化工具

商业智能（BI）数据可视化工具在现代企业运营中扮演着至关重要的角色，它们能够帮助用户更好地理解数据，作出更明智的决策。PBI（Power BI）、帆软（FineBI）和 Tableau 这三种工具既是所见即所得的可视化工具，又经常被用于商业智能化场景中。

（一）PBI

PBI（Power BI）是由微软公司推出的一款商业智能工具。随着企业数据量的不断增长和市场竞争的加剧，对于数据分析和商业智能的需求日益迫切。在这样的背景下，Power BI 旨在为企业提供一个简单易用、功能强大的数据分析工具。Power BI 不仅具备强大的数据连接能力，能够连接数百个数据源，包括数据库、在线服务等，而且提供了丰富的可视化选项，如图形、地图、表格等，使用户能够根据自己的需求选择合适的方式展示数据。其简单易用的界面设计让用户可以轻松上手并快速创建数据分析报告。此外，Power BI 还支持实时数据分析，确保用户能够随时获取最新的数据信息。其主要特点包括：

（1）强大的数据处理能力。PBI 支持连接数百个数据源，并使用实时仪表板和报表使数据变得生动。

（2）简单易用的界面。用户无须编写复杂的代码，只需要通过简单的拖放操作即可创建丰富的可视化效果。

（3）丰富的可视化类型。PBI 提供了多种可视化类型，包括柱状图、折线图、饼图、地图等，满足用户不同的数据展示需求。

例如，某电商企业使用 PBI 进行数据分析和可视化。该企业将销售数据、客户数据和市场数据整合到 PBI 中，创建了一系列数据可视化报表，如销售额折线图、客户群体分布热力图、市场份额饼图等。通过这些报表，企业成功实现了数据的实时分析和可视化，有效提高了决策效率，优化了市场策略。

Power BI 的可视化开发界面如图 1-10 所示。

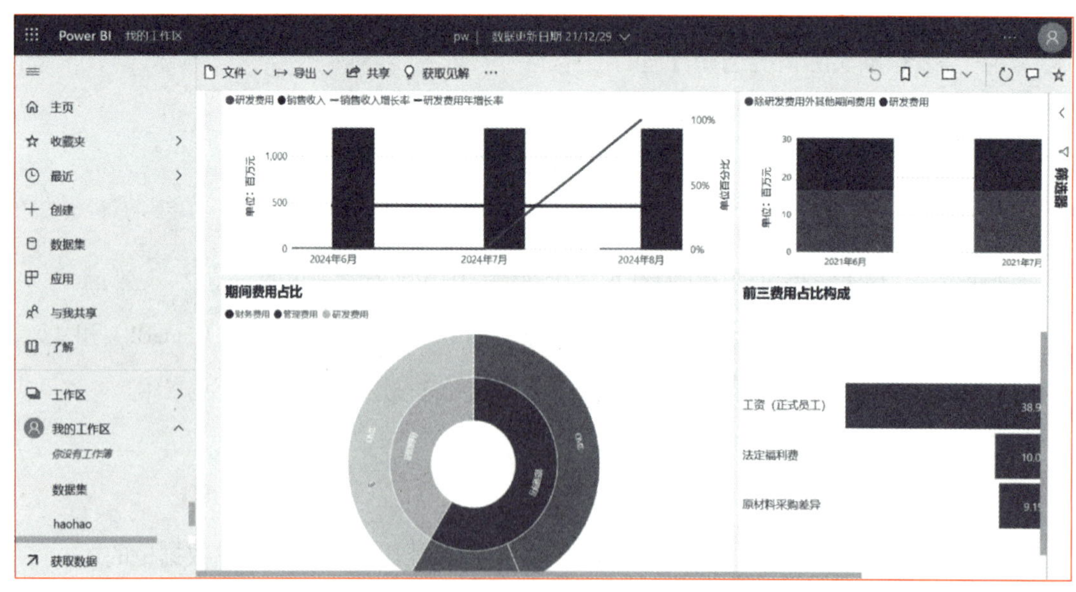

图 1-10　Power BI 的可视化开发界面

（二）帆软

帆软（FineBI）是一款由帆软软件有限公司推出的商业智能产品，是一款功能强大的数据可视化解决方案。FineBI 的主要特点包括：

（1）简单易用。用户只需要简单拖拽便能制作出丰富多样的数据可视化信息，无须编写复杂的代码。

（2）异构数据源整合。帆软可视化工具可以轻松整合 ERP、OA、MES 等多业务系统的数据，打破信息孤岛，建立综合可视化分析平台。

（3）多人协同合作。FineBI 支持多人协同工作，业务人员可以借助其对业务的了解在可理解的数据基础上创建 BI 分析，降低沟通成本和使用门槛。

（4）多屏适应。支持 PC 端、移动端、大屏等多种终端，确保数据可视化效果在不同设备上都能得到良好的展示。

例如，某跨国公司使用 FineBI 进行人力资源数据分析。该公司将员工数据整合到 FineBI 中，通过拖拽操作创建了一系列数据可视化报表，如员工构成饼图、员工绩效柱状图、培训需求预测曲线图等。这些报表帮助公司成功提高了人力资源管理的效率，降低了人力资源成本，提升了员工满意度。

FineBI 可视化开发界面如图 1-11 所示。

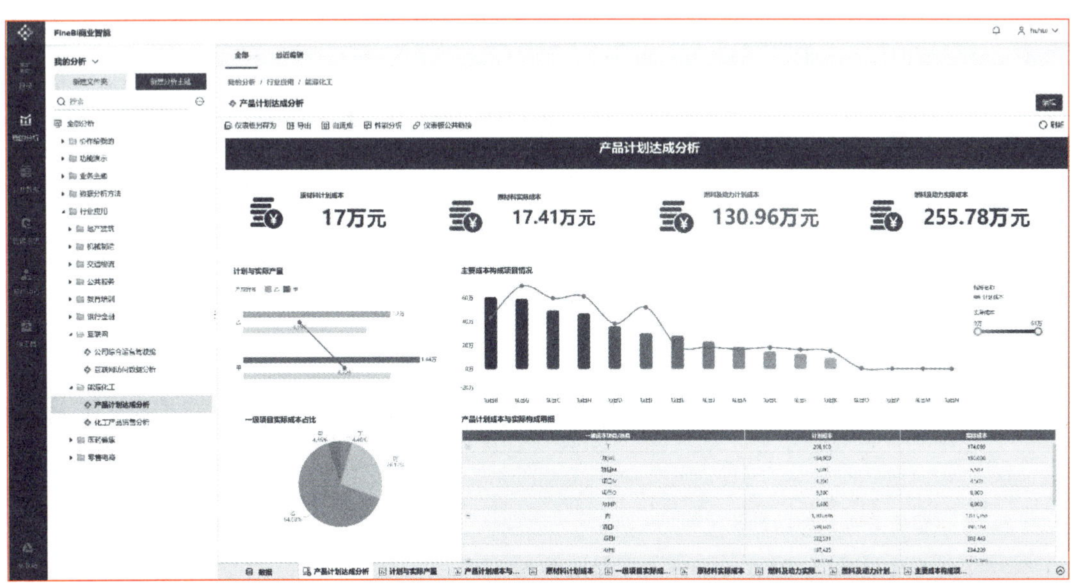

图 1-11　FineBI 可视化开发界面

（三）Tableau

Tableau是一款由Tableau Software公司开发的数据可视化和商业智能软件。Tableau的特色在于其强大的易用性和分析能力、高度的灵活性和企业级的应用与安全性。首先，Tableau提供了直观友好的界面和拖放操作方式，使得用户无论是否具备技术背景，都能迅速上手并进行数据可视化分析。其次，Tableau凭借独特的VizQL专利技术，赋予用户深入探索和分析数据的能力，帮助用户挖掘数据背后的故事，并提出有见地的见解。再次，Tableau在设计上极具灵活性，能够适应各种企业架构和数据生态系统，支持多种数据格式的导入，满足用户多样化的分析需求。最后，Tableau作为一款企业级的数据可视化分析工具，提供了高级的管理和安全性设置，确保分析平台的安全、可靠和可扩展性，为不同规模的企业提供了强大的数据支持功能。其主要特点包括：

（1）强大的可视化功能。Tableau提供了广泛的可视化类型选择，从基础的柱状图、折线图到复杂的地理地图、树状图、热力图等，各种高级图形都能轻松创建。

（2）高度交互性。Tableau生成的可视化是高度交互式的，用户可以通过筛选器、下拉菜单、滑块等多种方式与数据互动，动态改变视图内容。

（3）仪表板与故事讲述。用户可以在Tableau中构建仪表板，将多个相关联的视图组合在一起实现多维度的数据展示和分析。此外，还可以通过“故事”功能来组织一系列仪表板，形成连贯的数据叙事。

例如，某零售企业使用Tableau进行销售数据分析。该企业将销售数据导入Tableau中并创建了一个仪表板来展示不同区域、不同时间段的销售情况。通过筛选器功能用户可以根据特定条件筛选数据并动态改变视图内容。此外，该企业还使用Tableau的“故事”功能将多个仪表板组合在一起，形成了一个连贯的数据叙事，展示了销售数据的整体趋势和变化。

Tableau可视化开发界面如图1-12所示。

五、编程工具

当数据可视化工作涉及较为复杂或需要高度定制化应用场景的时候，就需要使用

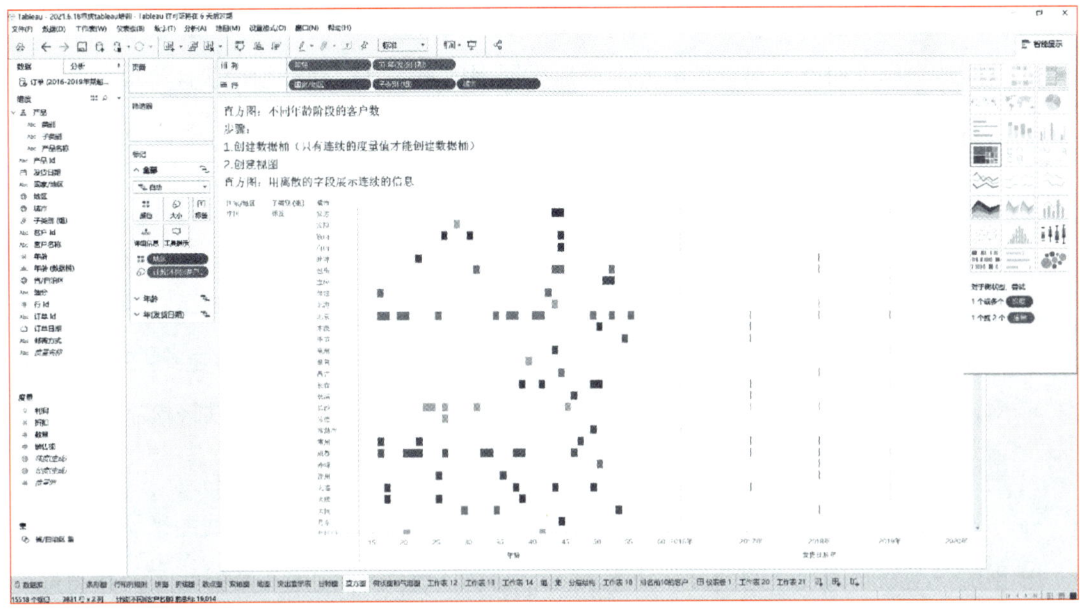

图 1-12　Tableau 可视化开发界面

可视化编程工具了。可视化编程工具在多个领域具有广泛的应用场景，它们通过编程方式为用户提供了高度定制化和交互性的数据可视化解决方案。在数据分析与科学研究中，这些工具帮助用户直观地理解数据分布和趋势；在商业智能与决策支持中，协助企业实时追踪业务指标，快速识别市场趋势；在金融分析与投资领域，编程可视化工具用于评估投资风险，追踪投资组合表现；在社交媒体与市场营销中，它们被用于分析用户行为和市场趋势，优化营销策略；在医疗健康领域，这些工具支持疾病诊断和治疗方案的制定；在教育教学中，它们创建交互式学习材料，提升教学效果；在地理信息系统（GIS）中，它们处理可视化地理空间数据，为城市规划、环境监测等提供支持。这些工具允许用户通过编写代码来创建和定制数据可视化内容，为数据探索、分析和决策支持提供了强大的支持。这些工具的使用需要编程实现，往往需要用户专门学习才能掌握。因此，在选择需要编程的可视化工具时，用户应根据自己的需求和技能水平进行权衡和选择，以便更好地利用这些工具进行数据可视化和分析。

（一）Python

Python 并非由某一单独公司生产，而是一个由全球开发者共同参与的开源项目。自 1989 年由 Guido van Rossum 创建以来，Python 凭借其简洁、易读且功能强大的特性，逐渐发展成为一种广泛使用的编程语言。

Python 的主要特色在于其强大的定制性、交互性和易用性，其主要功能在于将复杂的数据以直观、易于理解的图形形式展现出来，同时允许用户快速生成各种类型的高质量图表，如线图、散点图、柱状图、饼图等。Python 中有许多流行的数据可视化库，其中最常用的是 Matplotlib 和 Seaborn。

1. Matplotlib

Matplotlib 是 Python 中最常用的 2D 绘图库之一，也是数据可视化领域的基础库。它提供了丰富的绘图选项，可以绘制线图、散点图、柱状图、饼图等多种类型的图。Matplotlib 还支持自定义颜色、样式、标签等绘图属性，让用户可以轻松制作出高质量的图表。

例如，假设有一组关于不同城市的气温数据，想要绘制一个折线图来展示这些城市的气温随时间变化的情况。使用 Matplotlib 可以轻松绘制出一个折线图，并通过设置合适的颜色、样式和标签来增强图的可读性。

2. Seaborn

Seaborn 是一个基于 Matplotlib 的高级数据可视化库，它提供了更加美观和易于阅读的图形样式，特别适合用于展示统计图和信息图。Seaborn 内置了多种常用的统计图类型，如箱线图、小提琴图、热力图和散点图等，使得数据可视化更加便捷。

例如，假设有一组关于不同电影的评价数据，包括评分、观众数量和评论数量等，想要绘制一个热力图来展示这些电影在不同指标上的表现。使用 Seaborn，用户可以轻松地绘制出这样的热力图，并通过颜色深浅来直观展示这些电影在不同指标上的差异。

（二）R 可视化工具

R 可视化工具一般是指 R 语言中的数据可视化包。R 语言是一种广泛应用于统计分析和数据可视化的编程语言。它拥有许多内置的绘图函数和包，使其具备了丰富的数据处理和统计分析功能，也使得数据可视化变得简单和直观。R 可视化工具拥有庞大的开源社区支持，由全球开发者社区共同贡献和维护。这些工具通常以 R 包的形式存在，使其数据可视化工作变得灵活和可定制，在数据科学和可视化领域发挥着重要作用。

1. base R

base R 是 R 语言的基本绘图系统，它提供了许多内置的绘图函数，如 plot( )、

hist( )、boxplot( ) 等，可以用于创建散点图、直方图和箱线图等常见的统计图。base R 的绘图语法简单易懂，适合初学者入门。

例如，假设有一组关于学生考试成绩的数据，包括不同科目的分数和总分。想要绘制一个箱线图来展示这些科目的分数分布情况。使用 base R 的 boxplot( ) 函数，可以轻松绘制出这样的箱线图，并通过调整参数来定制图的样式和细节。

2. ggplot2

ggplot2 是 R 语言中非常流行的数据可视化包之一，它提供了更加灵活和强大的绘图功能。ggplot2 采用图层式的绘图语法，用户可以通过添加不同的图层来构建复杂的图。ggplot2 还支持多种主题和样式设置，使得图的外观更加美观和统一。

例如，假设有一组关于不同国家人口增长的数据，包括年份和人口数量。想要绘制一个折线图来展示这些国家人口数量的变化趋势。使用 ggplot2，可以先创建一个基本的折线图图层，然后通过添加不同的图层来展示不同国家的数据，并通过设置主题和样式来定制图的外观。最终，可以得到一个清晰、美观的折线图来展示人口数量的变化趋势。

任务四　数据可视化视觉感知

本任务将聚焦数据可视化中的核心环节：可视化视觉感知。首先介绍视觉感知的基础理论，并演示这些理论如何应用于优化数据可视化效果。其次，本任务进一步探索颜色、形状、尺寸、运动等视觉通道在数据可视化中的重要作用。最后，本任务将讨论视觉编码的原则，并探索如何将数据映射到各种视觉元素上以提升信息的传达效果。通过分析视觉编码策略，展示这些原则在实际数据可视化设计中的应用。

一、视觉感知

数据可视化的核心在于有效地传递复杂信息，而其成功与否很大程度上取决于对人类视觉感知机制的深刻理解。视觉感知不仅仅是眼睛接收光线那么简单，它涉及大脑如何解释这些信号，形成意义和理解。因此，掌握视觉感知的基本原则对于设计高效、易懂的数据可视化至关重要。

（一）颜色：情感与区分的载体

（1）基础理解。色彩作为数据可视化领域的关键视觉元素，显著吸引观众注意力，反映出人类视觉系统对色彩的高度敏感性。恰如其分的色彩运用能够即刻区分不同信息层次，但需细致斟酌色彩对比效果及文化蕴含，以防传达误差。

（2）实施策略。设计实践中，应依托色彩心理学理论，例如，采用绿色寓意繁荣增长，红色预警下降趋势，同时审慎考虑全球色彩解读的多样性，以免产生文化误解。此外，采纳对色彩辨认障碍友好（色彩盲）的调色方案，是确保信息普及无障碍性的必要举措。

（3）案例。以自然资源部宣传教育中心与澎湃新闻联合发布的“美丽中国：图览山水林田湖草沙”系列可视化项目为例，此作品巧妙运用了色彩的心理效应，展现了中国辽阔疆域内山川、水域、森林、农田、湖泊、草原、沙漠及冰川的丰富自然资源，彰显了中国的自然景观之壮美与生态多样性。该项目不仅是对可视化色彩运用的艺术实践，也是对国家地理风貌的视觉颂歌。

（二）形状：直观的分类符号

（1）基础理解：人类大脑具备无意识识别并自动分类形状的能力，这一自然倾向使得形状成为数据分类和信息区分的直观表达手段。形状作为视觉元素，能迅速激发观众的认知联想，促进信息的快速分类。

（2）实施策略：在设计实践中，应选取简洁明了的形状以减轻观众的认知负荷，如采用圆形标示总体概况，三角形寓意增长趋势等，确保图形的直观性。同时，保持形状间足够的视觉对比，避免因形态过于相近而导致的信息混淆，确保分类清晰可辨。

（3）案例：澎湃新闻旗下的湃美数课于 2024 年推出的《塑料包装何以环保？答案藏于千人问答之中》可视化报告（见图 1–13），便是形状分类应用的典范。该报告在展示大众对包装材料环保意识调查结果时，巧妙利用不同形状直观区分了纸质、玻璃、塑料、金属等包装材质，形象直观，有效传达了复杂数据背后的不同类别信息，使读者一目了然。此举不仅提升了数据的可读性，还促进了信息的深度理解，是形状在数据可视化中高效运用的示范。

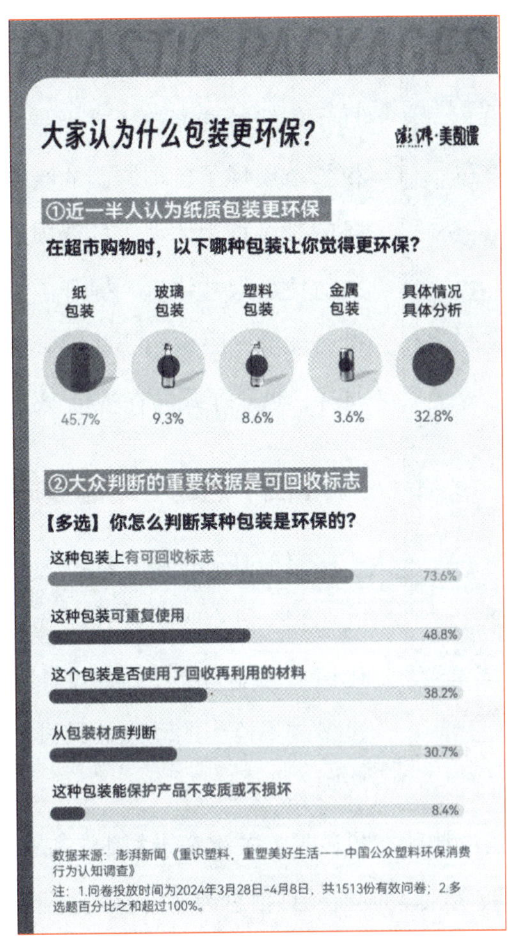

图 1-13 《塑料包装何以环保？答案藏于千人问答之中》可视化报告

（三）尺寸：量级的视觉表达

（1）基础理解。人类视觉系统天生能够敏锐地感知尺寸差异，这一自然特性在数据可视化领域被充分利用，以直观展示数据间的相对大小或数量关系，增强信息的直观性。

（2）实施策略。在具体应用中，尤其是在条形图设计上，确保仅通过条形的长度变化来精确传达数据量的多少，避免因面积变化引起的视觉错觉导致的误解。维持图表中所有元素的比例一致性，保证尺寸的任何改变与数据变化呈严格的线性关系，从而提升数据展示的精确性和可信赖度。

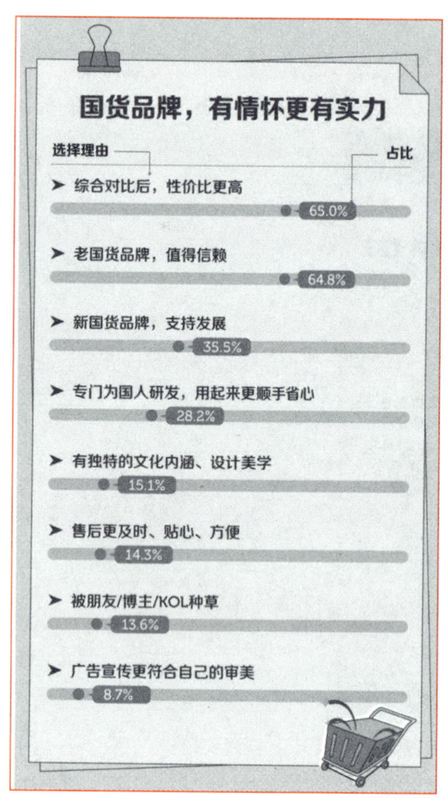

图 1-14 《2023 年中国人消费趋势报告：年轻一代引领节俭风尚》可视化报告

（3）案例。网易有数在 2023 年发布的《2023 年中国人消费趋势报告：年轻一代引领节俭风尚》中（见图 1-14），巧妙利用了带进度条的条形图来展示年轻消费者选择本土品牌的原因。这种设计不仅清晰展现了各项原因的受欢迎程度，还通过进度条的长度直观体现了各选项之间的相对重要性，有效避免了尺寸错觉，提升了信息传达的准确性，让读者能够一眼看出哪些因素在驱动着年轻人的消费选择，展现了尺寸在视觉表达上的高效应用价值。

（四）运动：动态数据的呈现

（1）基础理解。动态视觉元素，如动画和交互式图表，具有吸引观众注意力并有效传达随时间变化信息的能力。然而，设计时需要谨慎平衡，因为过多或不恰当的动态效果可能会干扰核心信息，分散观众的注意力。

（2）策略应用。在设计动态图表时，关键在于精细控制动画的各个方面，包括速度、方向和持续时间，确保动画流畅且信息传递清晰。设计应允许用户控制动画的播放，例如加入暂停、回放按钮，让用户能够按照自己的节奏探索数据，深入理解背后的故事。这样的互动不仅增强了用户体验，也提高了数据解读的准确性和深度。

（3）案例。中国可视化与可视分析大会中荣获金奖的作品《五色相宣：传统色彩信息可视化网站设计》（见图 1-15），是一个生动的动态数据呈现实例。该项目创新地使用动态图形和交互设计，以山脉为隐喻，巧妙融合了中国传统色彩与礼制文化。网站通过动态的时间序列展示，让用户可以探索色彩随历史变迁的应用与意义，以及色彩的工艺技术和每个色彩背后所承载的独特信息。通过这样的动态呈现，项目深刻展示了“五色体系”作为中华文化的独特标志，及其丰富的文化内涵和历史传承，既美观又富有教育意义，成功地将复杂的文化信息转化为引人入胜的视觉叙事。

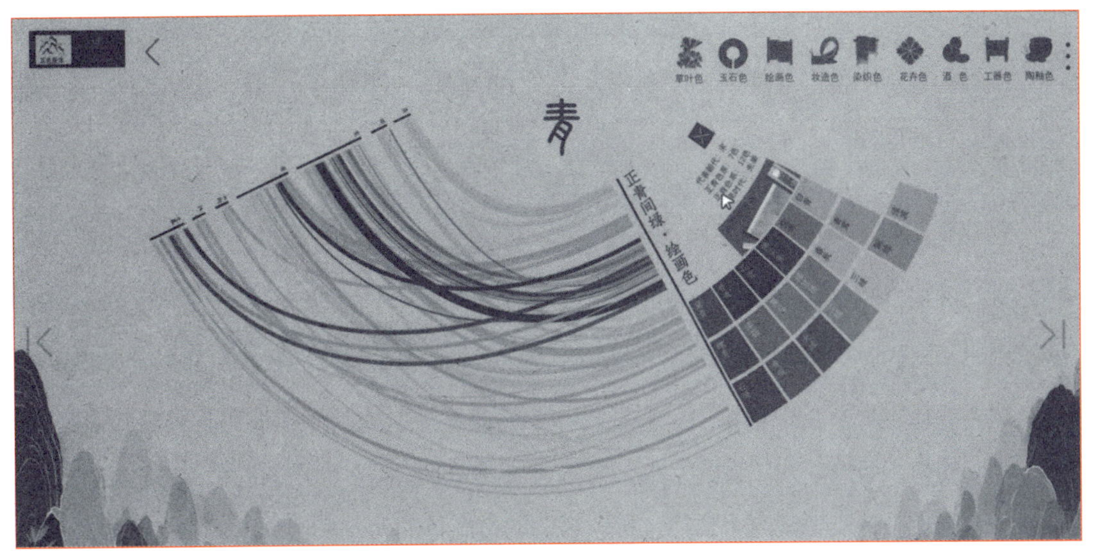

图 1-15 《五色相宣：传统色彩信息可视化网站设计》作品截图

尽管人类的视觉系统天生能够高效地加工复杂的视觉输入，但这并不意味着人们的感知过程无懈可击。从颜色辨识到形状认知，乃至对运动的追踪，都可能存在偏差与误解，尤其是在面临信息密集型的图表和数据展示时，这些挑战尤为显著。因此，深入探究视觉感知的基础机制，并将其智慧地融入数据可视化的设计实践之中，显得尤为重要。这不仅是一种技术性的考量，更是一种艺术，它要求人们跨越直观反应的界限，精心构筑既准确又引人入胜的视觉叙事。唯有如此，方能规避设计上的陷阱，确保每一份数据可视化作品都能精准传达信息，同时激发观众的洞察力与行动力，真正实现其提升决策质量与启发思考的潜力。

二、数据可视化编码

数据可视化编码是数据可视化的核心机制，是一个复杂但至关重要的过程，它涉及将数据映射到数据可视化元素上，如图形符号。这些符号可以是图片、网页等形式。通过精心设计的可视化编码，可以有效地传达和解读信息。

（一）数据可视化编码的定义

数据可视化编码描述的是如何将数据转换成可视化结果的过程。在这个过程中，“编”是指设计和映射，“码”则是指图形符号。视觉编码通过将数据的各种维度和特性映射到特定的视觉元素，如颜色、形状、大小或位置，把复杂的数据转化为二维或三维的直观图像。这使人们能利用大脑天生的视觉处理能力来理解复杂数据，提升数据的可解读性。

（二）视觉通道的应用

图形符号是从可视化中获取信息的基础。观察一个简单的图像，人们就能迅速识别出不同的对象、它们的相对位置和大小。例如，从一堆形状中辨认出一个不同的形状，或在绿色背景中识别出一点红色。视觉通道是图形符号和视觉系统之间的桥梁，不同的视觉属性，如位置、大小、颜色、纹理和形状等对应不同的视觉通道。

为了进一步理解这个转换过程，可以通过简单的案例来展示如何在实际中应用这些视觉通道（见图 1–16）。

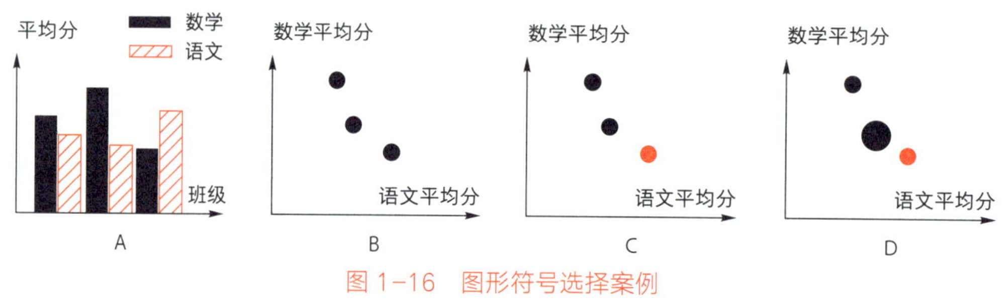

图 1–16　图形符号选择案例

在图 2–15 中，图 A 表示了三个不同班级的数学和语文平均分，用柱状图表示，其中柱状图的高度编码了平均分的值。图 B 尝试展示数学平均分和语文平均分的关系。在图 C 中，通过颜色来编码班级属性，增加了数据维度。图 D 则通过尺寸编码班级人数信息。

（三）视觉通道的表现力和选择

进行可视化编码时，需要考虑视觉通道的表现力和有效性。主要考虑因素包括准确性、可辨认性、可分离性和视觉突出性。例如，位置通道因其直观性和精确度在数据可视化中极为有效，尤其适合表达数值、分类、顺序或空间关系。相比之下，纹理视觉通道可能在表达复杂信息时导致视觉上的混淆，因此其应用需要更加谨慎。

图 1–17 通过对比不同的视觉通道表现力，展示了如何有效地传达物体的各种属性。这张图有效地展示了不同视觉通道在表达数据时的效能排序，从最有效到相对效

能较低。这种排序是基于视觉通道在表达特定类型的数据信息（如分类、顺序、数量和空间）时的清晰度和易解读性。

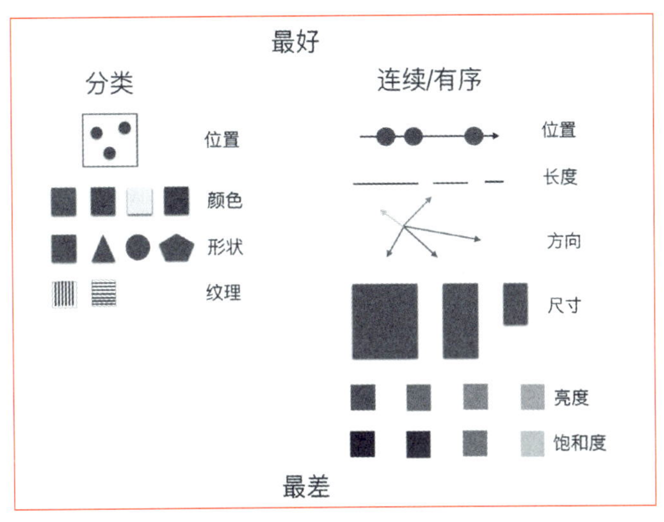

图 1-17　视觉通道表现力

以下仅介绍常用视觉通道的应用场景。

1. 位置

位置通道在数据可视化中表现最佳，这是因为人的视觉感知对物体在空间中的位置极为敏感。这使得位置成为表达精确数值、分类、顺序或空间关系的理想选择。

2. 长度 / 方向

长度和方向紧随位置之后，也非常有效。长度通常用于表示量的大小，比如柱状图中柱子的高度，而方向或趋势（如箭头所示）可以清晰地指示数据的流动或变化方向。

3. 饱和度

颜色的使用在表达数量级时也相对有效，通过深浅变化可以直观地展示数据的强度或大小。然而，颜色对比需要适度，过强或过弱的对比可能会影响信息的传达效果。

4. 颜色

虽然颜色是区分不同数据类别的强大工具，但在传达顺序或数量信息方面可能不如位置和长度直观。不同颜色的视觉冲击可能会影响信息解读的直观性和速度。

5. 形状

形状对于区分类别型数据也有很好的效果，但它在表达量的大小或数据的顺序方面的能力较弱。形状的识别需要更高的认知投入，可能不如颜色或位置直观。

6. 纹理

纹理通常用于在可视化中添加层次或区分相似的数据块，但它的表达力和直观性通常低于上述视觉通道。纹理可能会使视图变得过于复杂，从而影响信息的快速识别。

综合实训　乡村振兴可视化项目操作入门

党的二十大报告指出：“全面推进乡村振兴。全面建设社会主义现代化国家，最艰巨最繁重的任务仍在农村。”乡村振兴可视化项目是一个涉及多个领域的综合性项目，旨在通过数据可视化的方式，展示乡村振兴的成果、问题和潜力。以下是一个乡村振兴可视化项目的操作入门指南。

一、实训准备

（1）明确项目目标。确定乡村振兴可视化项目的具体目标。例如，展示乡村产业发展、生态环境改善、文化传承等方面的成果。

（2）收集数据。根据项目目标，收集相关包括乡村经济、社会、环境等方面的数据，确保数据的准确性和完整性。

（3）选择可视化工具。根据项目需求，选择适合的可视化工具。常用的可视化工具包括 Excel、Tableau、PowerBI 等。这些工具可以帮助用户将数据转化为图表、地图等可视化形式。

二、实训要求

（一）数据处理

（1）数据清洗。对收集到的数据进行清洗，去除重复、错误或无效的数据。

（2）数据整理。将数据整理成适合可视化的格式。例如，将数据按照时间、地区、产业等维度进行分类和整理。

（3）数据分析。对整理好的数据进行初步分析，了解数据的分布、趋势和关联性等。

（二）可视化设计

（1）确定可视化类型。根据项目目标和数据类型，选择合适的可视化类型，如柱状图、折线图、饼图等。

（2）设计可视化布局。确定可视化的整体布局和样式，包括颜色、字体、图标等。确保可视化结果清晰、易读、美观。

（3）添加交互功能。根据需要，为可视化结果添加交互功能，如筛选、缩放、拖拽等，有助于用户更深入地了解数据和分析结果。

三、实训步骤

（1）导入数据。将清洗和整理好的数据导入到可视化工具中。

（2）创建可视化。根据设计好的可视化类型和布局，在可视化工具中创建相应的图表。

（3）添加交互功能。为可视化结果添加交互功能，以便用户进行更深入的分析和探索。

四、实训成果展示与评估

（1）展示可视化结果。将创建好的可视化图表进行展示，分析乡村振兴的成果和问题。

（2）收集反馈。收集观众对可视化结果的反馈意见，了解对可视化效果的看法和建议。

（3）评估项目效果。根据反馈意见和实际效果，评估乡村振兴可视化项目的效果和价值，以便进行后续的优化和改进。

知识与技能训练

一、单选题

1. 关于数据可视化的基本作用，下列选项中描述不准确的是（　　）。

A. 信息记录　　B. 数据采集　　C. 数据分析　　D. 传播交流

2. 在二维散点图中，通常用来表示两个变量之间的相关性大小的是（　　）。

A. 线性方程式　　B. 相关系数　　C. 因果系数　　D. 阈值

3. 以下图形中最适合用于展示多个部分到整体的关系的是（　　）。

A. 饼图　　B. 柱状图　　C. 堆叠柱形图　　D. 折线图

4. 在数据可视化中，如果数据中存在缺失值，应该如何处理？（　　）。

A. 直接忽略缺失值

B. 用平均值填充缺失值

C. 根据数据分布或模型预测填充缺失值

D. 停止可视化过程

5. 在数据可视化中，异常值通常会对结果产生的影响是（　　）。

A. 使结果更加准确　　B. 对结果无影响

C. 可能导致结果误导　　D. 使结果更加稳定

二、多选题

1. 以下工具中通常需要编程基础才可使用的是（　　）。

A. D3.js　　B. Tableau　　C. Seaborn　　D. Matplotlib

2. 在 Python 中，用于绘制散点图的常用库是（　　）。

A. Matplotlib　　B. Pandas　　C. NumPy　　D. Seaborn

3. 关于 Excel 中的数据可视化，下列描述正确的是（　　）。

A. Excel 提供了多种类型内置图表，如柱形图、折线图等

B. Excel 的数据透视表可以用于数据分析和可视化

C. Excel 不支持创建交互式图表

D. Excel 的图表可以与其他 Office 应用程序共享

三、判断题

1. 在数据可视化中，简洁性原则意味着必须减少所有不必要的信息和元素。（　　）

2. 在创建可视化图表时，对比性原则只适用于颜色的选择，与其他视觉元素无关。（　　）

3. 层次性原则在数据可视化中意味着所有的数据和信息都应该具有相同的视觉权重。（　　）

4. 在数据可视化中，数据的准确性是首要考虑的因素，即使这可能导致图表不够美观。（　　）

5. 数据可视化过程中，应该始终将所有收集到的数据都包含在最终的可视化图表中。（　　）

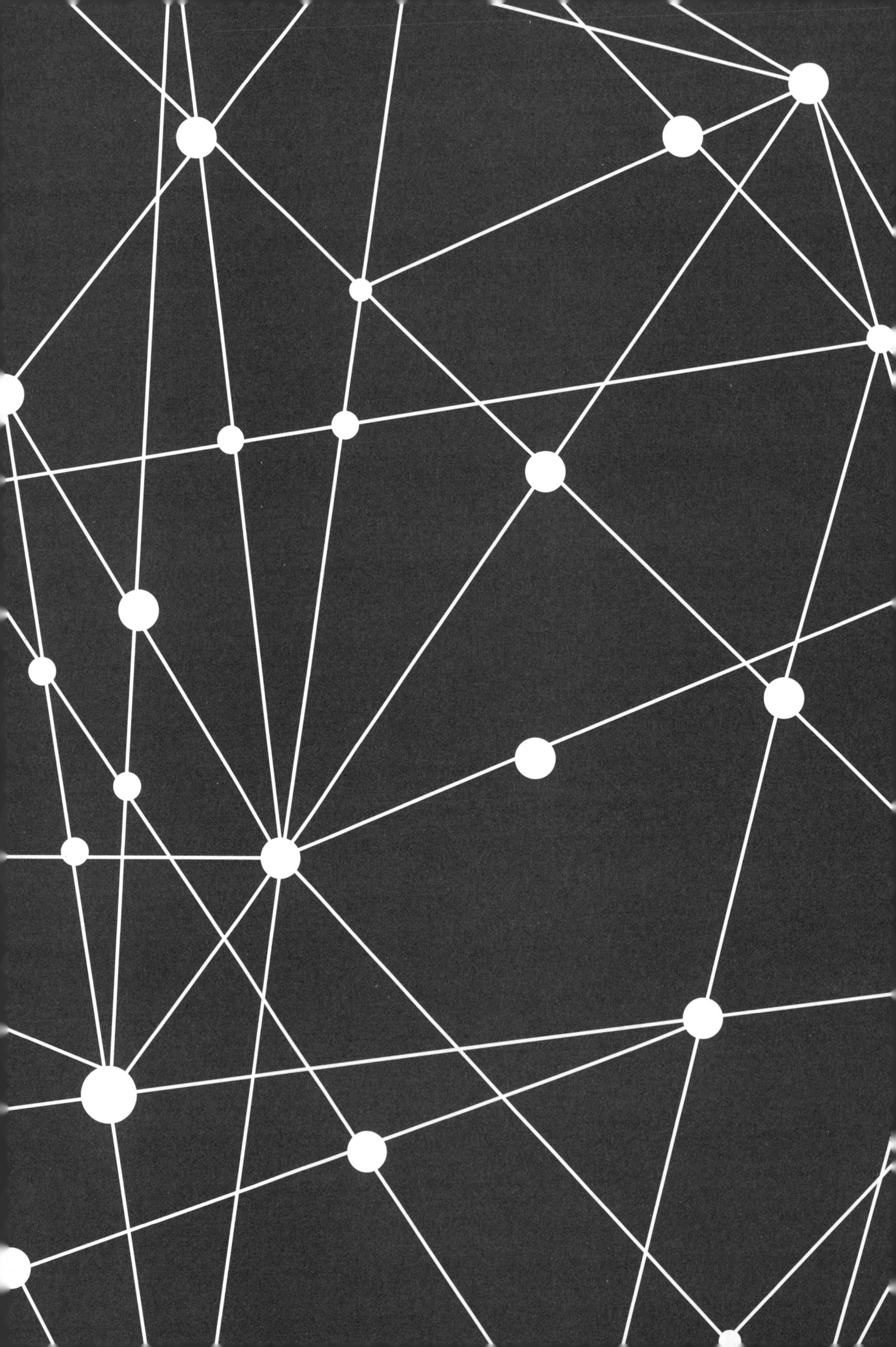

项目二

类别数据可视化

学习目标

素养目标

- 培养学生的创新思维及团队协作能力
- 培养学生的逻辑思维及批判性思维
- 培训学生跨学科整合资源的数字素养

知识目标

- 了解柱形图及其常用进阶柱形图的使用场景，常规用法以及可视化要点
- 熟悉堆积柱形图、组合图以及象形图的使用场景，常规用法以及可视化要点
- 熟悉南丁格尔玫瑰图的使用场景、常规用法
- 掌握雷达图的使用场景、常规用法

技能目标

- 能够使用 Tableau 进行常规柱形图及进阶柱形图的绘制和美化
- 能够使用 Tableau 进行堆积柱形图的绘制和美化
- 能够使用 Tableau 进行饼图与折线图组合图的绘制
- 能够使用 Excel 进行象形图的制作
- 能够进行南丁格尔玫瑰图制作
- 能够使用 Excel 进行雷达图的制作

思维导图

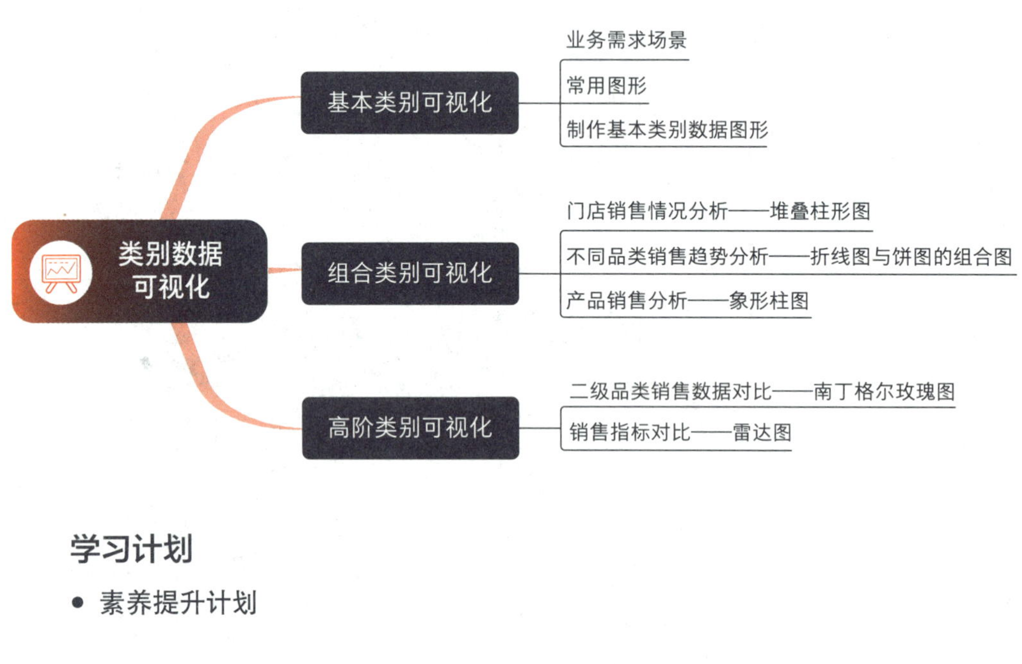

学习计划

- 素养提升计划

____

____

- 知识学习计划

____

____

- 技能训练计划

____

____

项目引入

类别数据主要用来比较不同种类数据的差异，并通过差异发现问题。类别数据可视化的方法主要体现在显示值与值之间的不同和相似之处。使用图形的长度、宽度、位置、面积、角度和颜色来比较数值的大小，展示不同分类的数值对比，不同时间点的数据对比。

本项目的数据源为某市连锁商超半年销售数据，该报表中包含 24 个字段，由于此次可视化重点在于展现各品类的销售对比情况，所以只需选取部分字段进行可视化展现，表 2-1 摘录了主要用到的字段名及其数据类型。

表 2-1　案例表主要字段

字段名	中文含义	数据类型
store_name	门店	字符型
business_name	商业类型	字符型
goods_name	商品名称	字符型
cate0_name	大类名称	字符型
cate1_name	中类名称	字符型
cate2_name	小类名称	字符型
date	时间	时间型
goods_num	销量	整数型
sales_amt	销售额	数值型

任务一　基本类别可视化

一、业务需求场景

针对连锁超市数据，首先可以考虑做一些基本的数据分析，如到底哪个店铺的生意更好，哪些商品更加畅销；然后，可能需要进行更详细的数据分析，如每种大类中哪些商品更加畅销，此时，应该优先选择什么样的图表实现？

通常情况下，当想要制作一张适合用于展示二维数据集的图表时，如展示数据的分布情况，其中一个轴表示需要对比的分类维度（比如月份），另一个轴代表相应的数值（比如商品销量）时，或者当想要在一个维度上，对多个同质可比的指标进行比较时，柱形图、条形图这些简单的类别可视化图形就能快速达成目标。

二、常用图形

（一）柱形图

柱形图又称长条图、柱状图，是最常见的图类型，是一种以长方形的长度为变量的统计图。柱形图通常用来比较两个或两个以上的值（不同时间或者不同条件），但只有一个变量时，通常用于较小的数据集分析。柱形图也可横向排列，或用多维方式表达，或者与其他的图形组合在一起，形成更加复杂的图形可视化表达。

图 2-1 显示了柱形图的基本框架。类别轴（水平轴，也就是 x 轴）显示了不同分店名称，柱形的宽度和彼此之间的间隔一般不代表数值，没有特殊含义。

数值轴（垂直轴，也就是 y 轴）标识出图的尺度。图 2-1 显示的是线性标尺（Linear Scale），各单位在整条轴线上均匀分布。柱形高度与数值轴相对应。比如第一个柱形达到了约 3 个单位，而最高的柱形达到了 9 个单位。

高度对于柱形图来说很重要。体现数值的视觉通道就是柱形的高度。数值越小，柱形就越矮；数值越大，柱形就越高。如图 2-1 第 3 个单位的柱形（商业 1 店）的高度是第 8 个单位的柱形（学校 2 店）的两倍。

有些工具默认将数值轴上的最小值设为数据集中的最小值，如图 2-2 所示。图 2-2 中的最小值是 2 816 862。然而，如果数值轴从 2 816 862 开始，那么商业 1 店柱形的高度就不再是学校 2 店柱形高度的 2 倍了。看上去学校 2 店是商业 1 店的 1/3，而且交通 1 店的柱形也消失了。所以，一般来说，要注意保持数值轴尺度从 0 开始标注，否则柱形图就可能会显示出错误的关系。

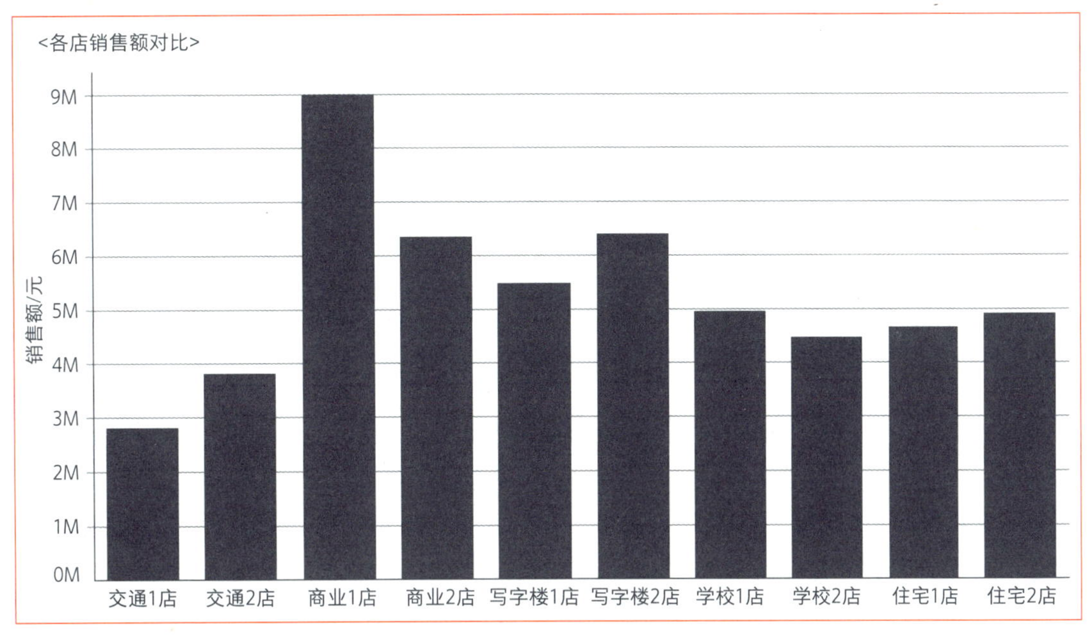

图 2-1　柱形图的基本框架

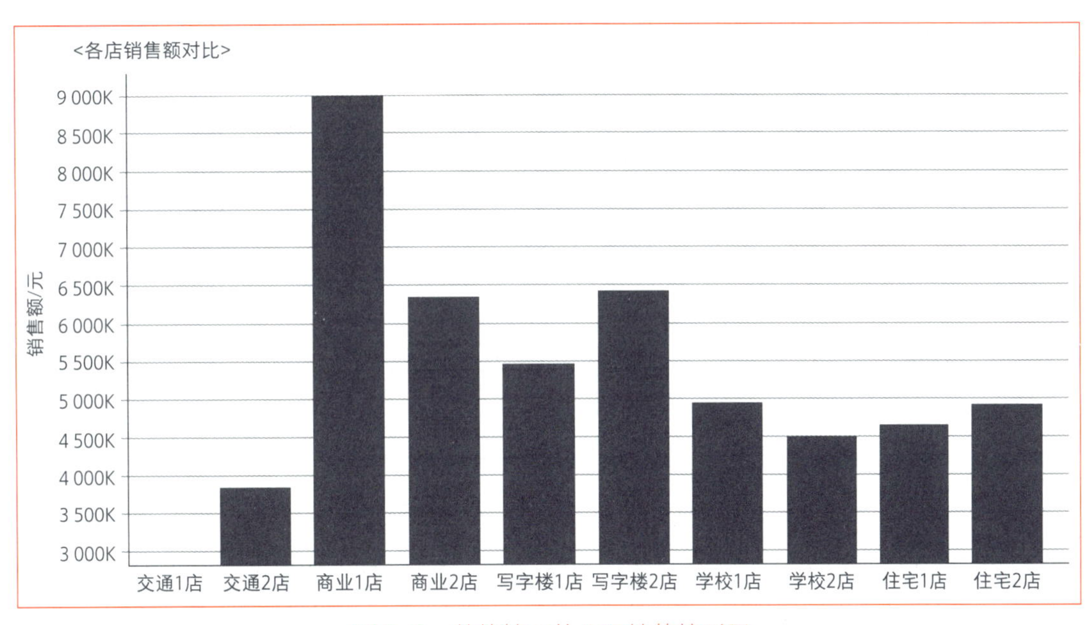

图 2-2　数值轴不从 0 开始的柱形图

（二）分组柱形图

分组柱形图，又叫聚合柱形图，是基于柱形图的最简单的组合图形（见图 2-3）。当需要在同一个轴上显示各个分类下不同的分组时，需要用到分组柱形图。

与柱形图类似，分组柱形图使用柱子的高度来映射和对比数据值。每个分组中的柱子使用不同的颜色或者相同颜色不同透明度的方式区别各个分类，各个分组之间需要保持间隔。

分组柱形图经常用于不同组间的数据进行比较，这些组都包含了相同分类的数据，但在使用过程中应避免分组中分类过多的情况，分类过多会导致分组中柱子过多过密，影响图形的可读性。

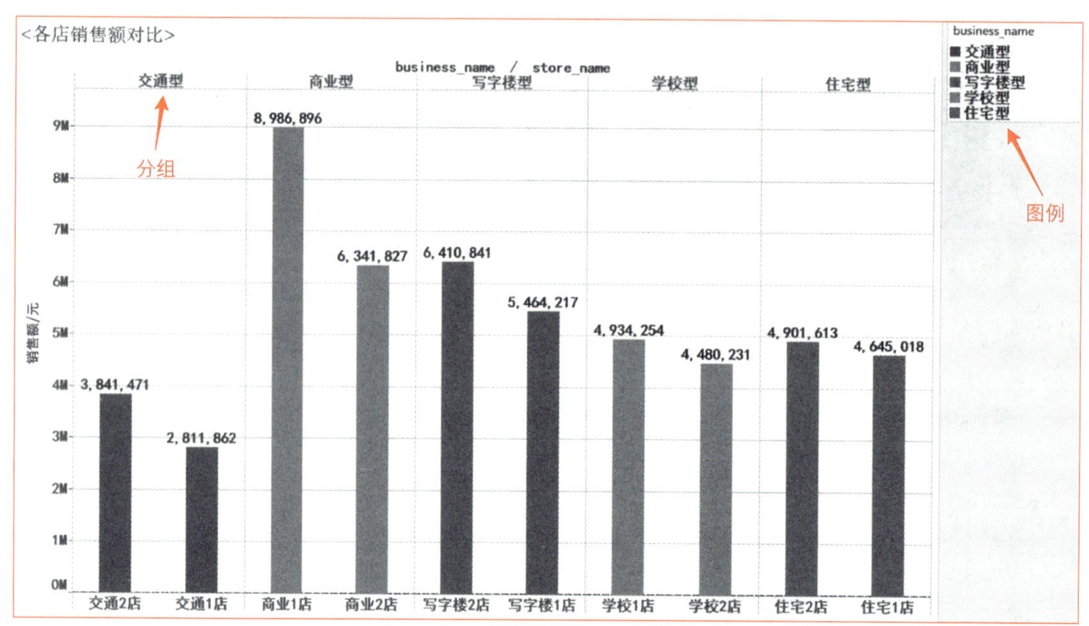

图 2-3　分组柱形图的基本框架

（三）条形图

条形图与柱形图非常相似，简单来说，条形图就是横向的柱形图，也是用宽度相同的条形的长短来表示数据多少的图形。与柱形图相似，条形图通常也是用来比较两个或以上的值（不同时间或者不同条件），且只有一个变量。但由于条形图更容易进行横向的延伸，且可以较为完整地显示较长的标题，所以相比于柱形图，能进行更大范围的数据集分析。由于人们的阅读习惯，条形图较少与其他图形进行组合。

图 2-4 显示了条形图的基本框架。类别轴（垂直轴，也就是 y 轴）显示了不同商品类别的名称，条形的宽度和彼此之间的间隔同柱形图一样，一般不代表数值，没

有特殊含义。数值轴（水平轴，也就是 x 轴）标识出图的尺度。

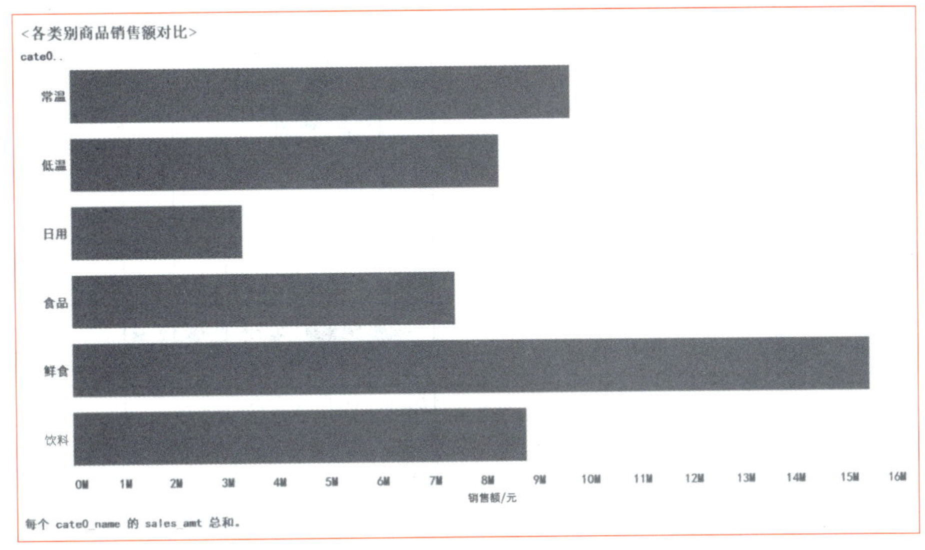

图 2-4　条形图的基本框架

（四）双向条形图

双向条形图又被称为正负条形图，使用正向和反向的条形显示类别之间的数值比较。其中分类轴（y 轴）表示需要对比的分类维度，连续轴（x 轴）代表相应的数值。常规使用方法下，连续轴分为两种情况，一种是正向刻度值与反向刻度值完全对称，另一种是正向刻度值与反向刻度值反向对称，即互为相反数。双向条形图还可以用于展示两组不同类型的数据，此时，它们的正反向刻度值并不具备对称或互为相反数的关系，例如图 2-5 中，连续轴左侧是销售额，右侧是销售量，二者既不完全对称，也并非相反数。

三、制作基本类别数据图形

（一）制作柱形图

以某连锁商超销售数据为例来创建第一张柱形图。图 2-6 是最终生成的图形。主要分成两步完成，首先创建出基本图形，然后对图形进行完善与美化。

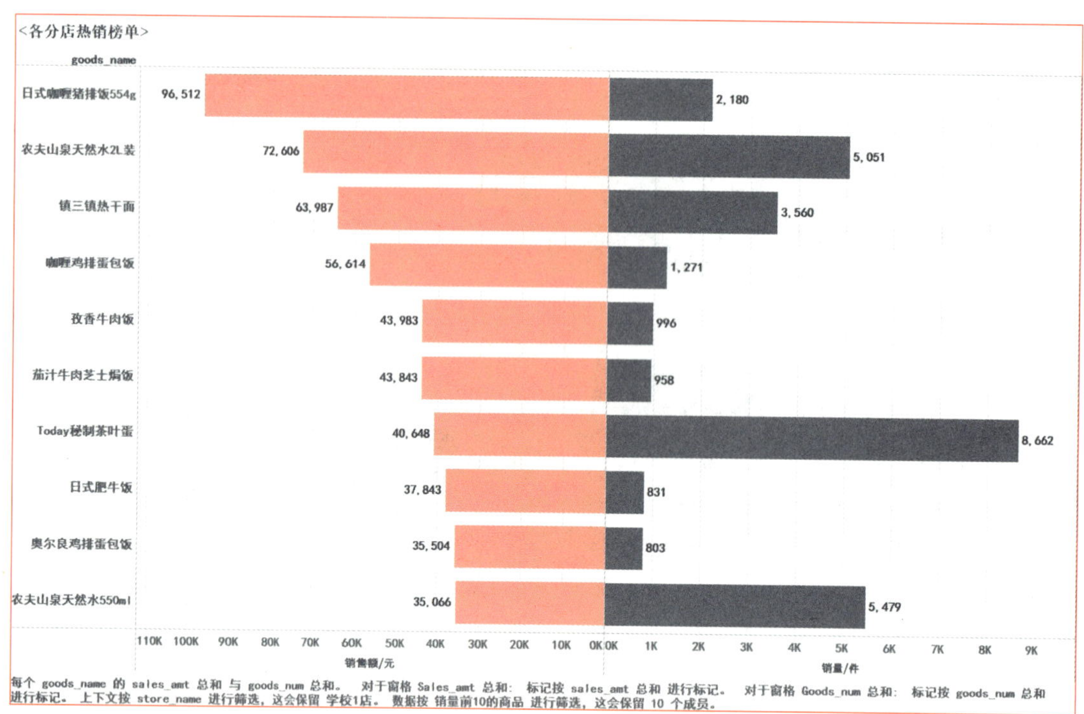

图 2-5　双向条形图的基本框架

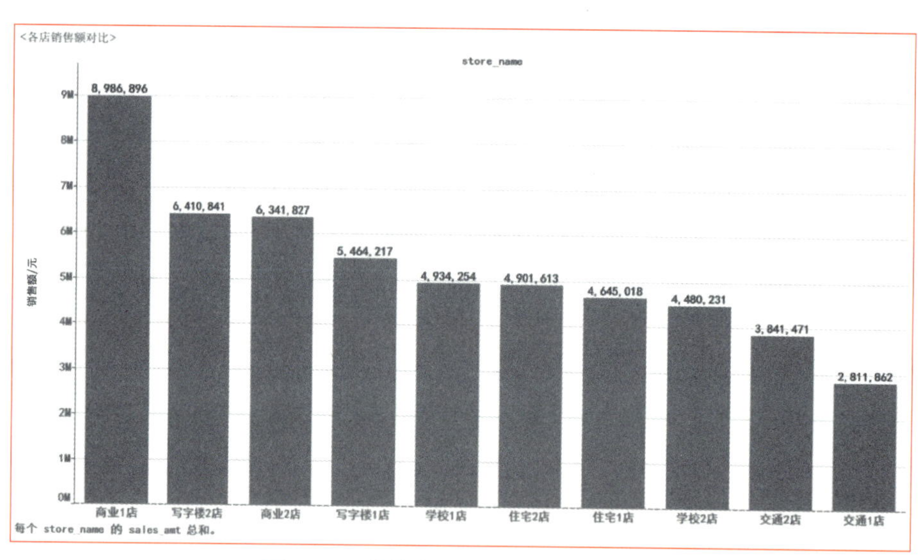

图 2-6　连锁商超各店销售额对比图

利用 Tableau 生成柱形图

首先，将连锁商超的销售数据导入常用的可视化工具，本例将使用 Tableau 进行示例。打开 Tableau 软件，选择数据来源，导入数据。

从数据窗格中，将想要作为 x 轴的字段拖至列窗格，将想要作为 y 轴的字段拖至行窗格。在创建柱形图时，通常将数值型的字段拖入行窗格中，y 轴才会依据数值的不同显示出不同的柱形。此处，将 store_name 拖至列窗格，将 sales_amt 拖至行窗格，如图 2–7 所示。

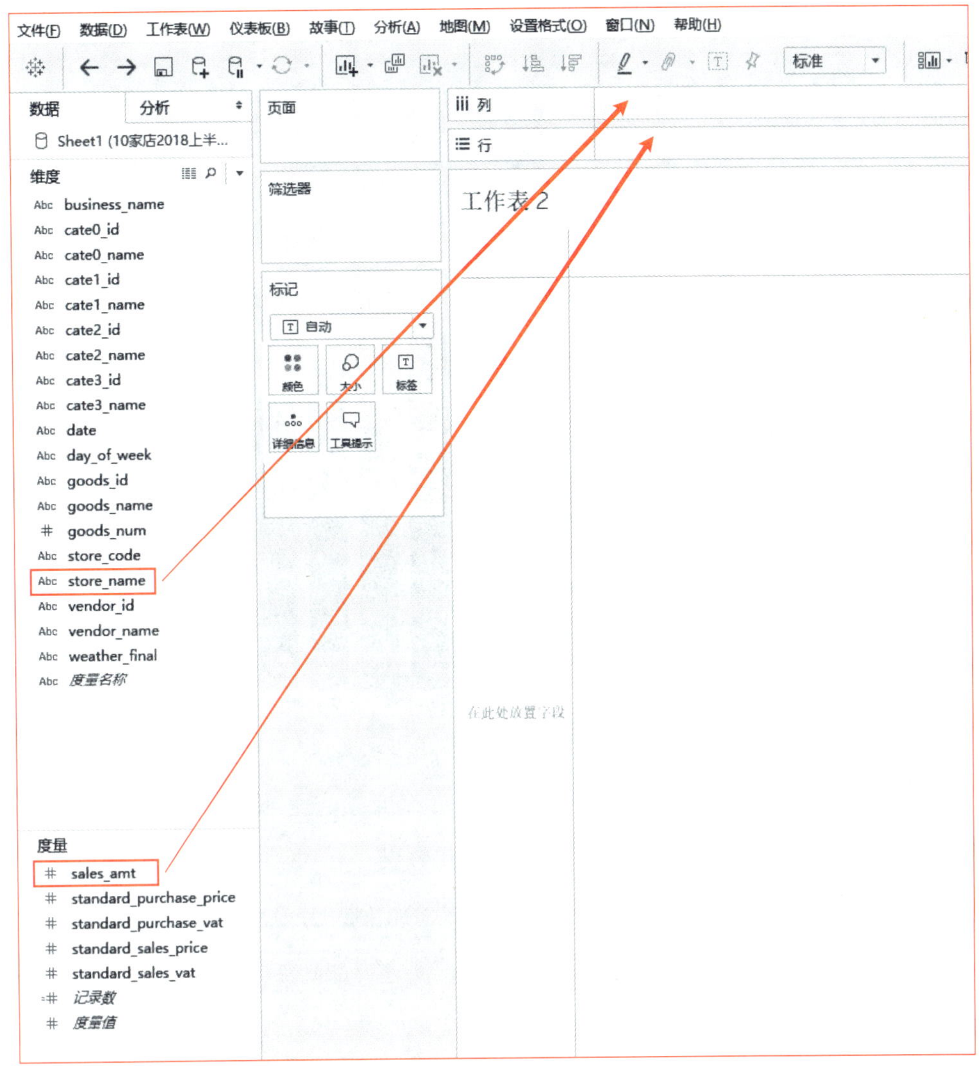

图 2–7　拖拽分析字段到行列

此时，Tableau 会自动适配合适的图形对数据内容进行可视化表达。此处软件自动选择了柱形图对各店铺销售额进行展示，如图 2–8 所示。

目前已经生成了一个简单的柱形图，如果只用它来进行简单分析，就没必要再进行加工了。但如果希望将该图制成可单独发布的图形，还需提升图形的可读性。

作为绘图者，当然了解数字背后的上下文背景，但是受众不了解，这就需要绘图者进行进一步解释，而好的图表设计可以帮助受众更清楚地理解整个故事，即这就是

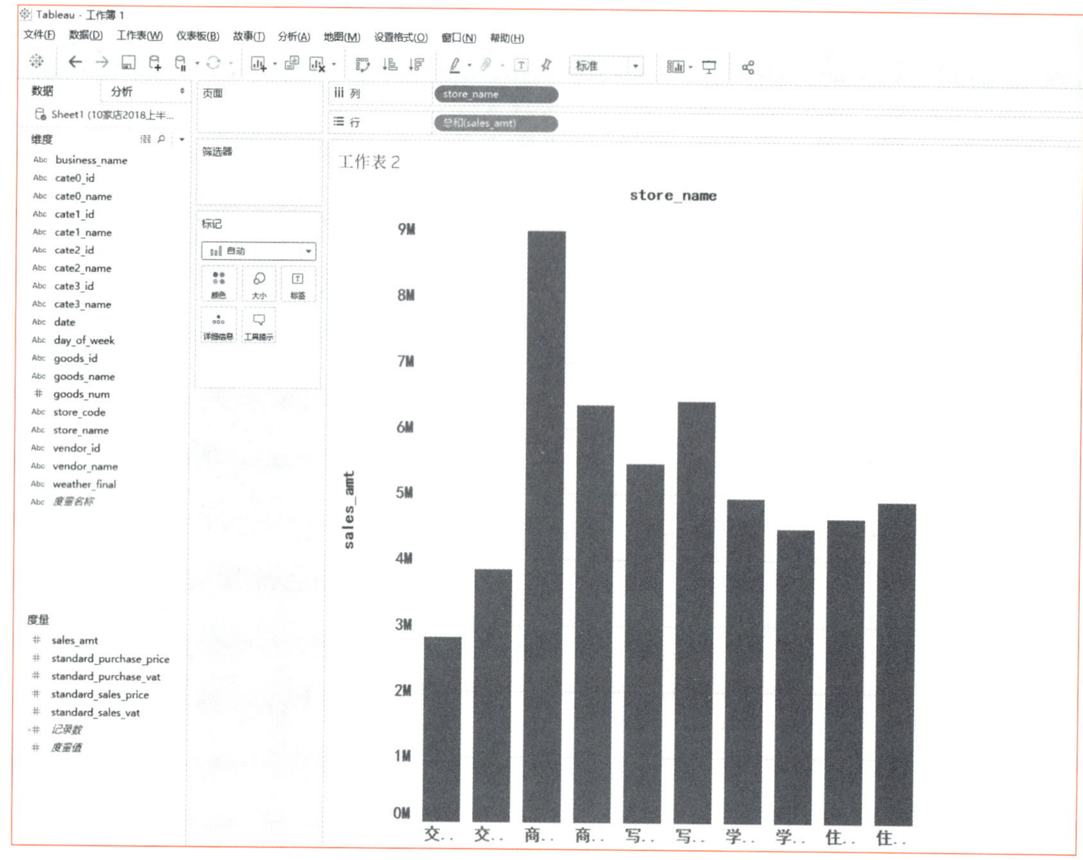

图 2-8　Tableau 自动生成的柱形图

完善图形的意义。可以通过直接修改图中的每一个元素，比如调整字体、添加说明、修改坐标轴、编辑颜色，逐步达成想象中的最终效果。

此处只是对柱形图稍做修改。但在学习了更多实例，并且开始设计图形时，就会发现这些小的改动能极大地改进图形显示效果，使之更加简洁明了。

首先，需要 x 轴上的内容能完整地展现，更加方便阅读，这就需要将整个图形拉宽。可以通过选择视图下拉菜单中的不同设置来调整图形的显示。此处，可以选择适应宽度或整个视图，让图铺满整幅画面，如图 2-9 所示。

现在只能通过柱形的高低来粗略判断销售额的大小，如何能一眼读出销售额的准确数值呢？尝试将 sales_amt 拖至标记窗格的“标签”位置，如图 2-10 所示。

此时，销售额的准确数值出现在了每个柱形的上方，销售额将变得一目了然。

其次，需要对图形再做调整，这样便能一眼看出销售额排名前三名的店铺。单击工具栏中的排序按钮，对图表进行升序或降序的排序，如图 2-11 所示。

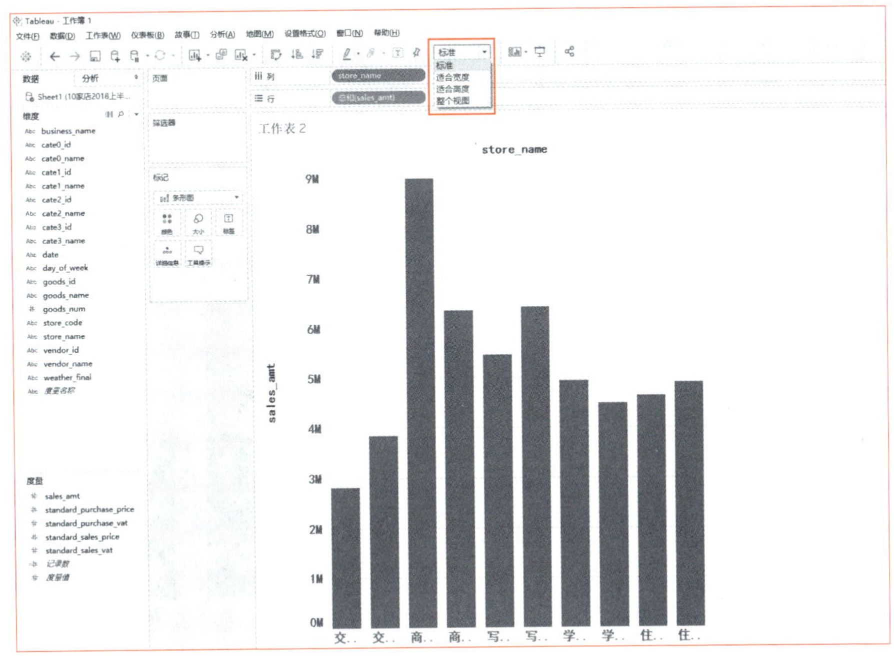

图 2-9　调整视图大小

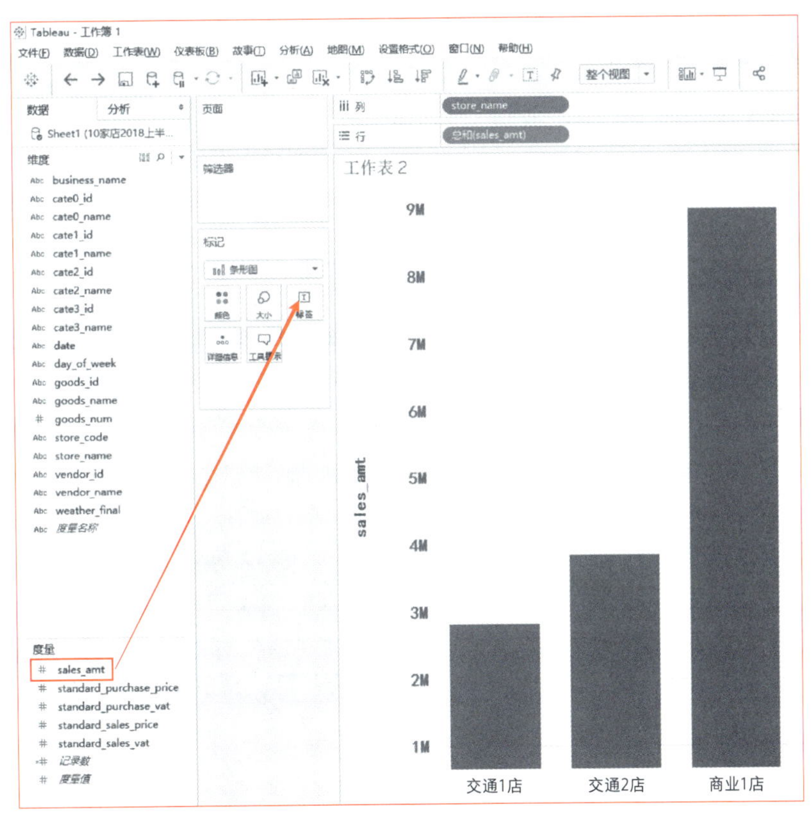

图 2-10　给柱形图加标签

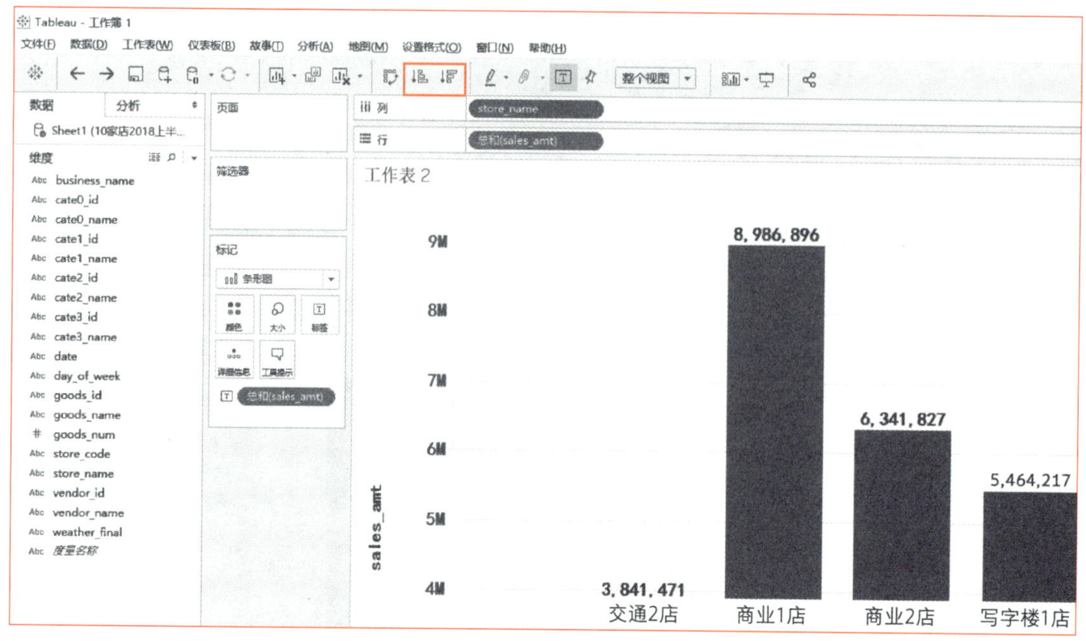

图 2-11　排序设置

此时，商业 1 店、写字楼 2 店和商业 2 店的销售额排在前面，写字楼 2 店仅以微弱的优势领先。至此，呈现出来的图形也已经和最终目标很接近了——只差一个标题。

双击“工作表 2”，将会自动弹出一个图表标题的编辑窗格，为新的图起一个直接易读的标题，如图 2-12 所示。

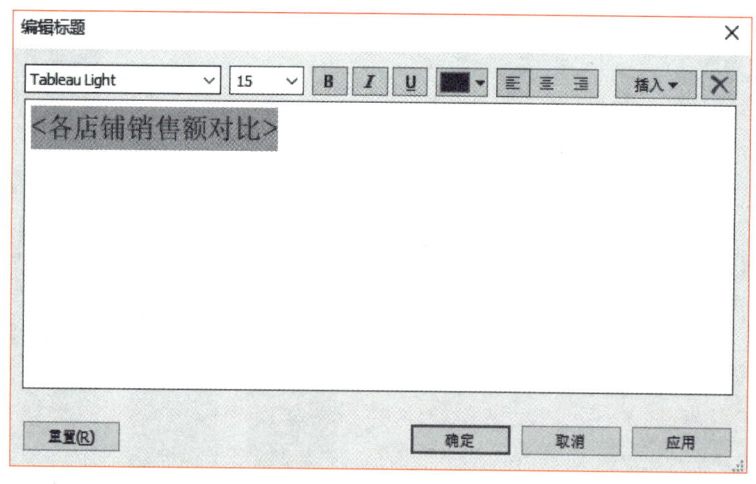

图 2-12　标题设置

此时，已经做好了一张相对完整的柱形图了。在作图的过程中，会发现有更多可完善和美化的地方，而每个绘图者，也会逐渐形成自己的图表风格。

（二）制作分组柱形图

制作分组柱形图

上文所生成的柱形图中，展示了不同分店的销售额对比。当对原始数据进行进一步观察时会发现，已经将分店进行了商业类型的分类，因此，如果想要对不同商业类型的店铺进行销售额对比，就需要用上分组柱形图。

将商业类型（business_name）字段拖至列窗格，放置在 store_name 的左侧，会获得一个基于商业类型分类的不同分店的销售额分组柱形图，如图 2-13 所示。

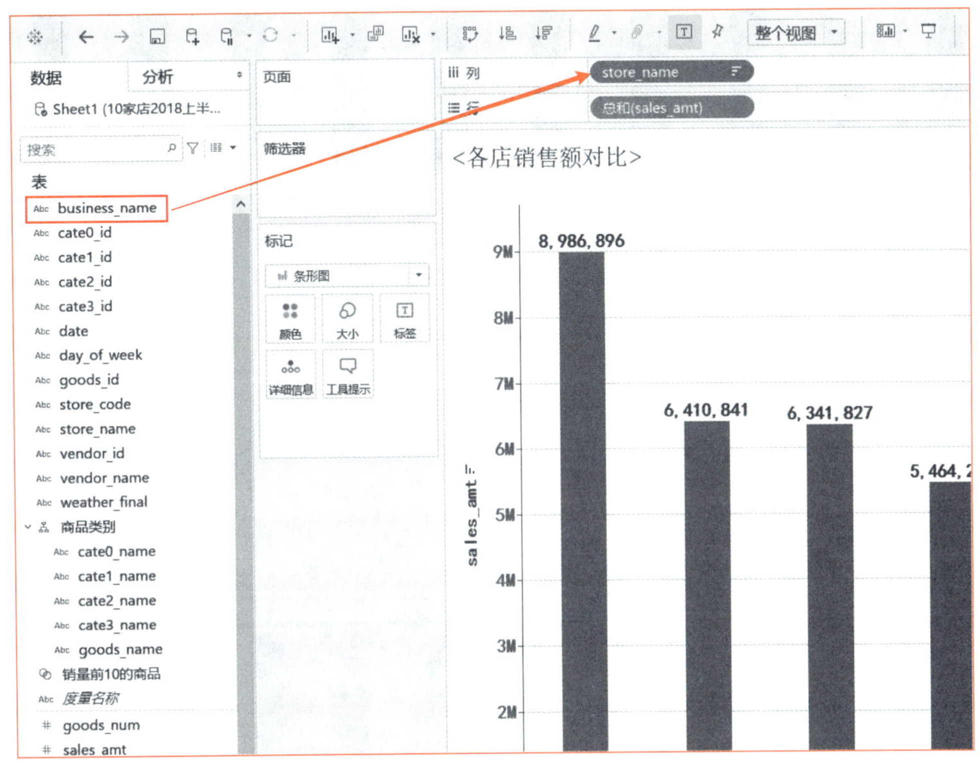

图 2-13　不同分店的销售额分组柱形图

需要注意的是，business_name 必须放置在 store_name 的左侧，这是因为字段的放置顺序，决定了统计数据层级的先后顺序，如图 2-14 所示。

最后，对分组条形图进行美化。将 business_name 拖至标记窗格中的颜色处，让图变得更加易读美观，如图 2-15 所示。

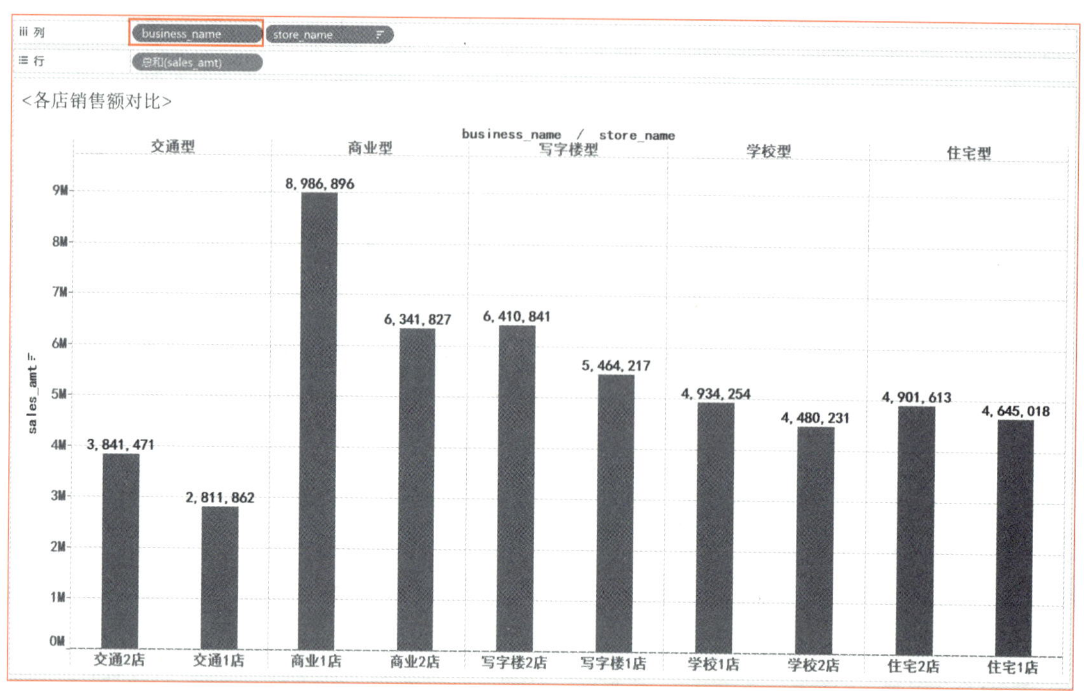

图 2-14 基于商业类型的不同分店销售额分组柱形图

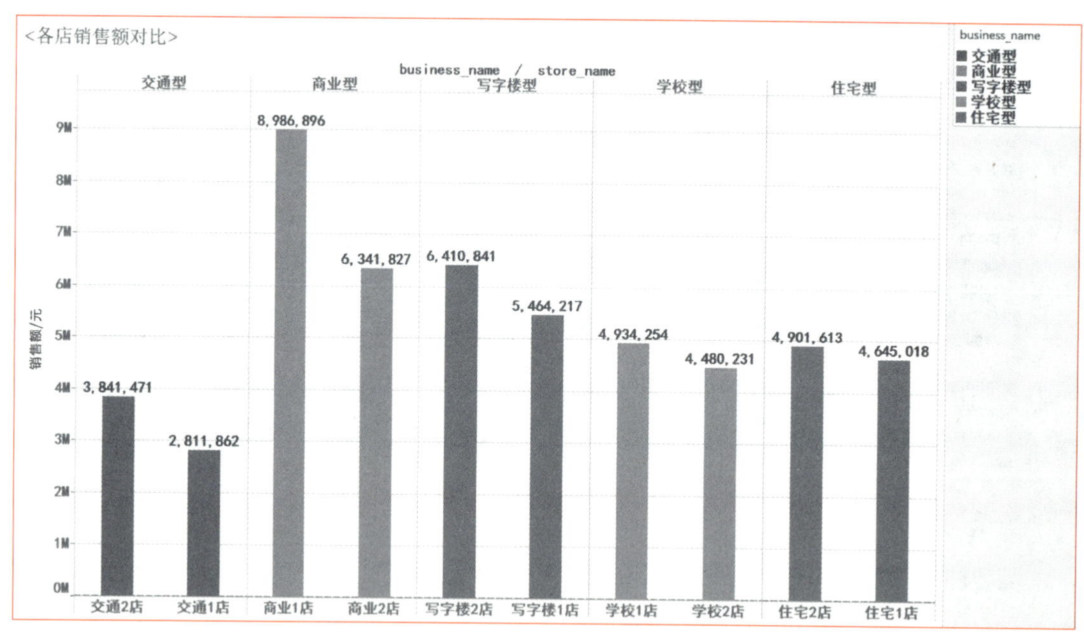

图 2-15 分组条形图美化

（三）制作条形图

继续使用真实的商超数据，通过条形图进行不同产品的销售量对比，制作热销榜单。图 2-16 是最终生成的图表，右侧的筛选器可以帮助生成不同分店的热销榜单（销量排名前 10 的商品），同时查看其销量，如图 2-16 所示。

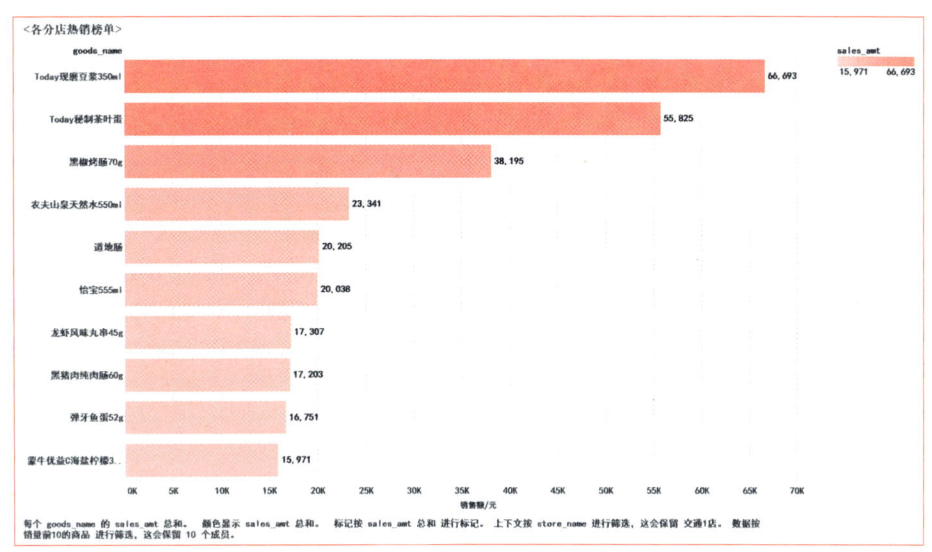

图 2-16　各分店热销榜单

与创建柱形图相反，在条形图的创建中，通常会将数值型的字段拖入列窗格中，因为条形图通常使用 x 轴进行数值的展示。此处，将 goods_name 拖至行窗格，将 sales_amt 拖至列窗格，将会自动生成条形图，但由于商品数量太多，只能在画面中看到部分商品销量的条形图展示，如图 2-17 所示。

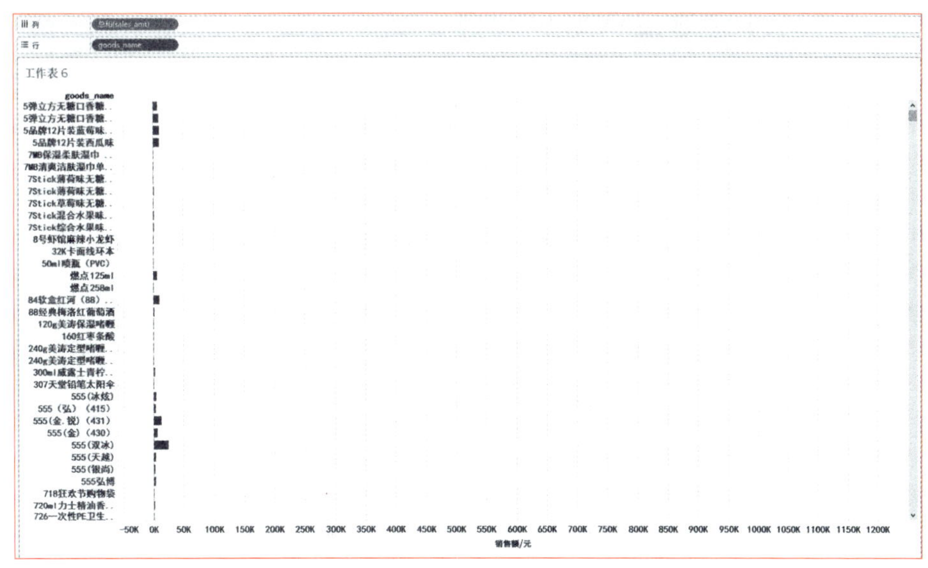

图 2-17　自动生成的商品销额排行条形图

单击工具栏中的降序排序按钮后，商品按照销量降序进行排序展示。即使画面仍旧无法展示全部的商品，已经能很容易地分辨出哪些商品能进入全区域前 10 热销榜单了，如图 2–18 所示。

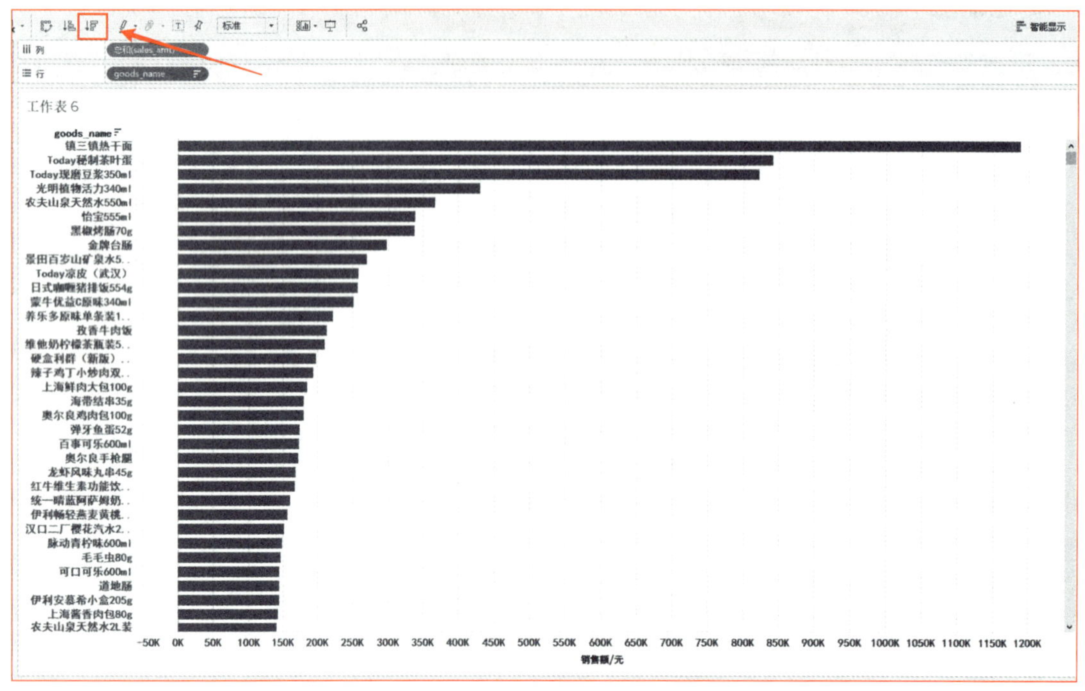

图 2–18　降序排列条形图

现在，已经制作好一张可以用来进行简单数据分析的条形图了。接下来，通过添加筛选器，进行不同店铺销售额前 10 位的商品展示。

首先，在数据窗格中，右键单击 goods_name，选择创建一个数据集。这个集中，只有销售额排在前 10 位的商品，如图 2–19 所示。

完成数据集的创建后，将数据集拖入筛选器后（如图 2–20 所示），窗格中海量的商品消失了，只留下了销售额最高的 10 件商品，以及代表它们销售额的长条形。

右键单击 store_name，通过选择“显示筛选器”，将这个字段也加入筛选器。此时，画面右侧出现了一个店铺列表，通过鼠标勾选不同店铺，图的内容也会随之变化，如图 2–21 所示。

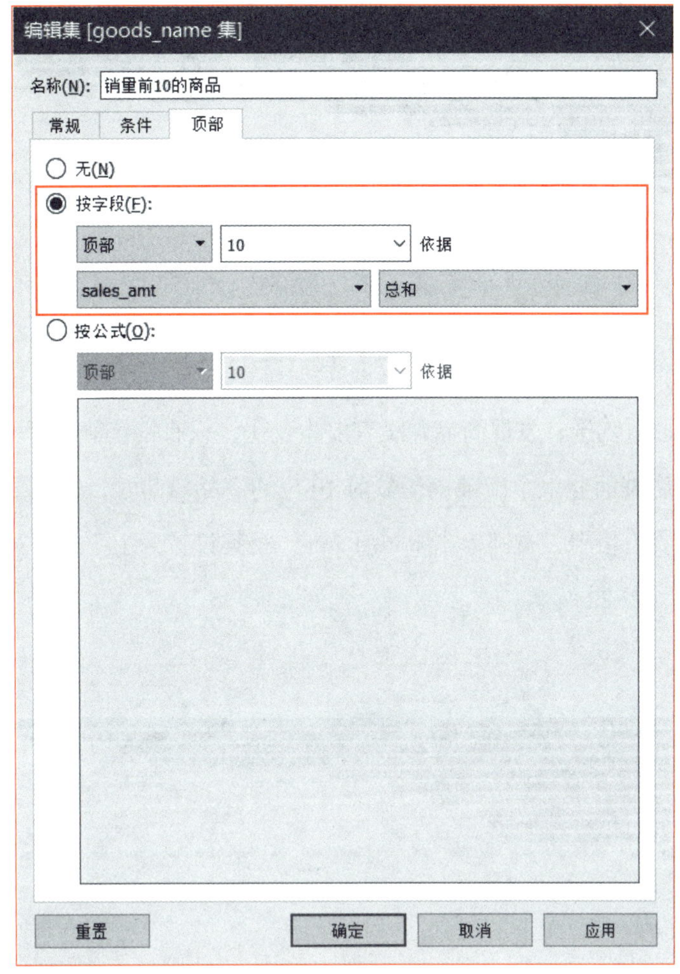

图 2-19　数据集设置

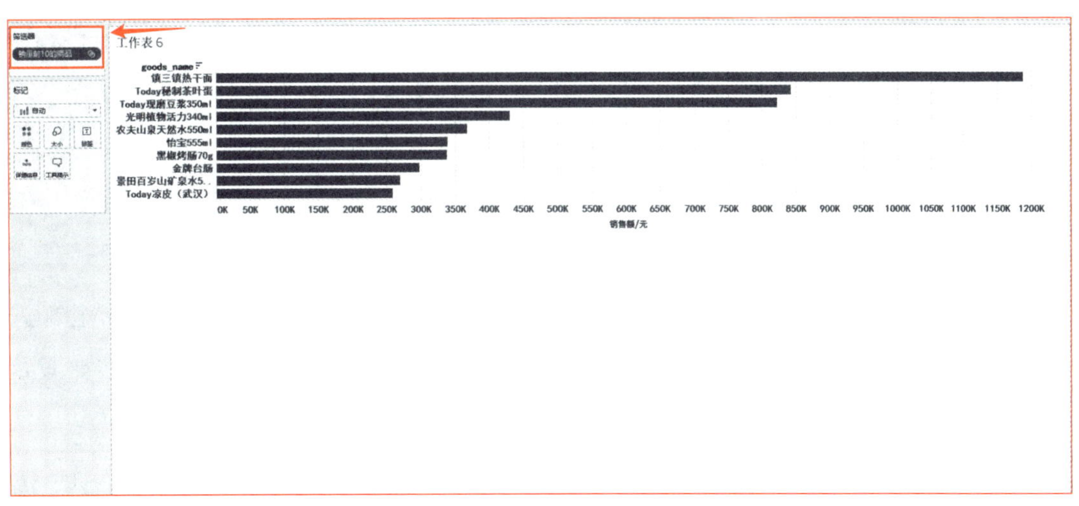

图 2-20　商品销售前十位榜单

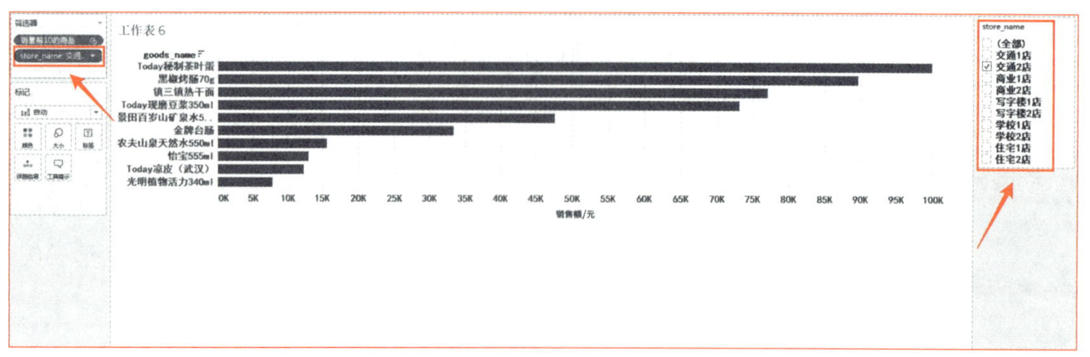

图 2-21　增加店铺列表筛选器

此时，通过勾选，发现商品并没有发生变化，只有销售额有所不同，因为这里显示的是所有店铺而非单个店铺销售额前 10 位的商品。此时，还需要对筛选器进行设置。在筛选器窗格中，右键单击 store_name，将其设置为上下文筛选器，就能解决这个问题，如图 2-22 所示。

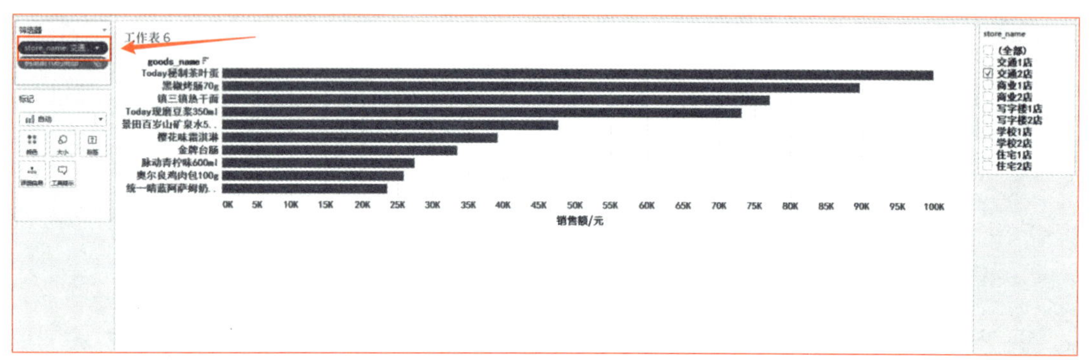

图 2-22　筛选器上下文设置

参考上个任务中的柱形图，将图进行美化。如，将 sales_amt 拖入颜色窗格和标签窗格，让销售额显示的更加准确，颜色也更加靓丽。同时，将视图也稍做调整，再添加上合适的标题即作出图 2-16 那样的热销榜单。

（四）制作双向条形图

当制作出各个分店的热销榜单以后，还可以将这些热销商品的销售量与销售额进行对比。此时，需要在同一张图上既显示销售额，又显示销售量，即需制作一张双向条形图。

首先，将销售量（goods_num）拖至列窗格，放置在 sales_amt 的左侧或右侧，因为它们没有任何的层级关系，所以软件会将它们分开展示，如图 2-23 所示。

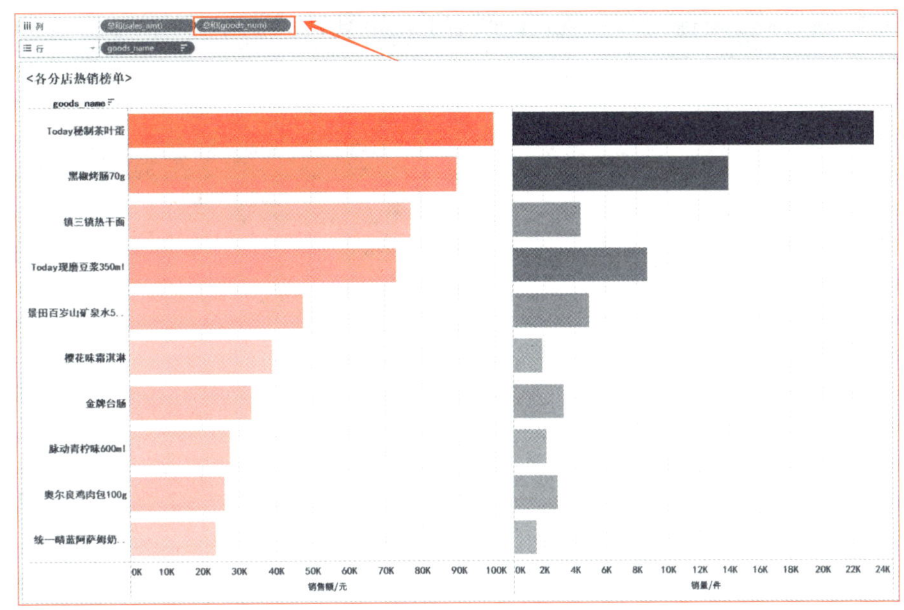

图 2-23　销售量和销售金额的条形图

此时，画面中出现了两个放在一起的条形图，显示的数值也都是销售额。通过鼠标右键单击 sales_amt 轴，在弹出的菜单中选择“编辑轴”，此时会弹出编辑 x 轴的窗口，在“比例”中，勾选“倒序”，将左侧部分条形图的 x 轴进行 180° 旋转，如图 2-24 所示。

图 2-24　编辑轴设置

此时，双向条形图就已经出现在画面中了，如图 2-25 所示。

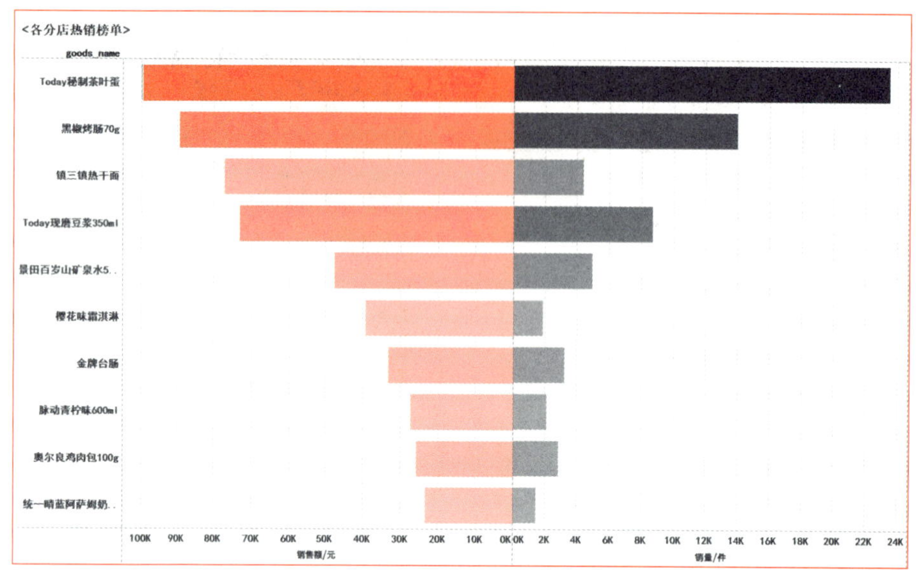

图 2-25　销售量和销售额的双向条形图

在 goods_num 的标记区中，将 sales_amt 拖拽标记区，将 goods_num 拖拽标签和颜色窗格，便可在右侧销售量图中显示各种商品销售量的准确数值，并且有了自己的颜色图例，如图 2-26 所示。

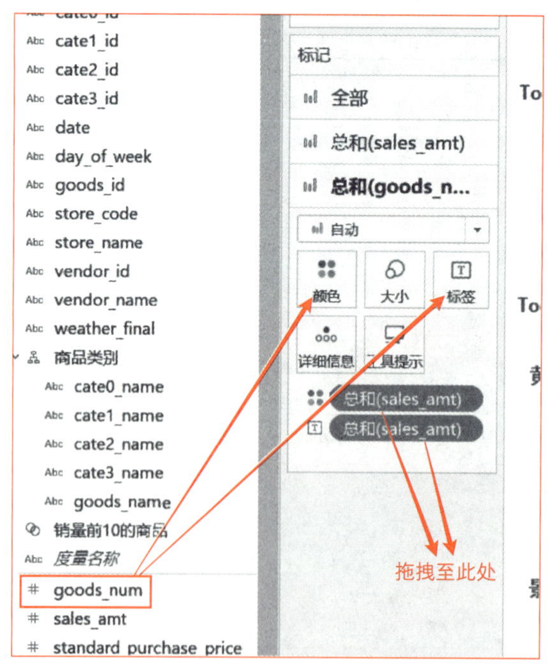

图 2-26　双向条形图美化

此时，双向条形图的制作已完成（见图 2–27）。

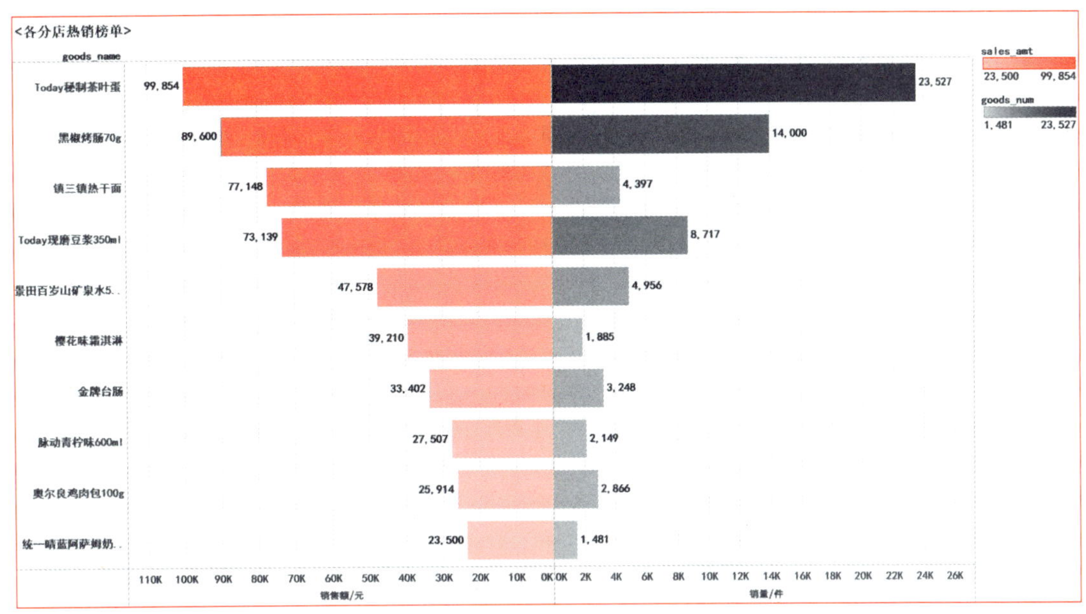

图 2–27　美化后的双向条形图

任务二　组合类别可视化

一、门店销售情况分析——堆叠柱形图

（一）应用场景

堆叠柱形图的应用场景包括：比较不同分组的总量大小，比较同一分组内不同分类的大小。例如，可以使用堆叠柱形图来清晰地比较每种产品在不同城市的销售情况，以确定在哪个城市的销售更好。但是，当堆叠的类型和数据过多时，会导致人眼难以分辨。

如果说柱形图有助于观察总量，那么堆叠柱形图则可以同时反映总量与结构，即总量是多少，它又是由哪些部分构成的。进而可以探究哪一部分比例最大，以及每一部分的变动情况等。

（二）堆叠柱形图介绍

堆叠柱形图通常分为两种类型：一般堆叠柱形图和百分比堆叠柱形图。

1. 一般堆叠柱形图

一般堆叠柱形图，每一根柱子上的不同分段分别代表不同的数据大小，整根柱子的高度代表各层的数据总和。一般堆叠柱形图非常适用于比较每个分组的数据总量。

一般堆叠柱形图结构如图 2–28 所示。

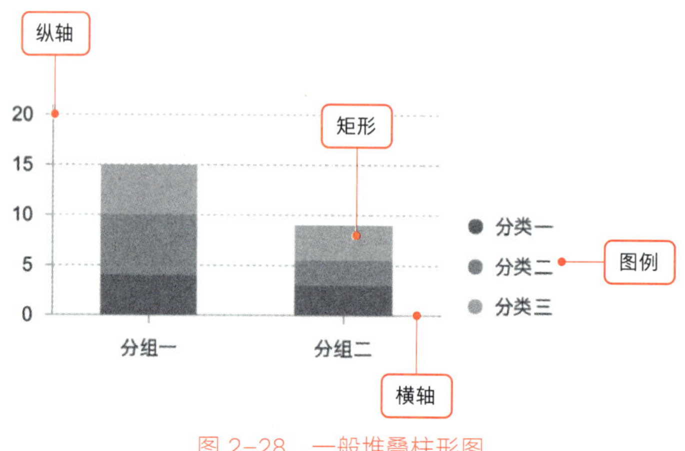

图 2–28　一般堆叠柱形图

（1）一般堆叠柱形图适合的数据：列表两个分类数据字段、一个连续数据字段。

（2）功能：对比每个分组的数据情况，同时对比一个分组下不同分类数据的值。

（3）数据与图形的映射：其中一个分类数据字段映射到 x 坐标轴的位置用于分组；另一个分类数据字段映射到图形的颜色；连续数据字段映射到矩形的长度。

（4）适合的数据条数：映射到位置的分类不超过 12 个，映射到颜色的分类不超过 6 个。

2. 百分比堆叠柱形图

百分比堆叠式柱形图是一种特殊的柱形图，它的每根柱子长度相等，总和为 100%。柱子内部被分割为多个部分，每个部分的高度由其占总体的百分比决定。因此，与普通的柱形图或堆叠柱形图不同，百分比堆叠柱形图不显示数据的“绝对数值”，而是显示“相对比例”。然而，它仍然具有柱形图的特点，即“比较”——通过比较多个柱子的构成，比较数值之间的相对差异，或者得出数值变化的趋势。

例如，图 2–29 展示了我国榨菜行业的主要品牌在 2014—2023 年间的市场份额变化情况。由于百分比堆叠柱形图所有柱子的长度相等，很容易发现每个构成部分的变化情况：乌江榨菜始终占据行业第一，市场份额超过 20%，并且在十年间稳步上升。而第二梯队的品牌有鱼泉、六必居、饭扫光、味聚特、铜钱桥等。可以发现，饭扫光正在逐渐扩张，而铜钱桥的份额在收缩，被多家品牌反超。最后，“其他”品牌的市场空间也越来越小，说明该行业越来越向龙头集中。

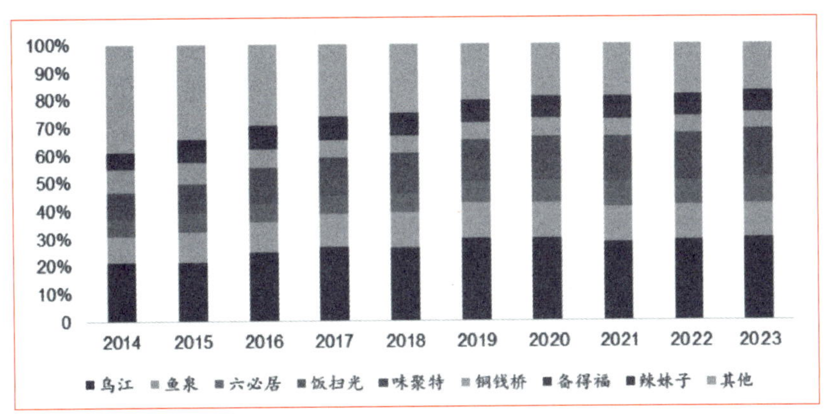

图 2-29　市场份额变化百分比堆叠柱形图

然而，堆叠柱形图也存在一些弊端。举例来说，当数据系列过多时，堆叠可能会造成视觉上的混乱和复杂。此外，在堆叠的过程中，同一系列的数据无法在同一水平线上展示，这无形中增加了对比的难度。特别是当数值接近时，人眼很难辨别它们之间的差异，如图 2-30 所示。

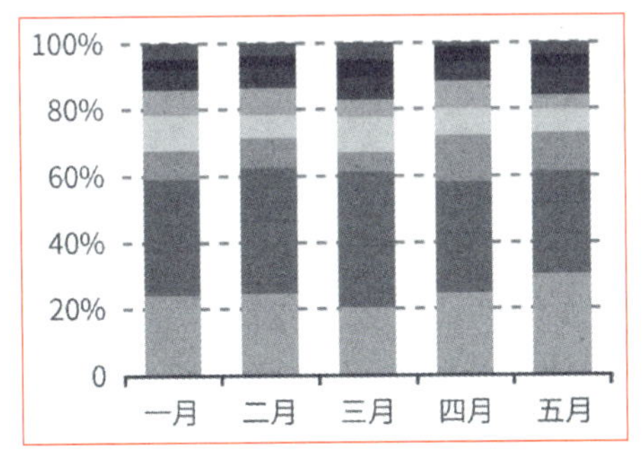

图 2-30　数据系列过多的百分比堆叠柱形图

百分比堆叠柱形图的结构如图 2-31 所示。

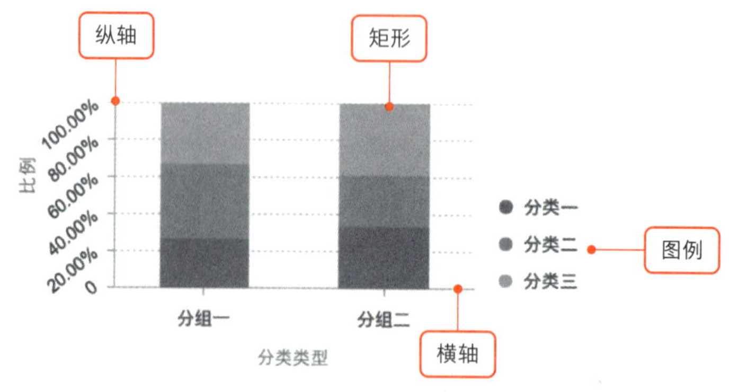

图 2-31　百分比堆叠柱形图结构图

3. 堆叠柱形图和其他图形比较

（1）堆叠柱形图和一般柱形图对比。堆叠柱形图可以增加一个维度，用于对比一组数据内不同分类的数据值大小，可以表示 3 个数据字段（维度）的数据；一般柱形图只能表示 2 个数据字段（维度）。

（2）堆叠柱形图和分组柱形图对比。

堆叠柱形图和分组柱形图均可用于比较同一分组内不同分类的数据大小。

分组柱形图还可用于比较不同分组内相同分类的数据大小，但无法比较不同分组的总体数据大小。相反，堆叠柱形图可用于比较不同分组的总体数据大小，但不适用于比较不同分组内相同分类的数据大小，因为不同分组内的相同分类位于不同的基准线上。

（三）制作堆叠柱形图

下面介绍利用堆叠柱形图展示分析连锁门店每个月的销售情况以及分析各产品的销售情况。

1. 制作堆叠柱形图

（1）将 Tableau 连接到数据源“10 家店 2022 年上半年按天的数据 .xls”。

（2）在“维度”和“度量”列表框中任意空白位置右击鼠标，在弹出的快捷菜单中执行“创建计算字段”命令。重命名字段名称，在名称处输入“2022 年 1 月销售额”。

（3）在公式编辑框中输入：sum(IF MONTH([Date]) =1 then [Sales Amt] end)，下方文字显示“计算有效”，单击“确定”按钮。

（4）创建新的计算字段，重命名字段名称为“2022 年 2 月销售额”。

（5）在公式编辑框中输入：sum(IF MONTH([Date]) =2 then [Sales Amt] end)，下方文字显示“计算有效”，单击“确定”按钮。

（6）将“2022 年 1 月销售额”拖拽至“行”功能区，“Cate0 Name”字段拖曳到“列”功能区上。

（7）将“2022 年 2 月销售额”字段拖拽到“2022 年 1 月销售额”字段所在的纵轴上，这时会出现“度量名称”字段和“度量值”字段。

（8）将“列”功能区上的“度量名称”字段拖拽至“颜色”框，如图 2-32 所示，这时图形变成了堆叠柱形图。

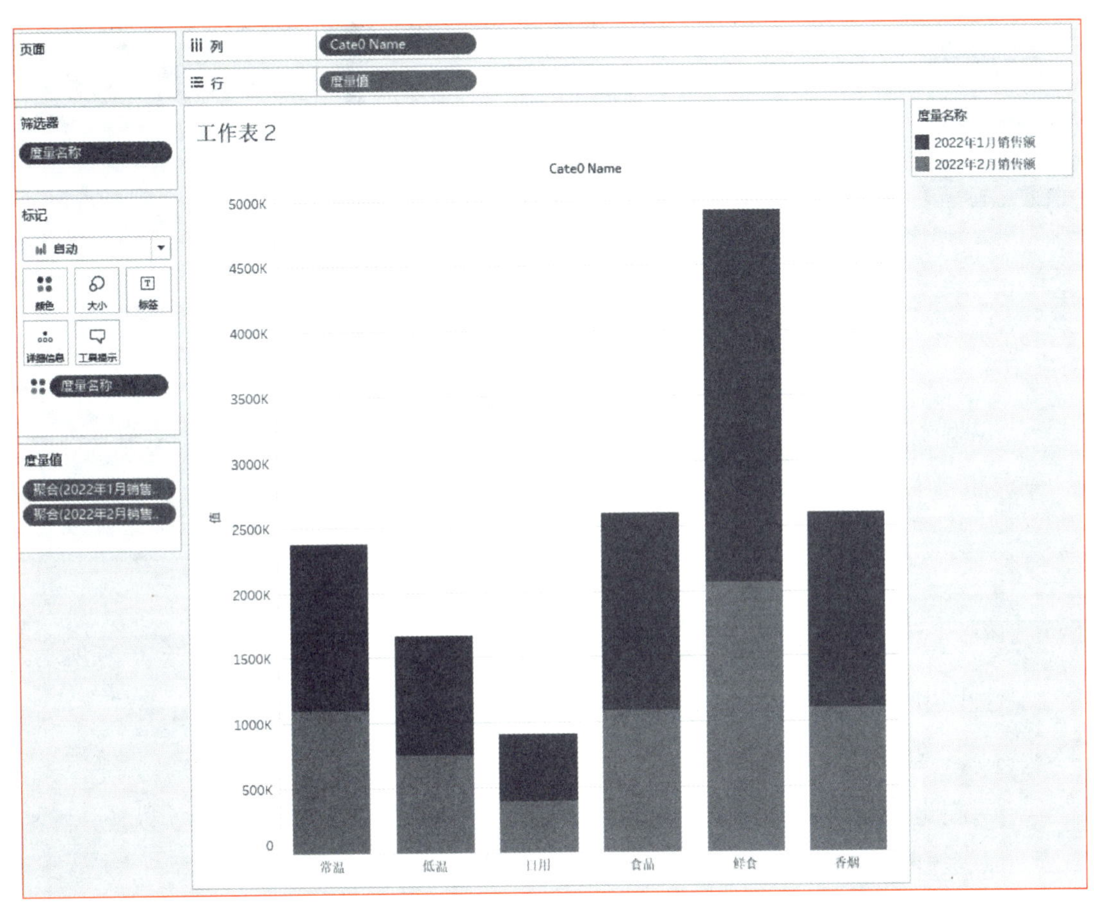

图 2-32　堆叠柱形图

2. 制作嵌套柱形图

为了更清晰分析 2 个月份的销售数据，需要将代表 2022 年 1 月和 2022 年 2 月的条形大小区分开。

（1）将“列”功能区“度量名称”拖拽至标记区“大小框”，这时堆叠柱形图变为嵌套柱形图，如图 2-33 所示。

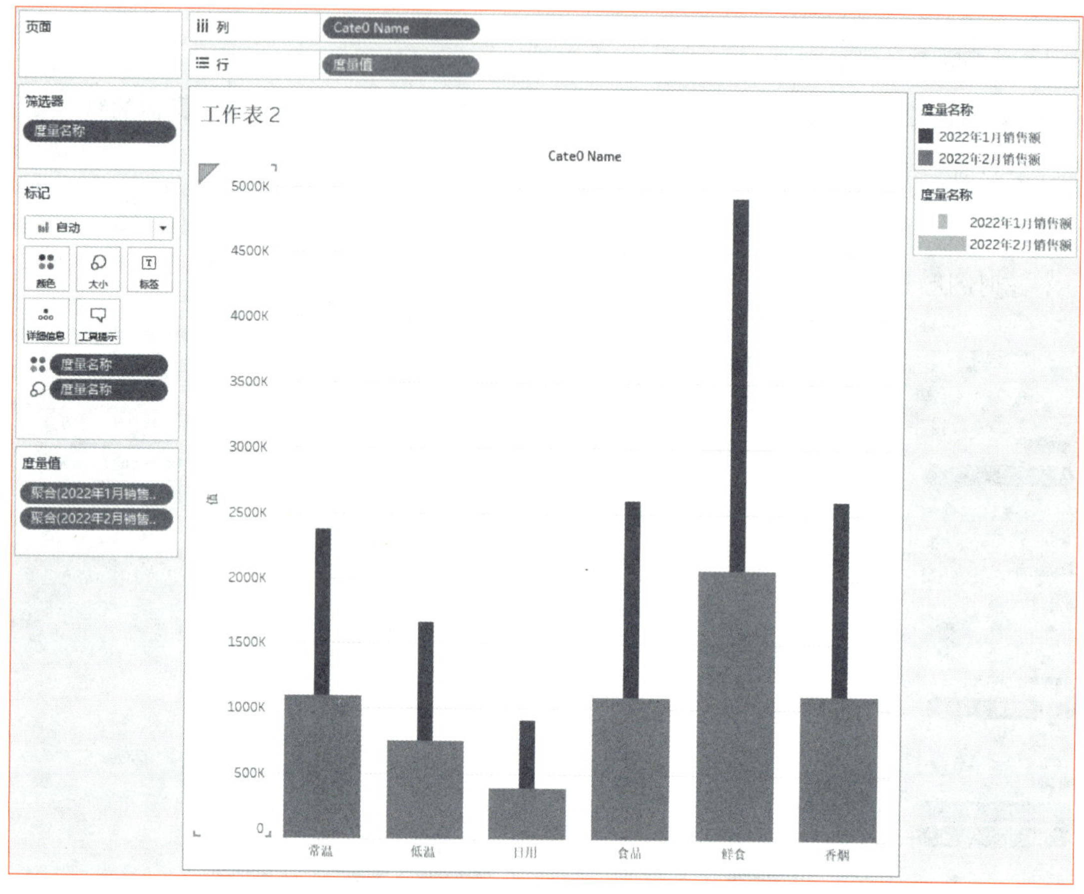

图 2-33 嵌套柱形图

（2）在菜单栏中选择“分析”—“堆叠标记”设置为“关”。结果如图 2-34 所示。从此图中可以发现 2022 年 2 月各产品类别的销售额基本都要比 2022 年 1 月好。

3. 百分比堆叠柱形图

在此，利用百分比堆叠柱形图，以展示分析连锁门店整体的利润情况以及分析各产品类别的利润占比组成情况。

首先，将 Tableau 与数据源“10 家店 2022 上半年按天的数据 .xls”连接。此时，可以发现原始数据中并不包含利润额这一指标数据。为了了解各门店各产品类别的盈利能力，需要借助 Tableau 的公式编辑器来构建一个利润额指标。具体步骤如下：

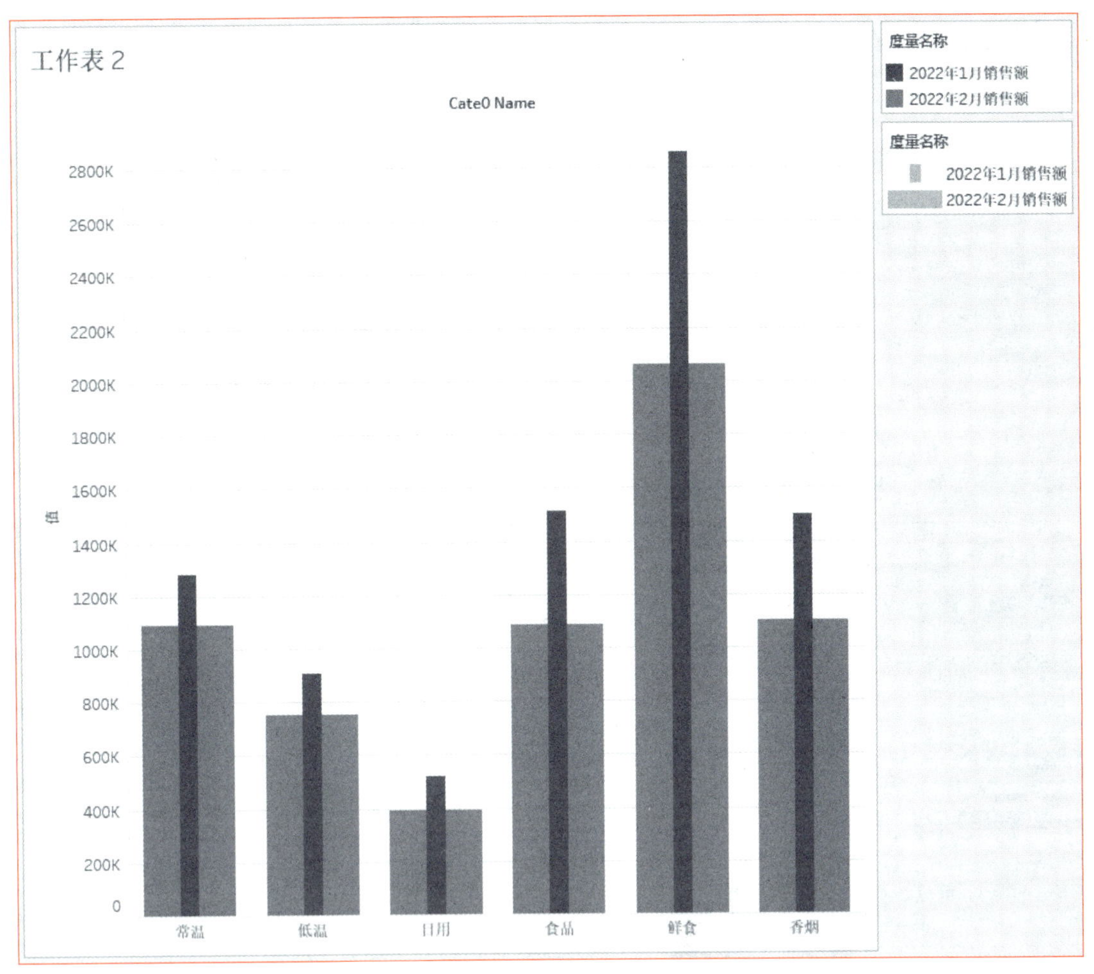

图 2-34　嵌套柱形图分析界面设置

（1）在“维度”和“度量”列表框中任意字段，右击鼠标，在弹出的快捷菜单中执行“创建”—“计算字段”命令。

（2）重命名字段名称，在名称处输入利润额，在公式编辑框中输入：[Sales Amt]-[Standard Purchase Price]，下方文字显示“计算有效”，单击“确定”按钮，如图 2-35 所示。

（3）将“Cate0 Name”拖拽至“列”功能区，“利润额”拖拽至“行”。

（4）在“列”功能区“Cate0 Name”用鼠标右击“排序”，排序依据选择“字段”，排序顺序选择“降序”，字段名称“利润额”，将产品利润额按降序排列。

（5）将“Business Name”拖拽至标记区“颜色”。如图 2-36 所示。

图 2-35　增加计算字段利润额

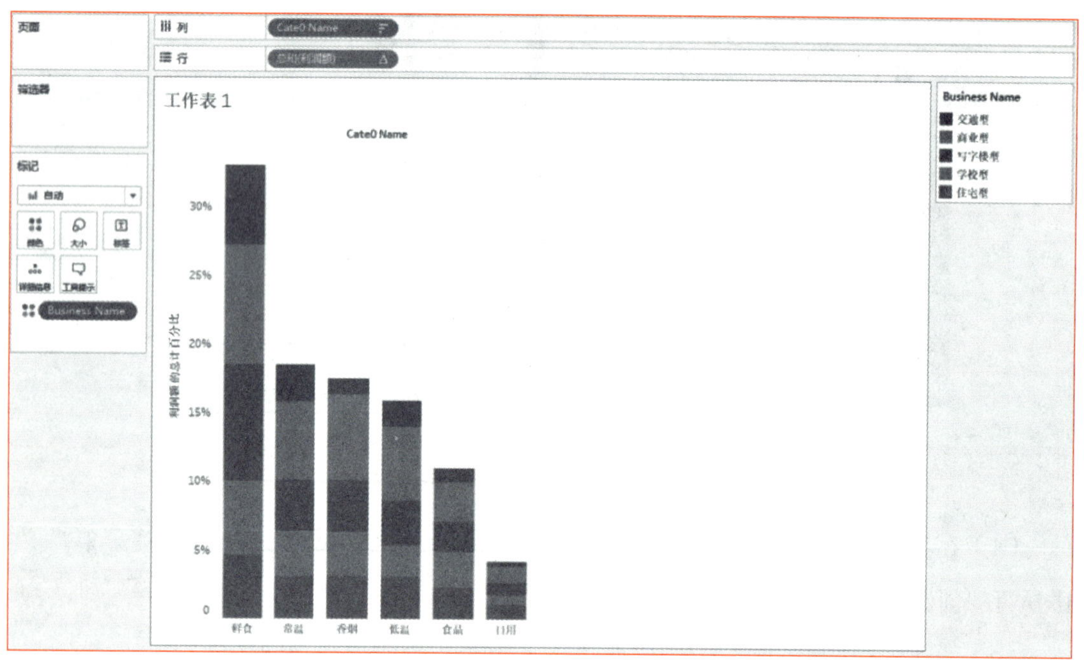

图 2-36　产品利润额按降序排列

（6）在“行”功能区用鼠标右击“总和（利润额）”—“添加表计算”，计算类型选择“合计百分比”，计算依据选择“表（向下）”。

（7）将“Business Name”拖拽至标记区“标签”，按住“CTRL”键，将“行”“总和（利润额）”拖拽至标记区“标签”，“视图”模式设为“合适宽度”，如图 2-37 所示。

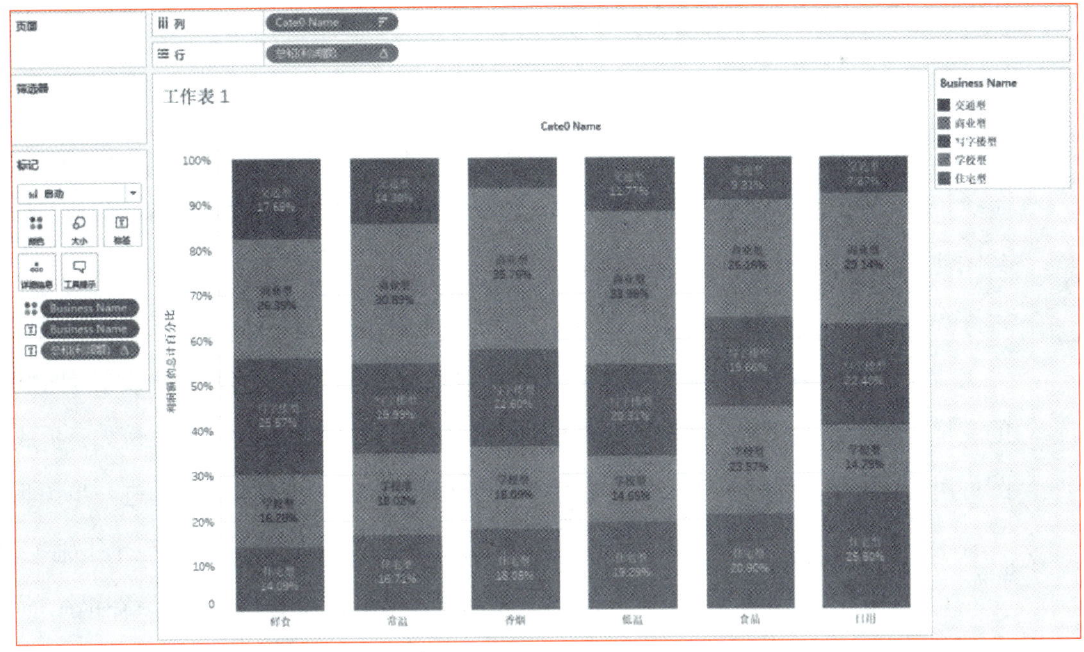

图 2-37　完成的百分比堆叠柱形图

从图 3-35 中可以看出不同产品在不同类型的店铺中利润占比情况。

二、不同品类销售趋势分析—折线图与饼图的组合图

（一）应用场景

在用各种柱形图及其变体完成了品类之间的对比之后，若还需要了解整体销售趋势情况，就需要在一个品类内和自己进行对比，这时候常用的折线图就派上了用场。

折线图是通过线条的波动（上升或下降）来显示连续数据随时间或有序类别变化的图，常用于反映数据随着时间推移而产生的变化趋势。任何图都不是孤立存在的，都是和整个业务相关联的，这就需要进行图形的组合，同时需要整体风格的统一优化。在实际数据可视化过程中，由于报表空间有限，或者需要展示的信息较多，单一图形往往不容易满足实际的需求。不同图表组合到一起往往能够达到不错的效果。

比如，用户希望看到销售额在时间维度下的变化情况，又能看到不同类别的销售额占比情况。而展现占比的最常用图形就是饼图，所以可以通过绘制一个饼图和折线图的组合图，来对比不同大类产品销售趋势变化状况。

（二）折线图和饼图的介绍

1. 折线图

折线图常用于绘制二维连续型数据，尤其是以时间为横轴、数值变量为纵轴的数据，折线图在时间序列数据中的应用非常广泛，折线图的目的是展示数据的趋势，折线图使用的可视化元素是位置和方向。

在折线图中，数据是递增还是递减、增减的速率、增减的规律（周期性、螺旋性等）、峰值等特征都可以清晰地反映出来。所以，折线图既可以用来分析数据随时间的变化趋势，也可用来分析多组数据随时间变化的相互作用和相互影响。例如，折线图可用来分析某类商品或某几类相关的商品随时间变化的销售情况，从而进一步预测未来的销售情况。在折线图中，一般水平轴（x 轴）用来表示时间的推移，并且间隔相同；而垂直轴（y 轴）代表不同时刻的数据的大小。

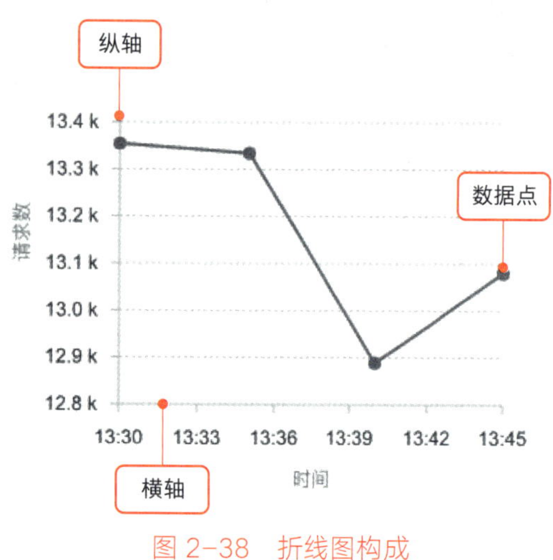

图 2-38　折线图构成

一个折线图的构成如图 2-38 所示。

（1）横轴：表示时间。

（2）纵轴：表示数值。

（3）点：表示各个数据的位置。

（4）线：连接各个数据点。

折线图单条线的数据记录数要大于 2 条，但是一般而言同一个图上不要超过 4 条折线。

2. 饼图

饼图虽然可以很好地帮助用户快速了解数据的占比情况，但饼图不适用于多分类的数据，原则上一张饼图不可多于 9 个分类，因为随着分类的增多，每个切片就会变小，最后导致大小区分不明显。如果每个切片看上去都差不多大小，对于数据的对比就没有什么意义，所以饼图不适合用于分类很多的场景。

相比于具备同样功能的其他图形（比如百分比柱形图、环图），饼图需要占据更大的画布空间，因此很难进行多个饼图之间的数值比较。尽管如此，在一张饼图上比较一个数据系列上各个分类的大小占比还是很方便高效的。

饼图是将一个圆饼按照分类的占比划分成多个区块，整个圆饼代表数据的总量，每个区块（扇形）表示该分类占总体的比例大小，所有区块（扇形）相加的和等于

100%。饼图的构成如图 2-39 所示。

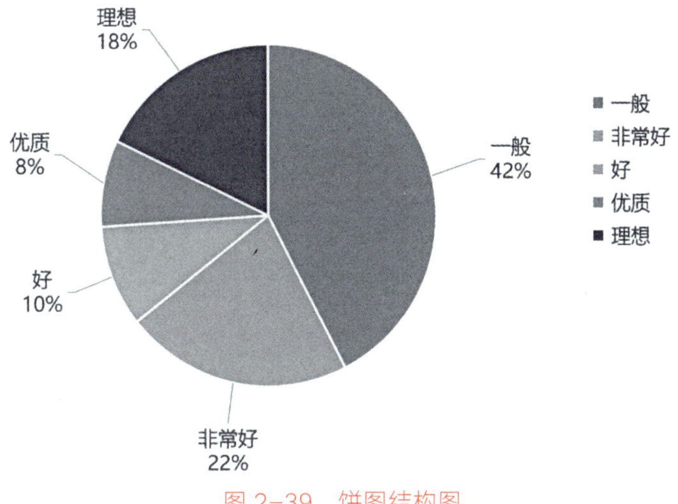

图 2-39 饼图结构图

（三）制作饼图与折线图的组合

1. 制作简单折线图

在 Tableau 中实现简单折线图很简单，把“Date”字段拖拽到列窗格，“Sales Amt”字段拖拽到行窗格，再右击“Date”字段，在弹出的菜单栏中选择第二排的“月”，并确定属性为“离散”，之后再将“sales Amt”拖拽到标签图标里，如图 2-40 所示。

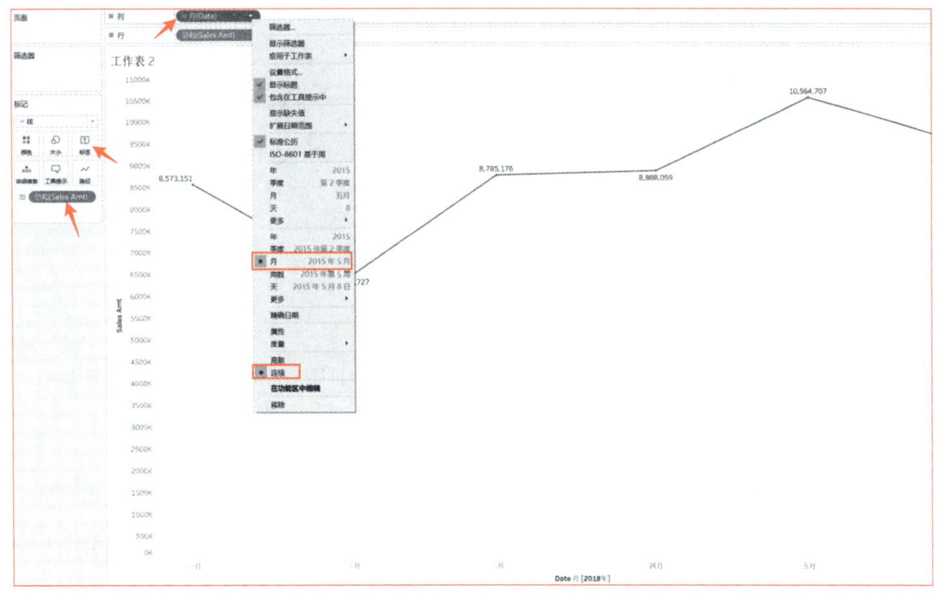

图 2-40 制作简单折线图

2. 为饼图增加计算字段，编写 LOD 表达式

在度量区域右击鼠标，在弹出菜单栏中选择“创建—计算字段”，并在弹出的公式窗口中输入如图 2–41 所示的计算公式。

此处要用到 LOD（Level of Detail）表达式，即详细级别表达式，用于在限定的颗粒度下对一批数据进行计算分析。它允许用户在不同的数据聚合级别上进行计算，而不改变视图的聚合级别。具体而言，三个 LOD 表达式的使用场景和语法分别如下：{ [FIXED | INCLUDE | EXCLUDE] < 维度声明 > : < 聚合表达式 >}。

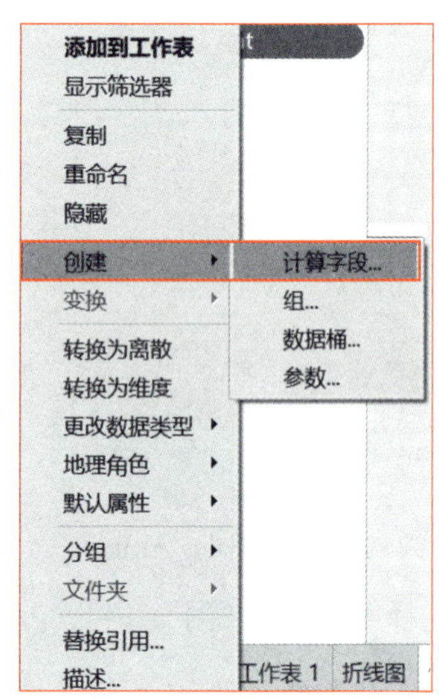

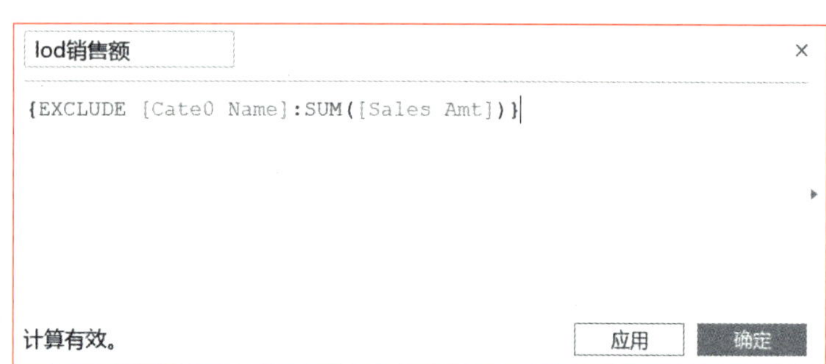

图 2–41　添加计算字段

3. 绘制饼图

把添加好的“lod 销售额”字段放到“Sales Amt”字段的右边，在新的标记卡中图形自动改为饼图。把“Sales Amt”字段拖到标记卡的角度上，把“Cate0 Name”字段拖到颜色上，如图 2–42 所示。

至此，折线图和饼图绘制完成。

4. 选择双轴完成组合图创建

接下来，用鼠标右击 lod 销售额，在弹出的窗体中单击双轴，这时候饼图和折线图组合完成。

细心观察，可以发现饼图与折线图没有很好地契合在一起，两边的坐标轴高低不一致，这时候需要用右键单击双轴中的其中一个轴，选择同步轴（同步轴的作用是使两个轴的刻度一致，不会出现偏差）即可，如图 2–43 所示。

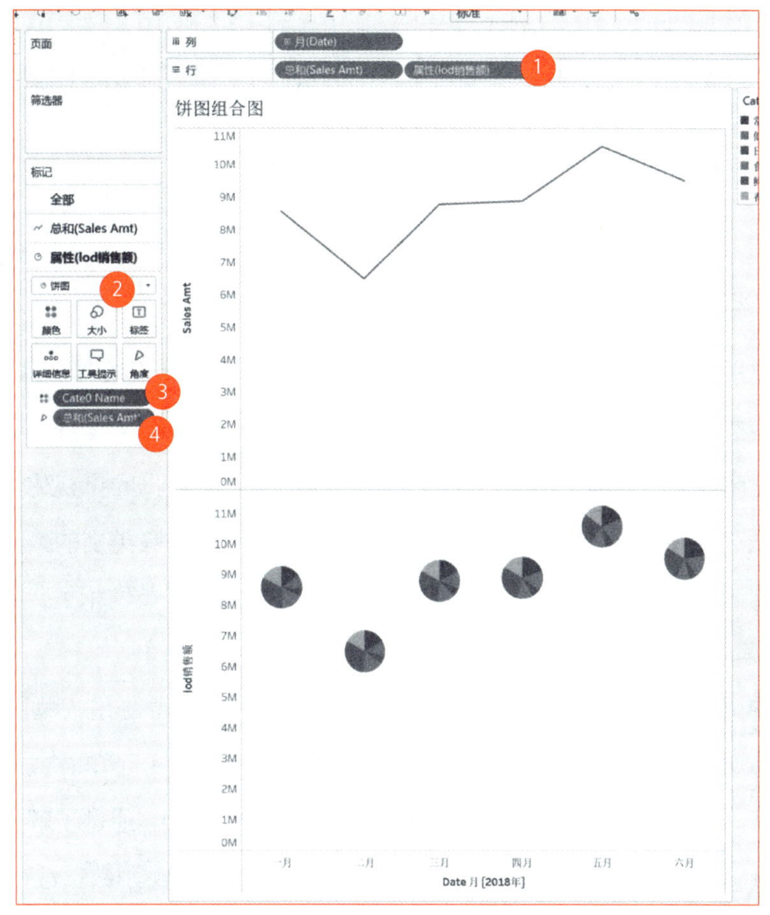

图 2-42　饼图绘制流程

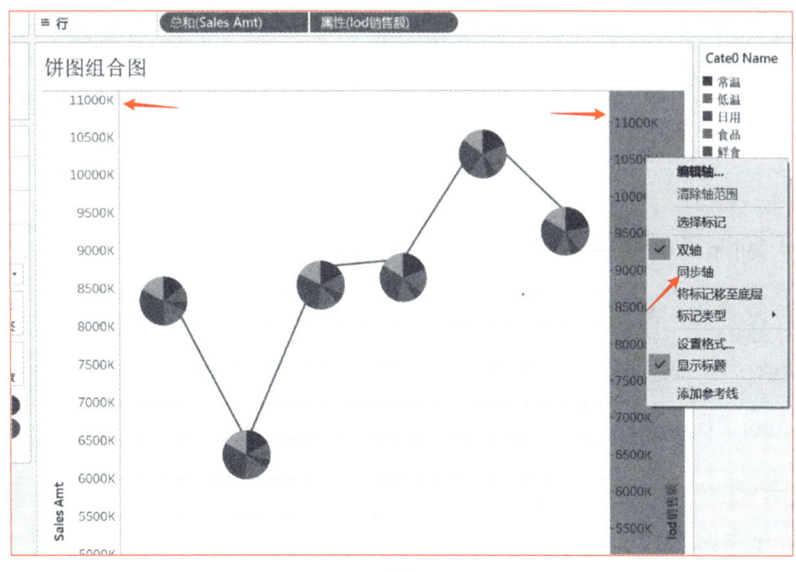

图 2-43　组合图的坐标轴同步轴设置

至此一个折线图与饼图的组合图表就完成了，利用组合图在有限的视觉空间下既传递了销售趋势的变化，又可以看到每个不同类目在不同时间下的占比情况。

三、产品销售分析—象形柱图

（一）应用场景

为了将分析结果用更形象的方式传达给观众，可视化作品应更生动，更吸引人，这时候就需要用到象形统计图。

象形统计图，也称为象形图，是一种以图标形式展示数据的可视化方式。每个图标代表着一定数量或单位，通过图标数量的多少来比较不同类别的数据大小。通常，所使用的图标与数据主题或类别相关，更加直观和形象。

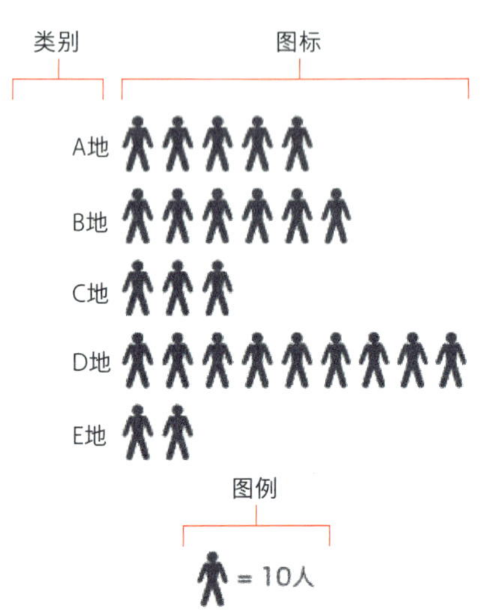

图 2-44　人物图案的象形图

例如，关于人口数据的图表使用人物图案（如图2-44所示）。每个图案可以表示一个单位或任何数量或单位（例如每个图案表示10个）。通过了解列或行中的图案多少，可以对数据集的每个类别数量进行比较。

采用图案展示数据可以克服语言、文化和教育水平方面的差异，是一种更具代表性的数据可视化方式。例如，如果数据为“5辆车”，则可以用5个汽车图案来展示。象形统计图的特点在于形象具体、简明生动、通俗易懂、一目了然。

（二）象形柱图的类型

象形柱图和柱形图的使用方法相同，主要用于比较多个分类间的数据（大小、数值）。它们可以用于显示一段时间内的数据变化或者显示各项之间的比较情况。

象形柱图一般包括象形柱状图、象形比例图、单图标比例图和华夫饼图。

1. 象形柱状图

传统的柱形图利用柱形长度进行变量之间的比较，而象形柱状图则既利用了长度，又利用了图标数量的多少，从而实现了多重视觉编码的效果。图2-45展示了象形图和柱形图的结合。该图中将传统的柱形图替换为与主题相关的图标。

2. 象形比例图

象形比例图更适合展示一个分类变量。不同的图标代表不同的类别，而图标的数量则表示类别的占比。这种图形的另一种变形是二维平面的象形比例图。图 2-46 展示了该图形的一个例子。

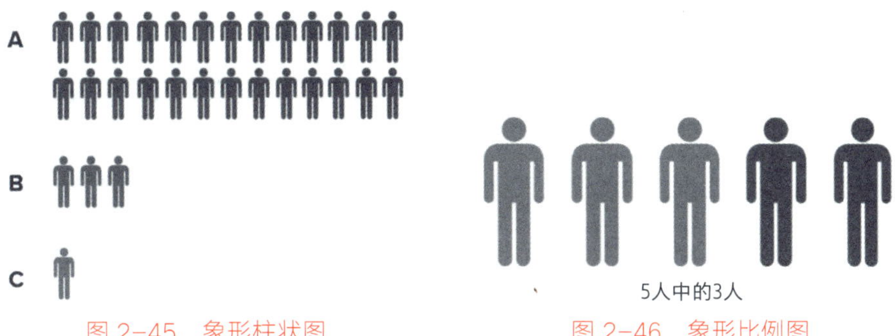

图 2-45　象形柱状图　　图 2-46　象形比例图

3. 单图标比例图

和上面的象形比例图一样，单图标比例图也侧重表达比例，适用于分类变量，如图 2-47 所示。这里使用单个图标，利用面积表示比例关系。在这类单图标比例图中，占比的数值通常通过长度比例展示，而非面积比例展示。

4. 华夫饼图

图 2-48 通常被称为华夫饼图，但本质上它也是象形图的一种变种。不同的是，在这种图中，图标固定使用正方形的小方块。相较于象形图，华夫饼图减弱了图标造成的视觉分散效果，更加强调对象的占比情况。华夫饼图通常用于表示比例关系，大面积的色块分布可以给读者带来视觉冲击力。

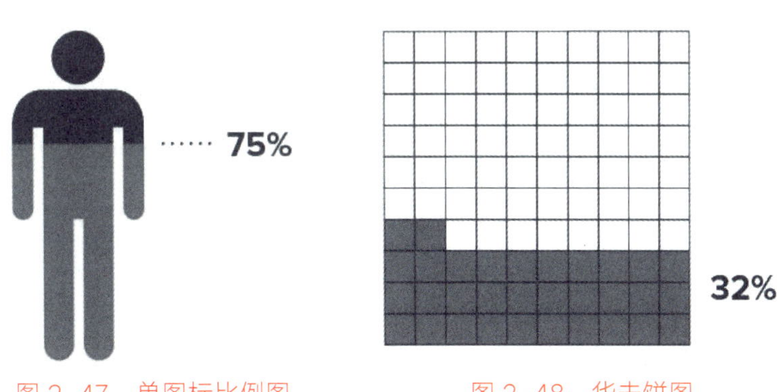

图 2-47　单图标比例图　　图 2-48　华夫饼图

（三）制作象形柱图

例如，如果需要更深入地了解零售门店各产品销售目标的达成情况，使用象形柱图来汇报会更加直观。

打开 Microsoft Excel，导入某零售门店“上半年产品销售达成数据表 .xlsx”工作表，如图 2–49 所示。

项目	1月	2月	3月	4月	5月	总计	目标	达成率	参考值
乳品	105	19	80	40	109	353	500	71%	100%
常温饮料	26	43	53	110	78	310	500	62%	100%
米饭	66	47	95	33	103	344	500	69%	100%
关东煮	37	60	18	45	31	191	500	38%	100%
汇总	234	169	246	228	321	1198	2000	60%	

图 2–49　导入某零售门店上半年产品销售达成数据表

（1）按住 CTRL 键选择不连续数据区域“B2：B6”&“K2：L6”，在工具栏中选择“插入”—“推荐的图表”，选择“簇状柱形图”。

（2）修改图表标题为“某门店上半年产品销售目标达成情况”，删除网格线。

（3）选择图表区域“达成率”柱形图，右击鼠标—左键选择“添加数据标签”。

（4）选择图表区域“达成率”柱形图，右击鼠标—左键选择“设置数据系列格式”—选择“填充与线条”，设置为“纯色填充”—颜色选择“绿色”；边框设置为“实线”，颜色“白色”，宽度“6 磅”。

（5）选择图表区域“参考值”柱形图，右击鼠标—左键选择“设置数据系列格式”—选择“填充与线条”，设置为“无填充”；边框设置为“实线”，颜色“黑色”，宽度“3 磅”。

（6）双击“乳品达成率”柱形条，右击鼠标—左键选择“设置数据点格式”，选择“填充与线条”—“填充”—“图片或纹理填充”—“插入图片来自”，选择配套文件夹中的乳品图标 .png 文件，并设置为“层叠”。类似操作分别填充“常温饮料”“米饭”“关东煮”。结果如图 2–50 所示。

（7）选择图表区域“参考值”柱形图，右击鼠标—左键选择“设置数据系列格式”—选择“系列选项”，选择“系列重叠”，设置为“100%”。

（8）在图例中，删除图例“达成率”“参考值”和纵坐标轴刻度。

最终呈现结果如图 2–51 所示。

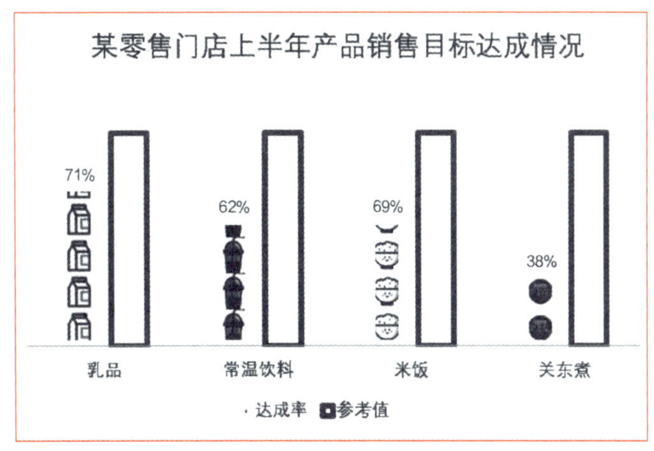

图 2-50　插入图片设置

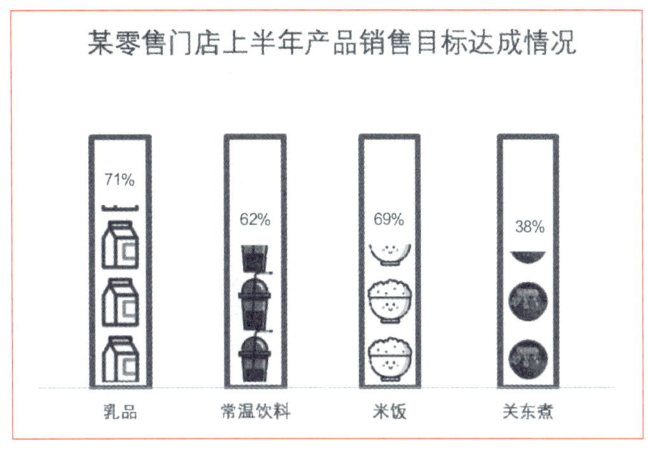

图 2-51　销售目标达成象形图

从图 2-48 中可以发现销售最好的是乳品，所有产品销量均未达到销售目标。

任务三　高阶类别可视化

一、二级品类销售数据对比—南丁格尔玫瑰图

(一) 应用场景

在工作中，如果遇到需要计算总费用或金额的各个组成部分构成比例的情况，可

以使用饼图直接显示各个组成部分及所占比例，如图 2-52 展现销售前 10 的二级品类占比情况。

然而，当品类数量超过 5 个时，饼图的分区会变得多且密集，导致图表不易观察。此时，有一种图形能够让品类按等角度分布，占比小的类别就不会被忽略。同时，这样的图形还能够体现各个类别的大小，突出占比大的类别，并对比不同类型的差异，进行多角度分析。在专业报告和新闻传媒中，经常可以看到很多极富视觉冲击力的可视化作品，如图 2-53 所示。

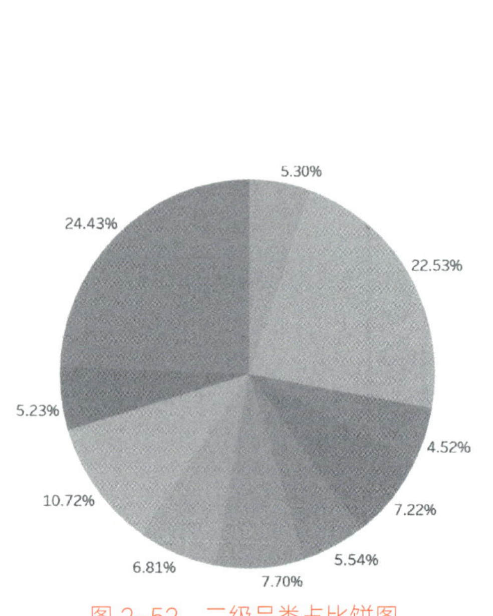

图 2-52　二级品类占比饼图

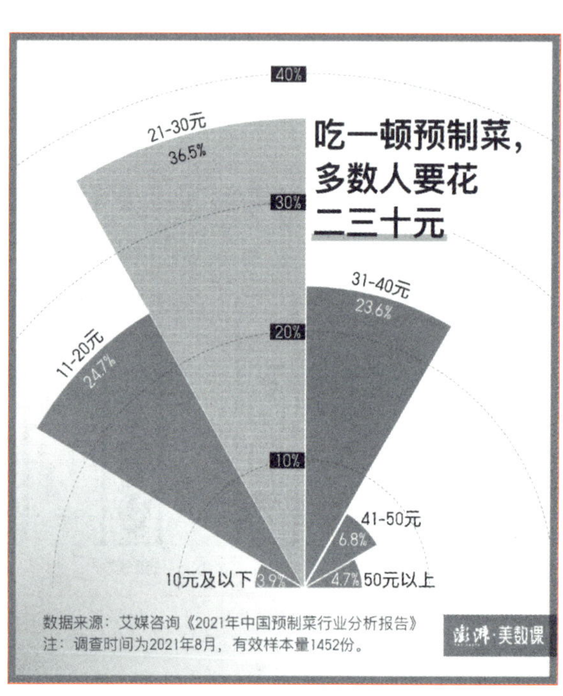

图 2-53　预制菜花费图

从以上作品中可以发现，这类图形能够满足反应多个类目对比的需要，并能够进行多角度的数据探索，该类图形被称为南丁格尔玫瑰图。

（二）南丁格尔玫瑰图介绍

南丁格尔玫瑰图又称鸡冠花图或极坐标区域图，是由英国统计学家和医学改革家弗洛伦斯 · 南丁格尔在一份关于医学报告中发明的。

虽然外观类似于饼图，但南丁格尔玫瑰图本质上更像在极坐标下绘制的柱形图或堆叠柱形图，只是用半径来反映数值（而饼图是以扇形的弧度来表示数据的）。然而，由于半径和面积之间的关系是平方的，因此视觉上，南丁格尔玫瑰图会夸大数据的比例。在追求数据准确性时，南丁格尔玫瑰图不一定是最佳选择。但反过来说，当需要比较非常相近的数值时，适当的夸大可以有助于区分。

南丁格尔玫瑰图的构成如图 2-54 所示。在数据表中，分类数据字段将映射到分类轴的位置，而连续数据字段将映射到半径轴的高度。此外，分类数据也可以通过设置颜色来增强分类的区分度。

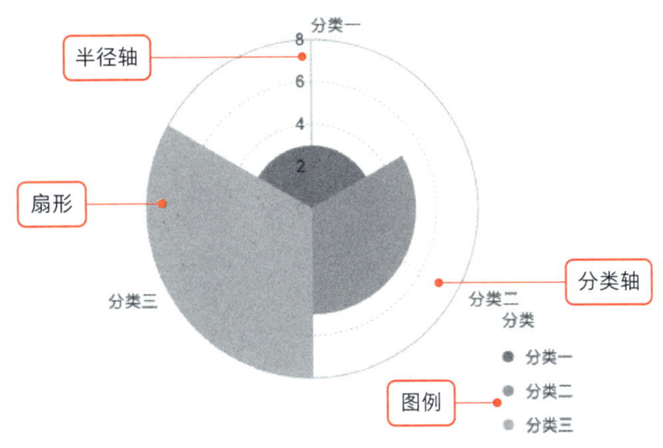

图 2-54　南丁格尔玫瑰图的构成

南丁格尔玫瑰图适合于一个分类数据字段和一个连续数据字段，主要用来对比分类数据数值的大小。这种图适用于不超过 30 条数据的情况，但数据也不能太少。如果分类过于简单，例如只有两类时，最好直接使用饼图或环形图来表示。

（三）制作南丁格尔玫瑰图

下面介绍利用在线可视化工具生成南丁格尔玫瑰图，以展现连锁超市中品类销售数据对比情况。

由于在线可视化工具对数据大小有要求，因此只考虑食品类目下不同二级品类的销售额对比情况。根据这个需求，在 Excel 中对原数据进行了简单处理，并生成了一个二级品类销售额数据表，详见表 2-2。

打开镝数图表官方网站，切换到图表模板，选择微信登录账号，在搜索框中输入“玫瑰图”，在搜索结构页面，打开第一个“玫瑰图”，如图 2-55 所示。

表 2-2　处理后的有效数据表

二级品类	销售额 / 元
4 度 C 商品	104 831.7
4 度 C 鲜食	926 706.2
爆品	1 898 725
冰品	682 569.8
饼干	678 257.6
常温乳品	1 148 042
常温饮料	8 070 134
冲调品	347 978.6
关东煮	1 620 249
加工食品	1 490 876
快速饮料	1 216 724
冷藏饮料	2 587 589
乳饮料	855 662.5
零食	1 985 080
米饭	2 760 386
面包	2 439 581
膨化	1 037 028
碳酸饮料	723 884.1
其他热食	908 467.3
乳品	3 841 119
烧烤	1 579 164
糖果	1 875 436
调理面包	565 268.2
蒸包	1 396 483

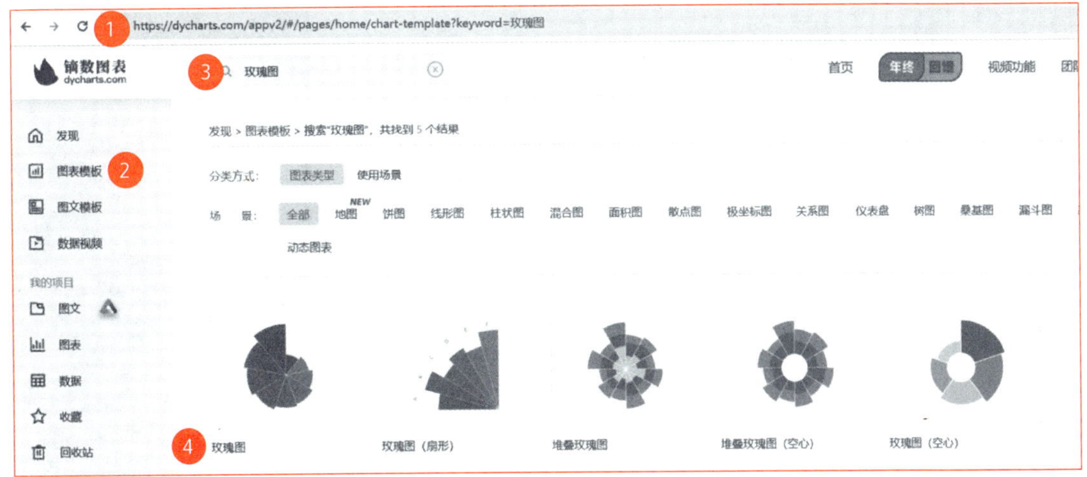

图 2-55　选择图表模板中的玫瑰图

首先，需要替换一下模板中的数据，单击“数据编辑”，如图 2-56 所示。

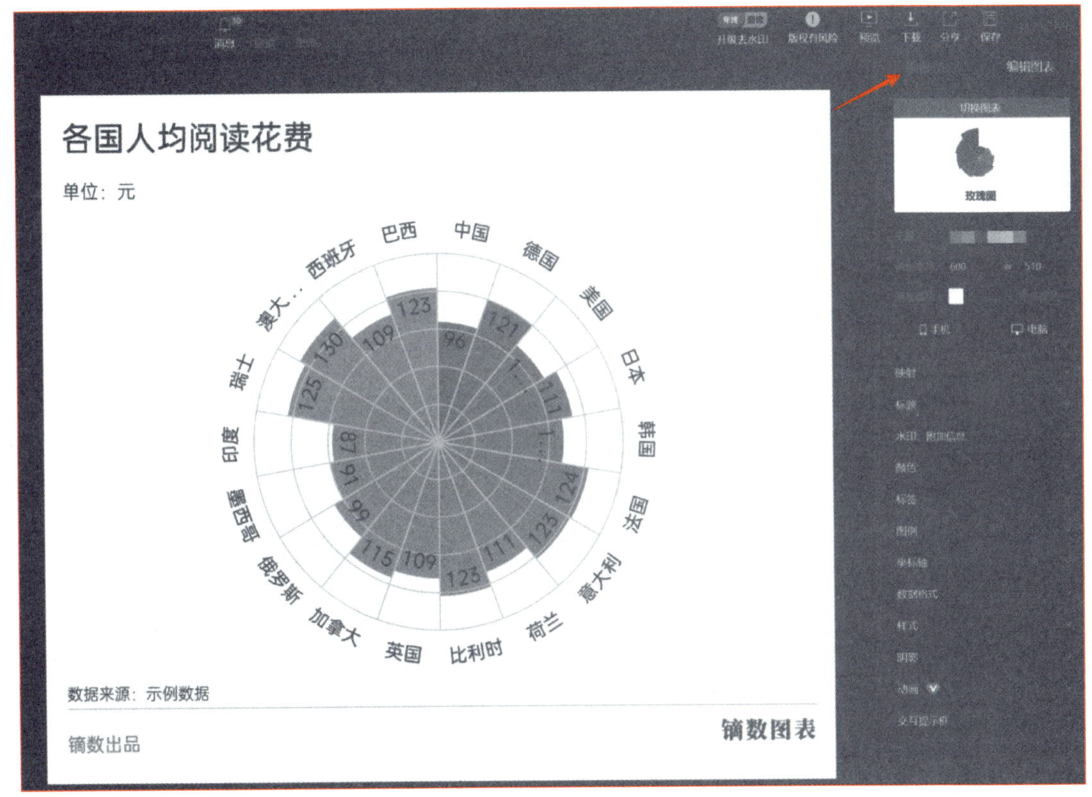

图 2-56　点击数据编辑界面

打开电子表格区域。将有效数据复制或导入进去，只需两列，第一列是文字标签，第二列是具体的数字，此时，南丁格尔玫瑰图已经出现，如图 2-57 所示。

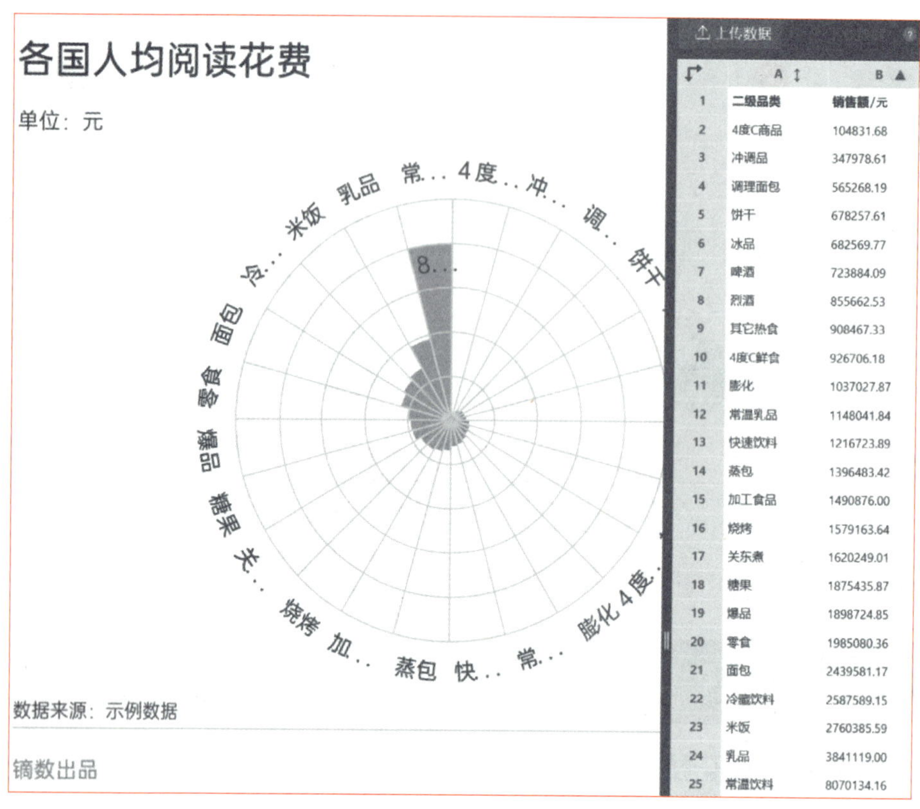

图 2-57　复制或导入数据

接下来，需要修改少数几个图形控制的参数，使其更符合业务需求。单击“编辑图表”，如图 2-58 所示。

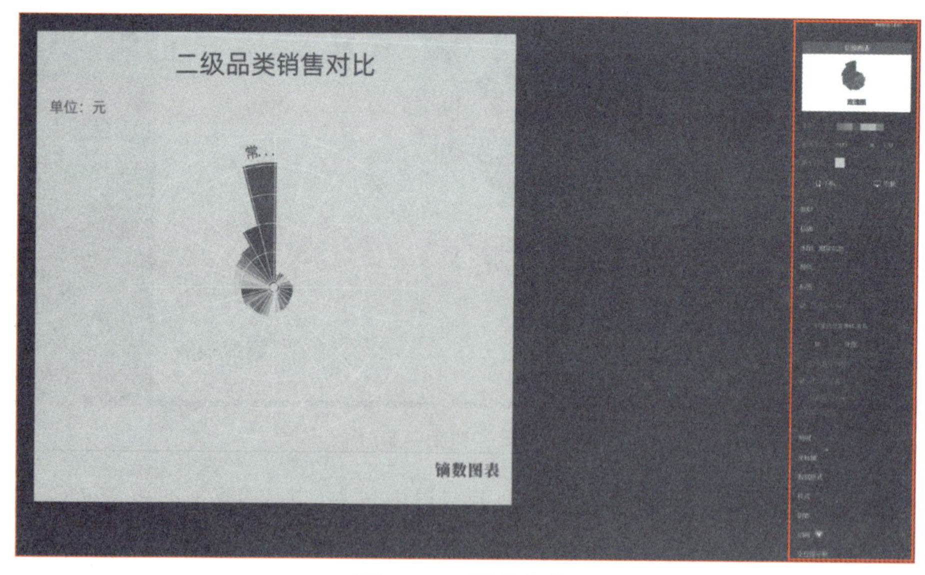

图 2-58　调整参数

在参数调整界面，根据需求调整参数，最终调整为满意的作品后保存，如图2-59所示。

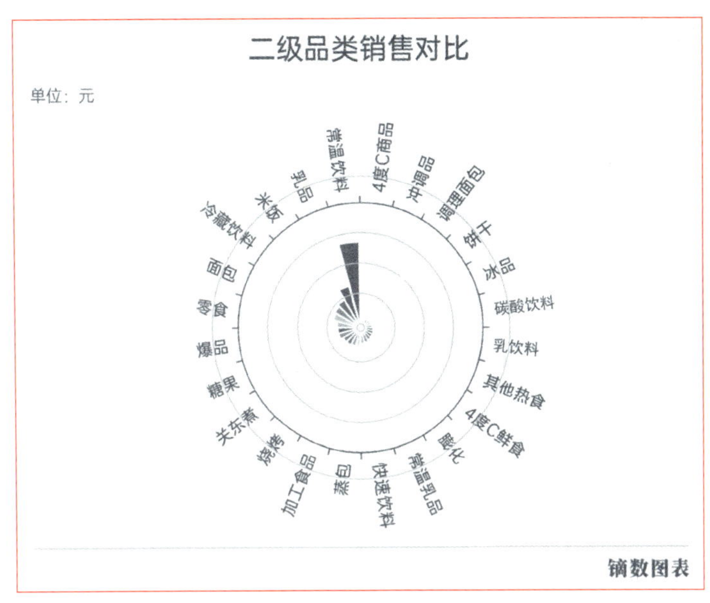

图2-59　二级品类销售对比南丁格尔玫瑰图

二、销售指标对比—雷达图

（一）应用场景

企业在日常业务场景中经常会遇到以下情况：

一是数据分析全靠表格，各种报告满满的都是数字，读者难以发现数据背后的信息。

二是虽然有图，但是总感觉图和数据之间关联度不高。图只是数据的简单展示，用图说话变成空谈。

三是图形没有业务化，没有一目了然表现数据背后的业务逻辑。

四是指标太多时就堆砌图，满眼看过去都是各种眼花缭乱的图，读者却看不清、记不住。

针对以上四种情况，当超过3个业务指标，而曲线图、柱状图、饼图不易表现数据之间的关系时，最佳的可视化图形则是雷达图。雷达图主要应用于企业经营状况，如对收益性、生产性、流动性、安全性和成长性的评价。这些指标的分布组合在一起非常像雷达的形状，因此而得名。

（二）雷达图介绍

雷达图是以从同一点开始的轴上表示的三个或更多个定量变量（即通常所说的连续量）的二维图表的形式显示多变量数据的图形方法。轴的相对位置和角度通常是无信息的。雷达图也被称为网络图、蜘蛛图、星图、蜘蛛网图、不规则多边形、极坐标图或 Kiviat 图。它将多个维度的数据量映射到坐标轴上，每一个维度的数据都分别对应一个坐标轴，这些坐标轴以相同的间距沿着径向排列，并且刻度相同。

连接各个坐标轴的网格线通常只作为辅助元素，将各个坐标轴上的数据点用线连接起来就形成了一个多边形。坐标轴、点、线、多边形共同组成了雷达图，如图 2-60 所示。

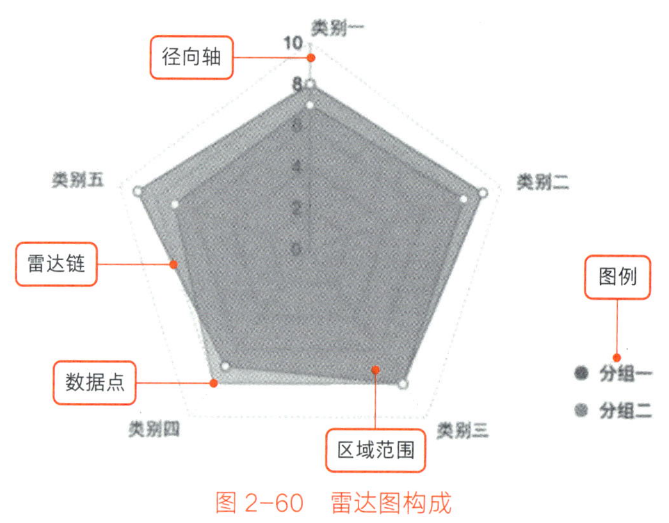

图 2-60　雷达图构成

虽然雷达图每个轴线都表示不同维度，但在使用时为了容易理解和统一比较，经常会人为地将多个坐标轴都统一成一个度量，比如统一成分数、百分比等，这种雷达图在日常生活中也更常见、更常用。

另外，雷达图还可以展示一组数据中各个变量的权重高低情况，非常适用于展示性能数据。

优势：雷达图对多维数据的展示非常直观，从某种角度上说也是一种强化对比的图形，实际展示的数值不是最重要的。雷达图特别适合各种评分数据。如关于国内手机性价比对比情况，消费者在购买手机时，主要考察外观、性能、屏幕、内存、系统、拍照六个要素，通过雷达图，可以较为直观地看到不同品牌和型号的手机性价比对比情况，如图 2-61 所示。

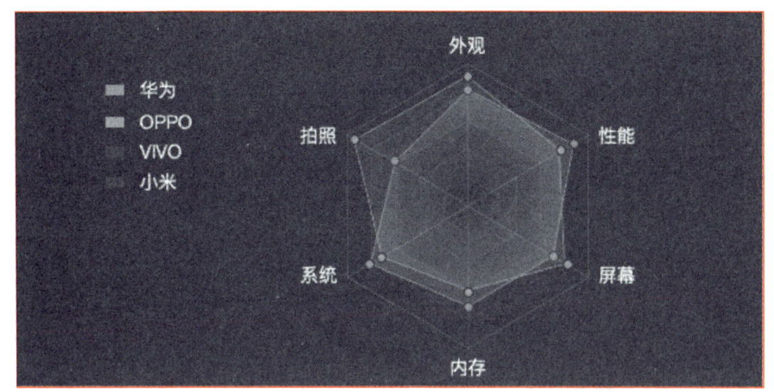

图 2-61　国内部分品牌手机性价比对比雷达图

劣势：与其他在二维坐标下展示的图相比，雷达图读取具体的数值不是特别方便和直观。

（三）制作雷达图

使用多种工具均能较为方便地制作出雷达图。继续采用前文的例子如 10 家店 2022 年上半年按天的数据中，如果希望了解 2022 年 5 月份交通 1 店和交通 2 店各类目产品销售情况，可操作如下。

制作雷达图

1. 使用 Tableau 梳理可视化数据

（1）连接数据，如图 2-62 所示。

图 2-62　连接数据

（2）确定新数据表的行、列及筛选条件，如图 2-63 所示。

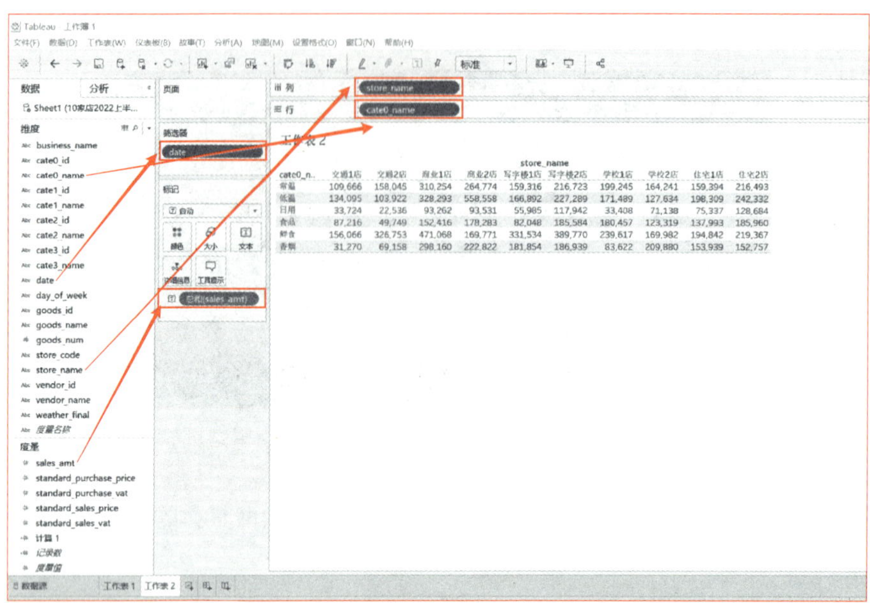

图 2-63　确定新数据表的行、列及筛选条件

设置筛选器如图 2-64 所示。

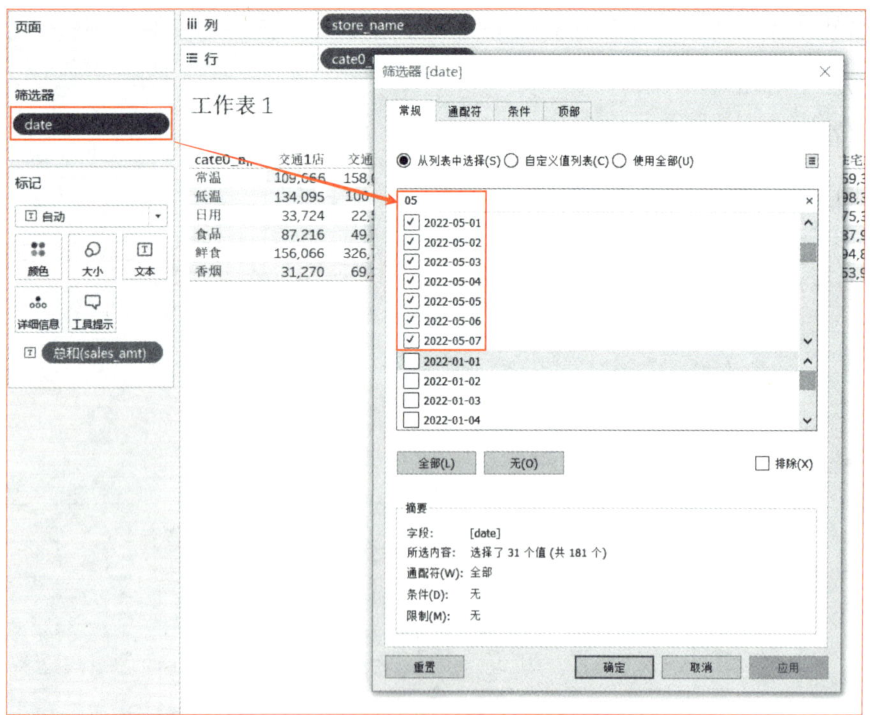

图 2-64　设置筛选器

由此，将得到以产品类目和店铺为横纵坐标，以类目销售额合计值为数量值的二维表。

（3）导出该表，并将其保存为“5 月各店铺类目销售情况 .xlxs”文档，如图 2-65 所示。

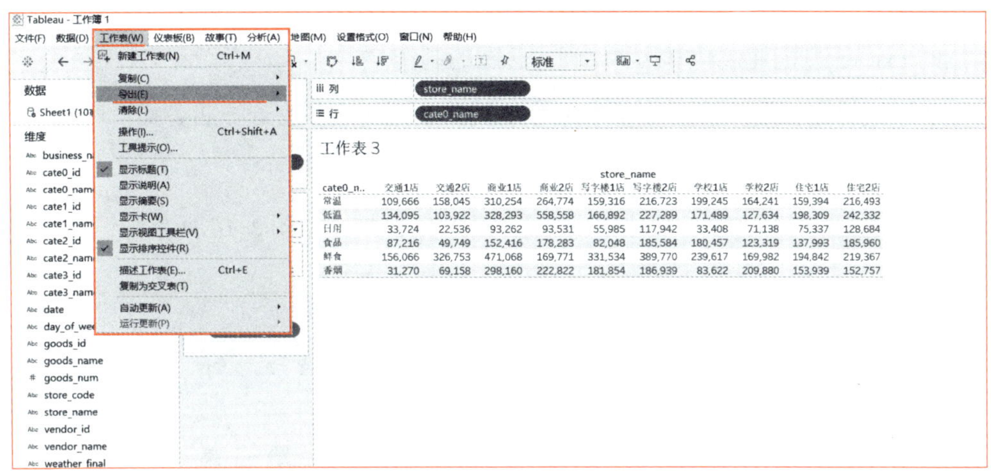

图 2-65　导出 Excel 数据表

选择“交叉表到 Excel”。随后系统将导出相应 Excel 表格，按 Ctrl+S 组合键，将其保存为“5 月各店铺类目销售情况 .xlxs”文档，如图 2-66 所示。

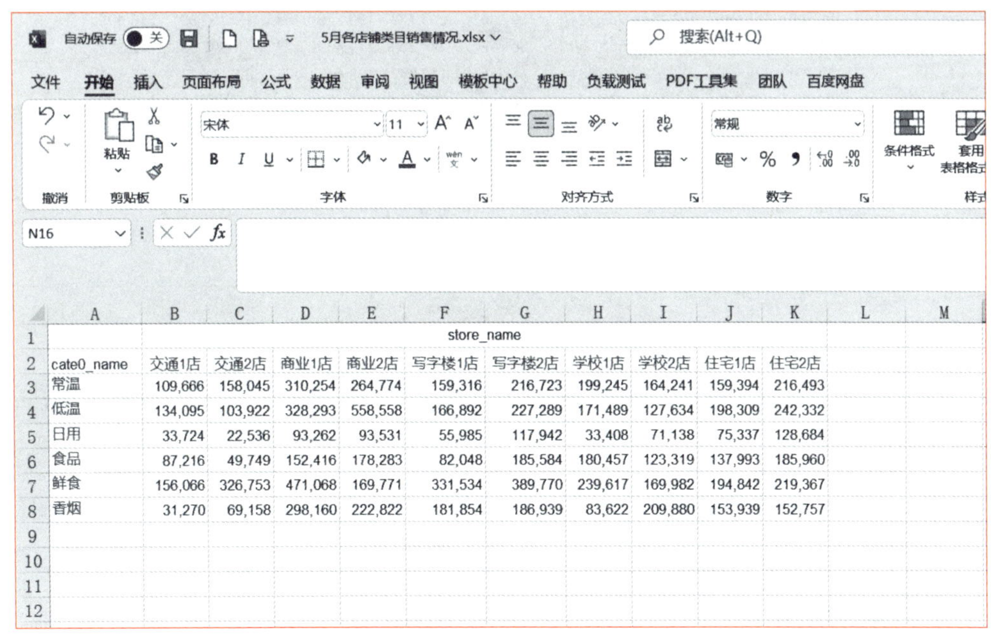

cate0_name	交通1店	交通2店	商业1店	商业2店	写字楼1店	写字楼2店	学校1店	学校2店	住宅1店	住宅2店
常温	109,666	158,045	310,254	264,774	159,316	216,723	199,245	164,241	159,394	216,493
低温	134,095	103,922	328,293	558,558	166,892	227,289	171,489	127,634	198,309	242,332
日用	33,724	22,536	93,262	93,531	55,985	117,942	33,408	71,138	75,337	128,684
食品	87,216	49,749	152,416	178,283	82,048	185,584	180,457	123,319	137,993	185,960
鲜食	156,066	326,753	471,068	169,771	331,534	389,770	239,617	169,982	194,842	219,367
香烟	31,270	69,158	298,160	222,822	181,854	186,939	83,622	209,880	153,939	152,757

图 2-66　5 月各店铺类目销售情况数据表

2. 使用 Excel 制作雷达图

不同的数据可视化工具具备不同的优劣势，就制作雷达图而言，使用 Tableau 虽然能制作可较好地进行动态展现的雷达图，但其步骤较为复杂，需要经过构建描述极坐标的计算字段、构建描述二维平面坐标的计算字段、构建多边形、添加背景等步骤，因此，对于初学者或是对时间效率要求较高的用户，不推荐使用。而使用办公中常用的 Excel，则能通过简单几步实现雷达图的制作。

本案例的目标是“希望了解 2022 年 5 月份交通 1 店和交通 2 店各类目产品销售情况”，可通过如下操作实现。

（1）选定待分析数据。使用鼠标框选 A2：C8 区域，如图 2–67 所示。

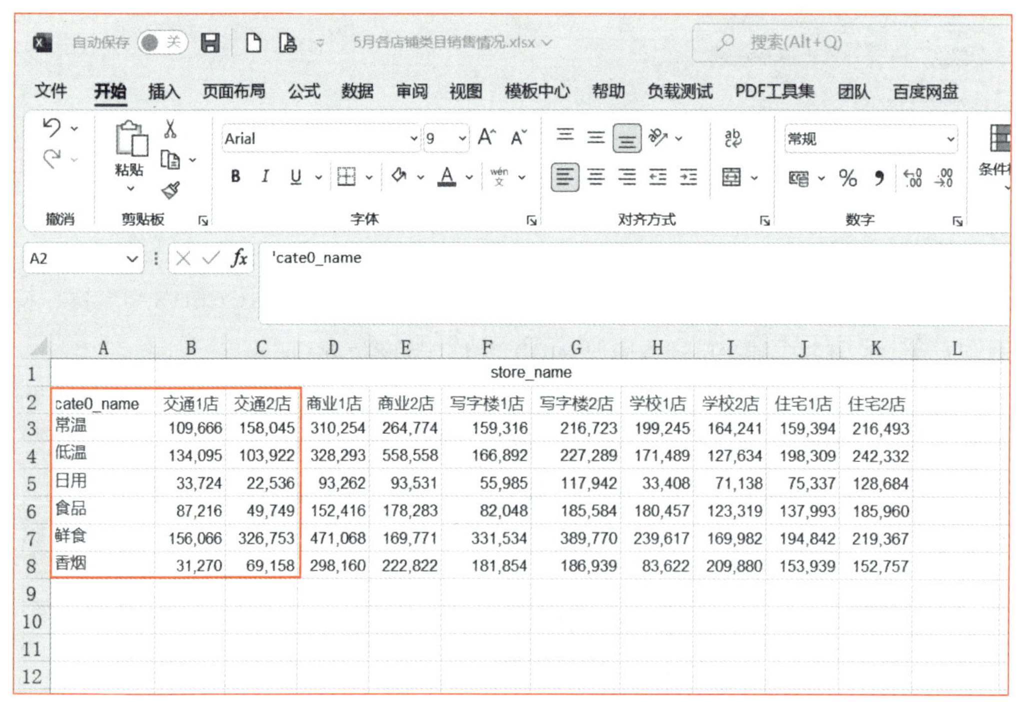

	store_name									
cate0_name	交通1店	交通2店	商业1店	商业2店	写字楼1店	写字楼2店	学校1店	学校2店	住宅1店	住宅2店
常温	109,666	158,045	310,254	264,774	159,316	216,723	199,245	164,241	159,394	216,493
低温	134,095	103,922	328,293	558,558	166,892	227,289	171,489	127,634	198,309	242,332
日用	33,724	22,536	93,262	93,531	55,985	117,942	33,408	71,138	75,337	128,684
食品	87,216	49,749	152,416	178,283	82,048	185,584	180,457	123,319	137,993	185,960
鲜食	156,066	326,753	471,068	169,771	331,534	389,770	239,617	169,982	194,842	219,367
香烟	31,270	69,158	298,160	222,822	181,854	186,939	83,622	209,880	153,939	152,757

图 2–67　选中数据区域

（2）插入雷达图。单击“插入 -> 推荐的图表”，即可弹出“插入图表”对话框，如图 2–68 所示。

（3）生产月销售数据雷达图。单击“所有图表”选项卡，单击下方“雷达图”，并点击确定（如图 2–69 所示），即可得到交通 1 店和交通 2 店的产品类目销量对比雷达图，如图 2–70 所示。

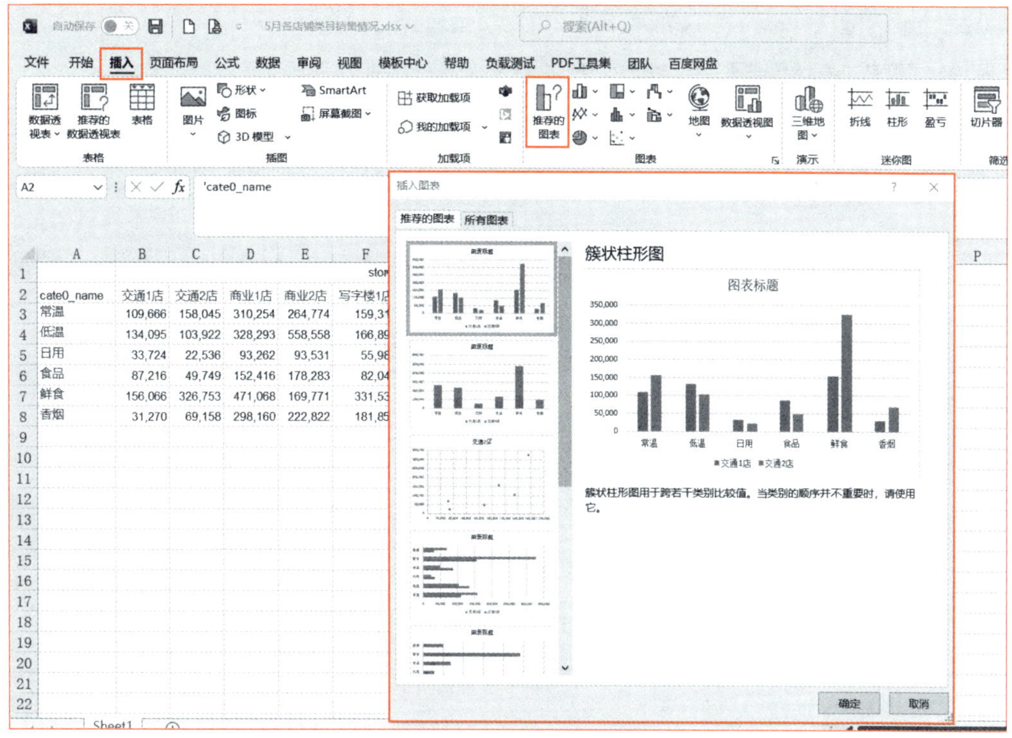

图 3-68　插入图片

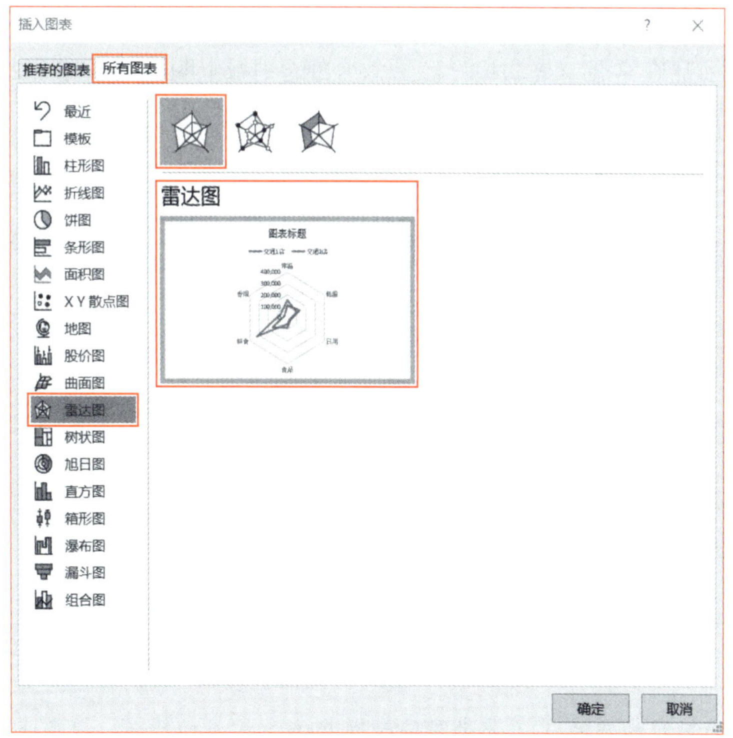

图 2-69　插入雷达图

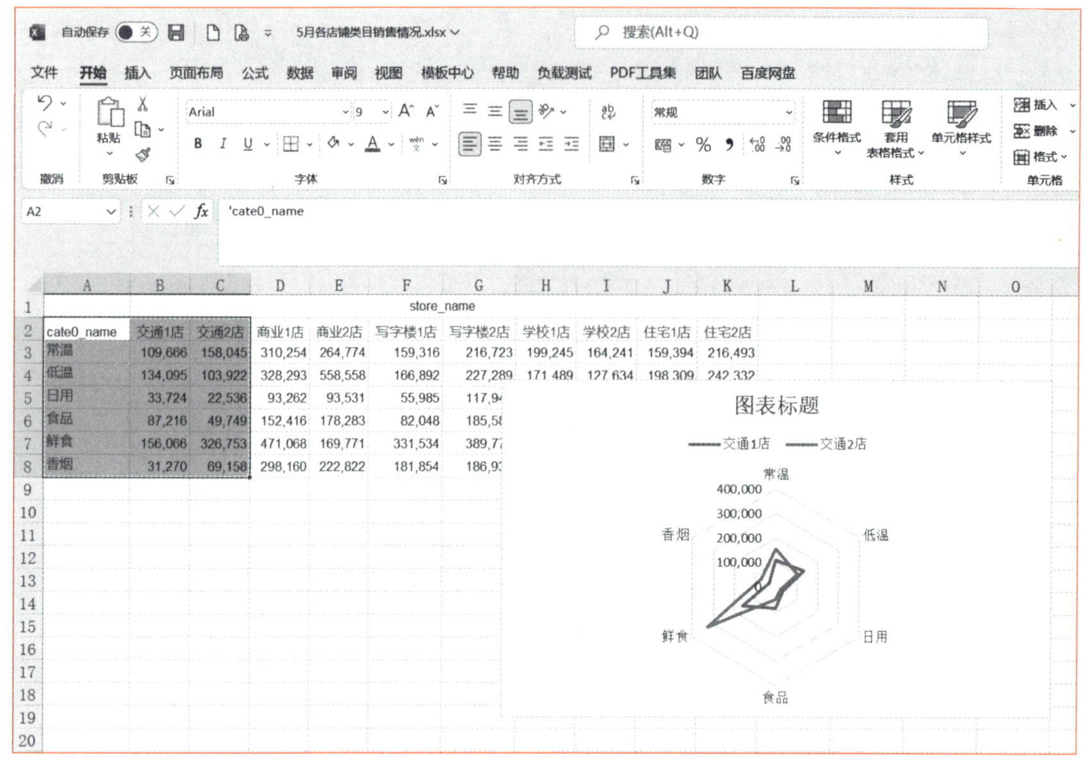

图 2-70　产品类目销量对比雷达图

（4）业务数据可视化分析。通过图 2-70，可以较为清晰直观地观察到：

① 交通 1 店在常温、香烟和鲜食三个类目的销量上明显低于交通 2 店，而在低温和日用两个类目上略高于交通 2 店；

② 鲜食类目上，两个店铺有较大差距，需进一步具体分析产生较大差距的原因；

③ 对于其他各店铺不同类目的月销售情况的对比，也可以通过雷达图较为快速地得出。

综合实训　网店流量分析可视化项目

一、实训目的

（1）掌握饼图的应用：通过饼图展示网店流量构成的比例，理解各类流量对整体网店运营的贡献。

（2）深入分析流量来源：通过不同图表分析各流量类型的转化效果，识别流量来源对销售的影响。

（3）掌握柱形图应用：通过柱形图展示各流量来源的下单转化率，了解哪些流量来源具有较高的转化率。

（4）运用折线图分析趋势：使用折线图分析关键词搜索趋势，识别高频关键词的变化趋势。

（5）使用堆叠柱形图分析用户行为：通过堆叠柱形图展示不同产品的跳出率，了解哪些产品需要改进，以降低跳出率。

（6）雷达图应用分析竞争情况：通过雷达图对比网店的爆款产品与竞品的表现，识别差距并优化运营策略。

二、实训要求

（1）数据整理：将网店流量数据整理到 Tableau 或 Excel 中，确保数据完整且准确。数据可以从指定的电商平台或者网站下载。

（2）图表创建：

① 饼图：创建饼图展示网店流量的构成比例。

② 饼图（流量细分）：通过饼图进一步展示各流量类型（如直接访问、搜索流量等）的细分比例。

③ 柱形图：使用柱形图分析各流量来源的下单转化率。

④ 折线图：使用折线图展示关键词搜索趋势。

⑤ 堆叠柱形图：创建堆叠柱形图分析不同产品的跳出率。

⑥ 雷达图：创建雷达图对比网店的爆款产品与竞品的销售表现。

（3）数据分析与解读：

① 对创建的各类图表进行详细分析，提炼出关键数据和结论。

② 解读图表结果，识别网店运营中需要改进的地方，并提出优化建议。

（4）报告撰写：

根据图表分析结果，撰写一份详细的分析报告，报告应包含图表截图、数据解读以及相应的改进建议。

报告结构要清晰，逻辑严谨，能够帮助管理层快速了解网店流量运营的现状和改进方向。

三、实训组织

（1）小组分配：学生分为若干小组，每组负责不同类型的图表创建及分析，确保全面覆盖实训目标。

（2）支持工具：提供 Tableau、Excel 等数据处理与可视化工具，并提供相关数据下载。

四、实训步骤

第一步：数据整理与图表创建。

学生通过教辅网站下载网店流量数据，并整理到 Excel 或 Tableau 中，确保数据完整性和准确性。

创建饼图、柱形图、折线图、堆叠柱形图和雷达图等图表展示相关数据。

第二步：数据分析与解读。

学生对各类图表进行分析，识别关键数据和结论。

特别关注流量构成、下单转化率、关键词搜索趋势、产品跳出率等要点，提出优化建议。

第三步：撰写分析报告。

学生根据图表分析结果撰写一份详细的分析报告，报告应包括：

各图表的截图与说明。

数据解读与图表分析结论。

改进建议与优化策略。

第四步：报告展示与讨论。

每组学生展示自己的分析报告和图表，分享分析过程中的关键见解。

教师和同伴进行点评和讨论，进一步完善报告内容。

五、实训成果

（1）图表与数据分析：学生将完成饼图、柱形图、折线图、堆叠柱形图和雷达图的创建，并进行分析与解读。

（2）分析报告：每组需提交一份详尽的分析报告，报告中包括图表截图、数据解读和改进建议。

（3）展示与反馈：通过 PPT 展示报告成果，并接受教师和同学的反馈与建议，优化报告内容。

知识与技能训练

一、单选题

1. 以下选项中不属于柱形图的基本要素的是（　　）。

A. x 轴　　B. y 轴　　C. 柱形　　D. 折线

2. 以下（　　）情况更适合使用条形图。

A. 不同店铺不同时间的营业额对比

B. 同一国家不同年份的人口对比

C. 同一学校不同年份不同年级的学生人数对比

D. 同种商品在不同店铺的销售情况对比

3. 标准的折线图不具备（　　）要素。

A. x 轴　　B. y 轴　　C. 边线　　D. 角度

4. 以下（　　）情况更适合使用饼图。

A. 反映 4 个类别的销售占比情况

B. 反映 10 个子类的客户分布情况

C. 展现不同时间的销售趋势情况

D. 不同商品在不同店铺的销售情况对比

5. 对于雷达图，下面描述不恰当的是（　　）。

A. 使用不同的数据可视化工具制作雷达图的复杂度不同

B. 雷达图对多维数据的展示较为直观

C. 雷达图可以展示一组数据中各个变量的权重高低情况，非常适用于展示性能数据

D. 雷达图是一种反应多个数据维度的三维图表

二、多选题

1. 柱形图与条形图的共同点是（　　　　）。

A. 都是用长条形表示数据　　B. 都只能展示 1 个变量

C. 都能进行较大的数据集分析　　D. 都常用于复杂的组合图表展示

2. 使用组合图进行可视化表达的优势包括（　　　　）。

A. 节约视觉空间　　B. 可以展示多个数据指标

C. 帮助发现数据指标中的隐藏关系　　D. 可以表示类别之间关系

3. 雷达图又可称为（　　　　）。

A. 网络图　　B. 蜘蛛图　　C. 星图　　D. 蜘蛛网图

4. 南丁格尔玫瑰图又可称为（　　　　）。

A. 鸡冠花图　　B. 极坐标区域图　　C. 花图　　D. 星图

5. 组合类别可视化可用到的图形有（　　　　）。

A. 堆叠柱形图　　B. 百分比堆叠柱形图

C. 折线图　　D. 饼图

三、判断题

1. 柱形图与条形图相比，能展示更大的数据集分析。（　　）

2. 柱形图可以用来进行多个变量的展示与分析。（　　）

3. 对于分类过少的场景，例如，只有两类时，应该直接用饼图或者环图来表示。（　　）

4. 使用象形图时，图片和主题可以没有关联。（　　）

5. 雷达图对多维数据的展示非常直观，就强化对比和展示实际数值两者而言，强化对比更为重要。（　　）

项目三

相关关系可视化

学习目标

素养目标

◆ 培养关联思考能力和逻辑思维能力
◆ 培养精益求精的工匠精神
◆ 提高数字素养

知识目标

◆ 了解散点图的使用场景、常规用法以及可视化要点
◆ 了解气泡图的使用场景、常规用法以及可视化要点
◆ 了解漏斗图的使用场景、常规用法以及可视化要点
◆ 了解桑基图的使用场景、常规用法以及可视化要点

技能目标

◆ 能够使用 Tableau 进行散点图的绘制和美化
◆ 能够使用 Tableau 进行气泡图的绘制和美化
◆ 能够使用 Tableau 进行漏斗图的绘制
◆ 能够使用 Excel 进行桑基图的制作

思维导图

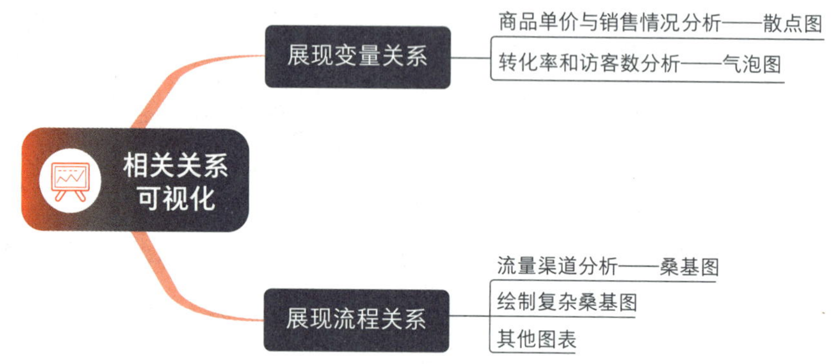

学习计划

- 素养提升计划

- 知识学习计划

- 技能训练计划

项目引入

相关关系也被称为有关关系，用于探求不同变量间的关系。当某个变量增加时，另一个变量是否也会增加？它们之间是因果关系还是相关关系？通常来说，前者很难通过数据进行证实，因此也难以用图形描述。但是相关关系是较容易表现的，既可以从整体上进行观察，弄清群体彼此之间是存在交叠还是互不干涉，也可以从更广泛的角度来分析，某个群体的组成是如何随时间变化的，或者它们是如何保持不变的。

相关关系可视化是将两个或多个变量之间的相关性以图形或图表的形式进行展示的过程。这种可视化方式有助于直观地理解各变量之间的关系，发现数据中的模式、趋势和异常值，从而作出更明智的决策。常用的相关关系可视化方式有散点图、气泡图、热力图等。

本项目的数据源为某电商企业 2023 年第一周的订单销售数据和商品数据（点击率、转化率、转化率等情况），该企业的主要产品为户外用品，第一周的销售订单超过了 8 000 个，订单销售数据表中包含了商品编号、商品名称、到达城市、订单类型等 22 个字段，订单销售数据表展示如图 3-1 所示。

竞争公司	公司归属地	下单日期	年度	季度	订单月份	订单ID	订单类型	到达城市	客户ID	到货期限（天）	单价（元）	商品数量	优惠金额	订单销售额（元）	商品编号	商品名称
京迭运动	西南地区	2023年1月1日	2023	1	1	JD2301010001	赠送订单	石家庄	CU037724233	5	70.00	9	3.00	627.00	PD022	梦多福 户外洗澡帐篷
京迭运动	西南地区	2023年1月1日	2023	1	1	JD2301010002	拼团订单	成都	CU035424234	5	48.79	1	3.00	45.79	PD003	拜杰（BAIJIE） 充气沙发太
京迭运动	西南地区	2023年1月1日	2023	1	1	JD2301010003	拼团订单	昆明	CU037424235	5	75.00	1	3.00	72.00	PD008	戈顿 睡垫 午休垫午睡垫地
INTEX Sport	华东地区	2023年1月1日	2023	1	1	IS2301010004	赠送订单	北京	CU030224236	5	75.00	1	1.00	74.00	PD008	戈顿 睡垫 午休垫午睡垫地
慕名运动	华中地区	2023年1月1日	2023	1	1	MM2301010005	预约订单	天津	CU036824237	5	89.00	1	2.00	87.00	PD012	探路者（TOREAD）吊床户
慕名运动	华中地区	2023年1月1日	2023	1	1	MM2301010006	常规订单	福州	CU036724238	5	170.00	1	2.00	168.00	PD009	Bestway百适乐气垫床充气床
慕名运动	华中地区	2023年1月1日	2023	1	1	MM2301010007	拼团订单	长沙	CU037324239	5	29.00	1	3.00	26.00	PD005	加加林 JAJALIN 防水防潮帐
MAKI Sports	华北地区	2023年1月1日	2023	1	1	MS2301010008	拼团订单	天津	CU038624240	5	309.00	1	3.00	306.00	PD016	探险者 TAN XIAN ZHE 户
智汇运动	华南地区	2023年1月1日	2023	1	1	ZH2301010009	拼团订单	福州	CU039024241	5	189.00	8	2.00	1510.00	PD024	京东京造公园速搭帐篷户外
智汇运动	华南地区	2023年1月1日	2023	1	1	ZH2301010010	常规订单	福州	CU036324243	5	309.00	1	1.00	308.00	PD016	探险者 TAN XIAN ZHE 户
INTEX Sport	华东地区	2023年1月1日	2023	1	1	IS2301010011	预约订单	合肥	CU033124244	5	39.00	1	3.00	36.00	PD020	探险者（TAN XIAN ZHE）
INTEX Sport	华东地区	2023年1月1日	2023	1	1	IS2301010012	拼团订单	海口	CU037524245	5	29.00	1	1.00	28.00	PD005	加加林 JAJALIN 防水防潮帐
慕名运动	华中地区	2023年1月1日	2023	1	1	MM2301010013	赠送订单	沈阳	CU032424246	5	309.00	1	2.00	307.00	PD016	探险者 TAN XIAN ZHE 户
智汇运动	华南地区	2023年1月1日	2023	1	1	ZH2301010014	赠送订单	哈尔滨	CU032024247	5	29.00	1	3.00	26.00	PD005	加加林 JAJALIN 防水防潮帐
INTEX Sport	华东地区	2023年1月1日	2023	1	1	IS2301010015	拼团订单	广州	CU032224248	5	309.00	1	1.00	308.00	PD016	探险者 TAN XIAN ZHE 户
……																

图 3-1　订单销售数据表展示

任务一　展现变量关系

在统计学和数据分析中，相关关系指的是两个或多个变量之间的关系。这些关系可以是正相关的（一个变量增加时，另一个也增加），也可以是负相关的（一个变量增加时，另一个减少），还可以是无相关的（一个变量的变化对另一个变量没有明显影响）。相关关系的可视化有助于用户在大量数据中探索出潜在的模式和趋势，帮助用户进行数据间逻辑关系的初步探索、假设生成以及后续更深入的分析。

一、商品单价与销售情况分析——散点图

一想到数据的关系，人们首先想到的可能就是关联性，之后便是因果关系。关联性意味着当一个事物变化时，另一个事物也可能会发生某种变化。比如，对于青少年，身高的增加会伴随着体重的增长；在超市中，商品价格的调整也会极大可能影响商品销售情况，但影响商品销售情况的变化可能还存在其他外在因素，因此证实因果关系也并非易事，用户可能需要花费大量和时间和精力才能弄清楚这些事情。而关联性可以帮助人们根据某一已知指标来预测另一指标。要想探究这种关系，首先来了解散点图。

（一）散点图介绍

散点图，也被称为 X-Y 图，是一种在直角坐标系上展示数据点的可视化方法。它通过将数据以点的形式在坐标系上展现来揭示两个变量之间的相互影响程度。在散点图中，每个点的位置由两个变量的数值共同决定，一个变量通常绘制在 x 轴上，另一个变量绘制在 y 轴上。

通过观察散点图上数据点的分布和密集程度，可以分析出变量间的相关性。例如，如果数据点呈现一种明显的趋势（如线性趋势），则说明两个变量之间可能存在

一定的相关性。这种相关性可以是正相关（两个变量同时增加或减少），也可以是负相关（一个变量增加时，另一个变量减少），如图 3-2 量的关联性和图 3-3 典型的散点图可视化。

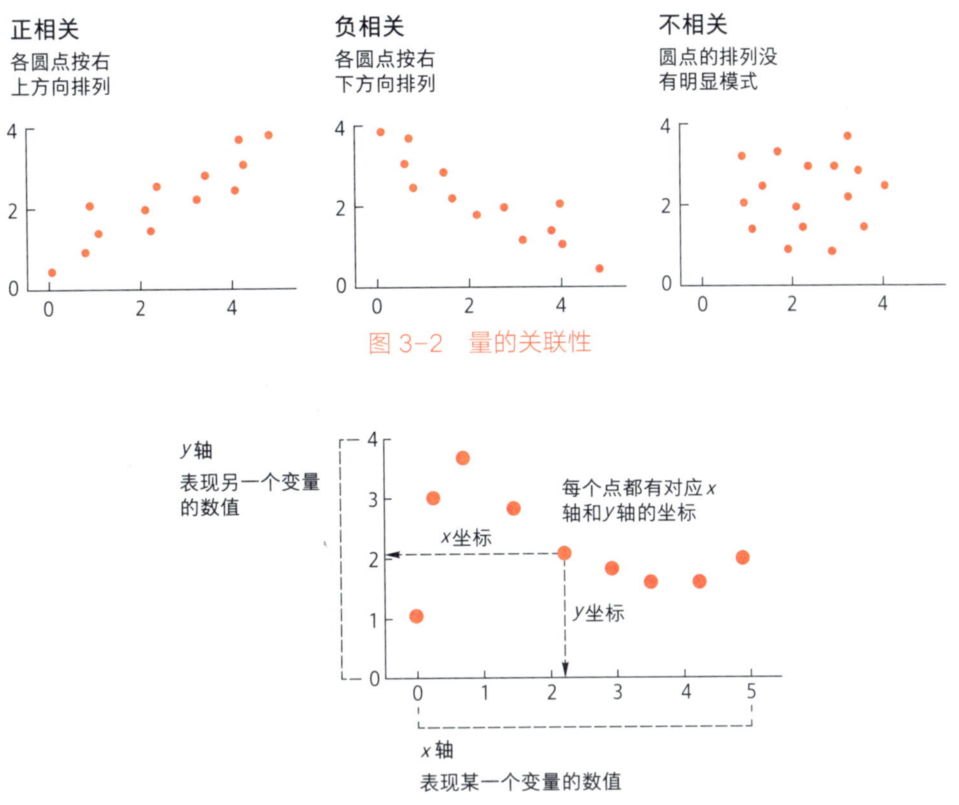

图 3-2　量的关联性

图 3-3　典型的散点图可视化

（二）散点图的使用场景

散点图根据其特性，常被用于探索性数据分析、异常值检测和分析结果展示等方面。探索性数据分析是指在数据分析的初步阶段，使用散点图可以帮助用户直观地了解变量之间的关系，为后续的深入分析提供线索；异常值检测是指散点图中远离主要数据群的点可能表示异常值或离群点，值得进一步关注和分析；而在完成数据分析后，散点图可以作为一种直观的方式来展示分析结果，帮助决策者或其他利益相关者理解数据之间的关系。

（三）制作散点图

有多种工具均能较为方便地制作出散点图。如本项目中某电商企业 2023 年第一周的订单销售数据中，如果希望了解商品销量与商品单价的关系，可以制作相应的散点图来判断，具体操作如下。

（1）连接数据，导入数据源。打开 Tableau，单击软件界面左侧“连接”下面的“Microsoft Excel”（见图 3-4），在弹出的“打开”对话框中定位到本项目的案例数据文件“某电商企业 2023 年部分订单数据”，选定后单击“打开”按钮（见图 3-5），则该 Excel 文档中具体的工作表会显示在 Tableau 工作界面的左侧。本案例要分析的数据表是“市场订单数据”，将鼠标移动到其上并按下鼠标左键不松手，拖拽至右侧上部的“将工作表拖到此处”处，如图 3-6 所示。此时，在下方将显示该表的数据，若数据源中数据少于 1 000 条，则会全部显示在下方预览区域，否则会显示前 1 000 条数据，如图 3-7 所示。

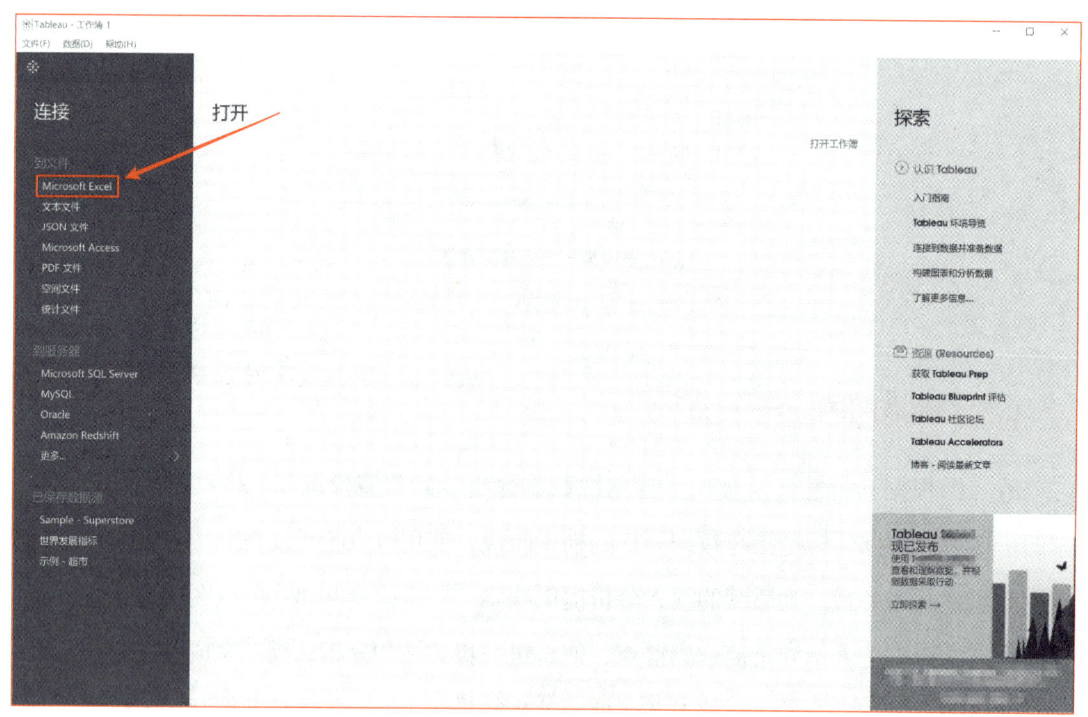

图 3-4 连接数据

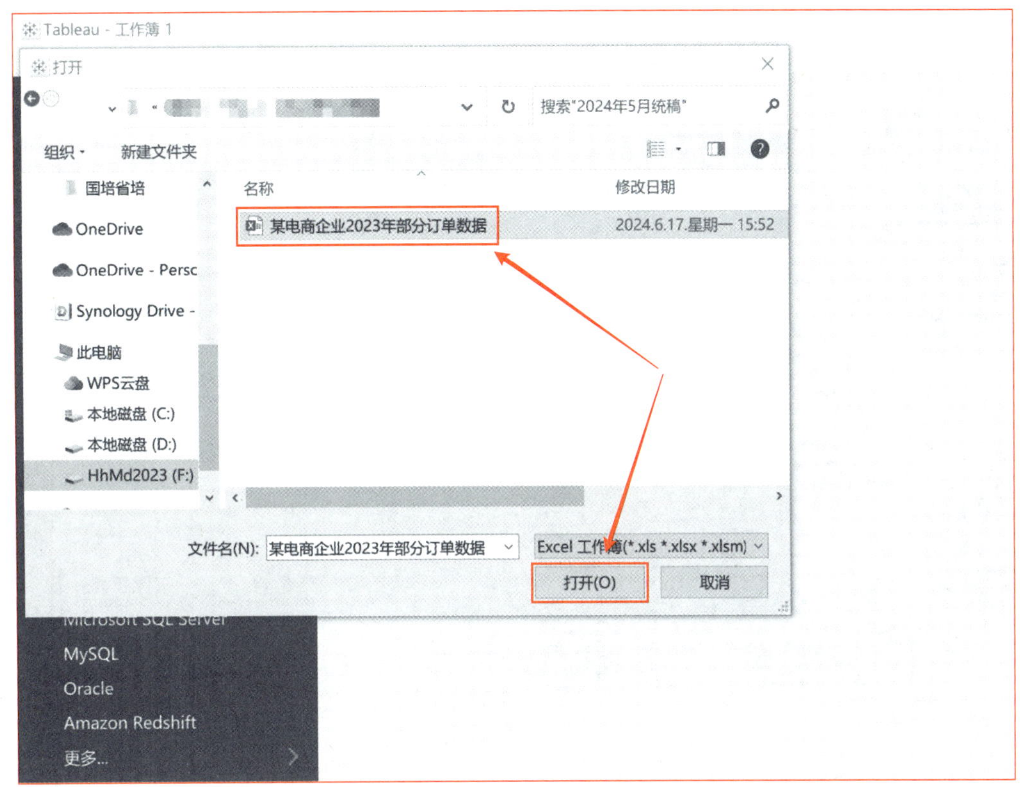

图 3-5　导入数据源

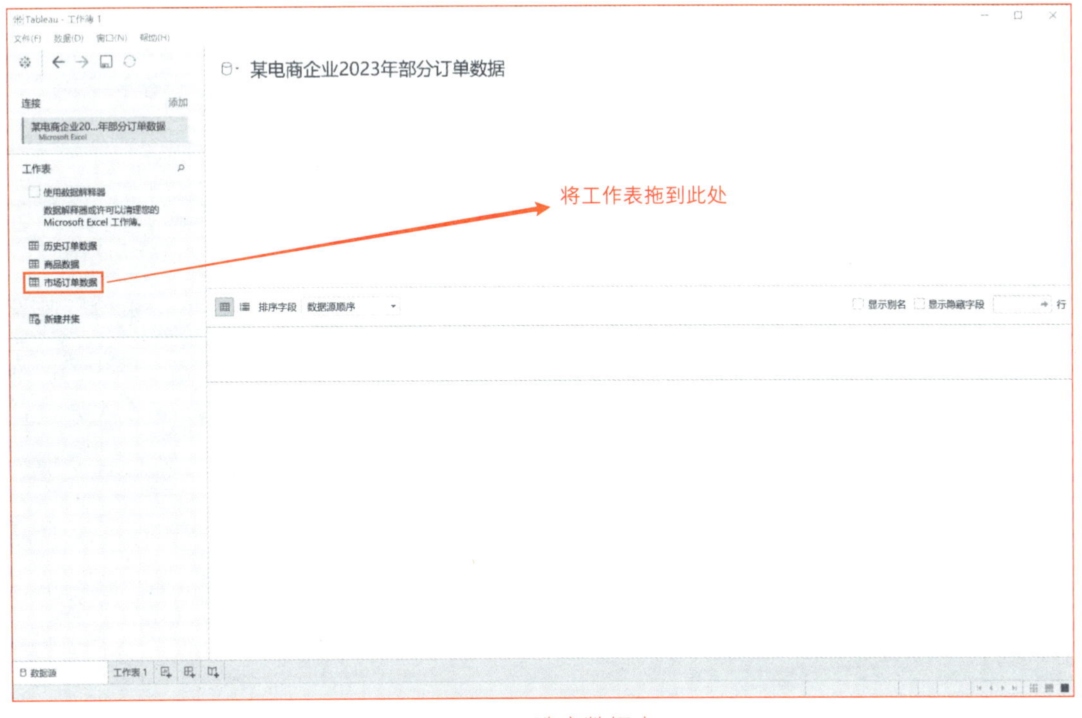

图 3-6　选定数据表

图 3–7　查看数据情况

（2）创建散点图（工作表）。单击 Tableau 工作界面下方“工作表 1”转到工作簿页面进行可视化设计，如图 3–8 所示。在工作界面左侧“数据”选项卡下面按住 Ctrl 键的同时，用鼠标单击“维度”中的“商品名称”、“度量”中的“单价”和“商品数量”，此时，工作界面右侧的“智能显示”中可以使用的可视化样式会被点亮（见图 3–8），单击“散点图”，则相应的散点图会出现在工作页面中，如图 3–9 所示。此时，工作簿界面中可以看到列功能区统计的是商品数量总和，而行功能区中统计的是单价总和，为满足多数人的习惯，单击“交换行和列”按钮，使散点图 x 轴与 y 轴互换，如图 3–10 所示，在互换行与列后，单价在列功能区“单价”胶囊右侧向下的白色小三角箭头，扩展出其对应的功能菜单，选择“度量（总和）”，选择“平均值”，因为对于单价而言，通过平均值进行汇总统计更为合理，如图 3–11 所示。

在操作过程中，注意随时保存操作结果，在 Tableau 工作界面，按 Ctrl+S 组合键后会弹出“另存为”对话框，选定好保存位置后，在“文件名”处输入：订单情况分析 .twb 保存该 Tableau 工作簿文件，如图 3–12 所示。

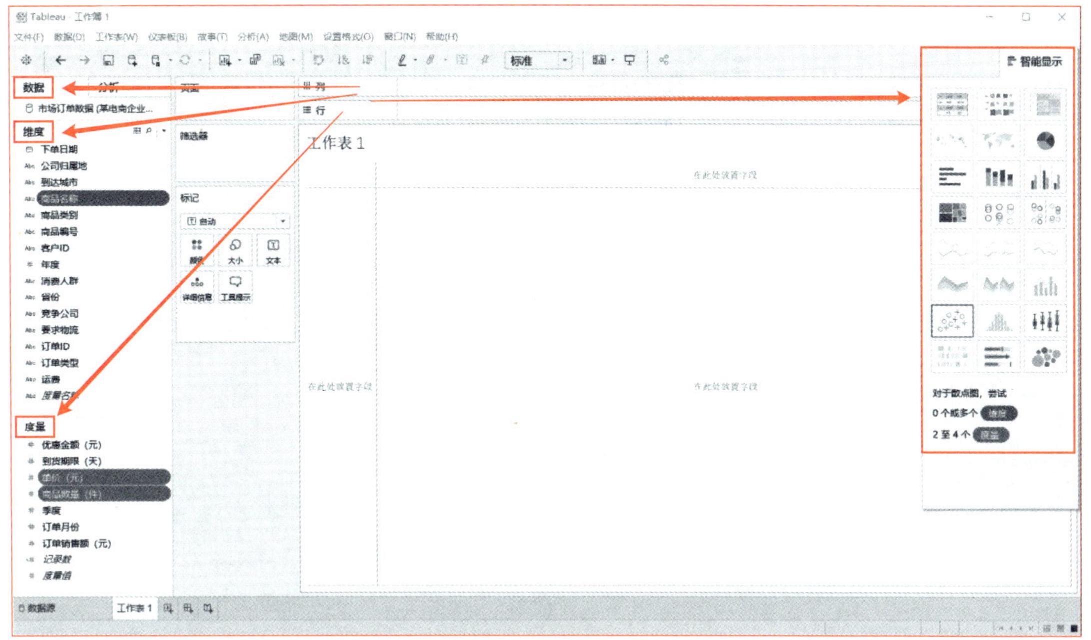
图 3-8　点亮“智能显示”界面

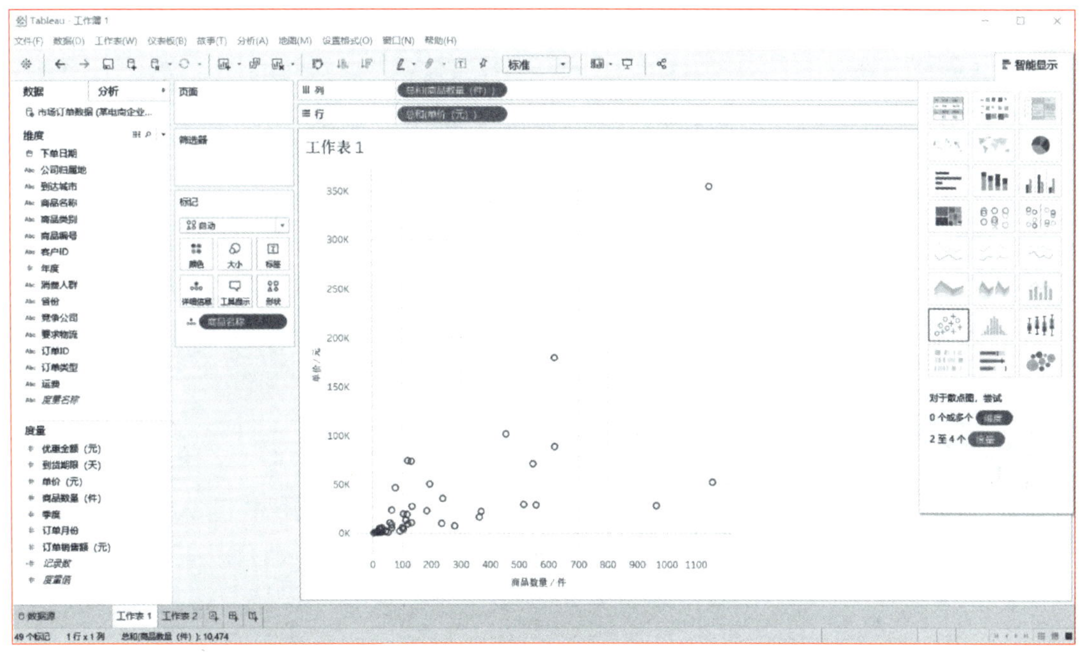
图 3-9　显示散点图

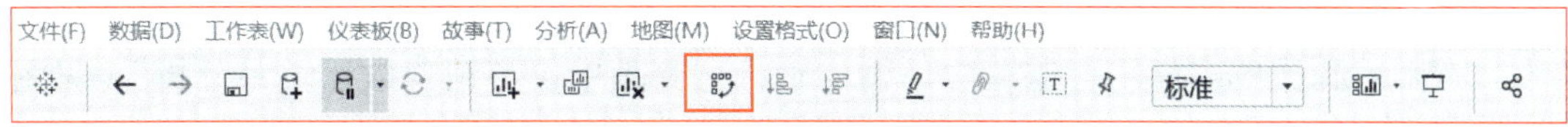
图 3-10　互换行与列

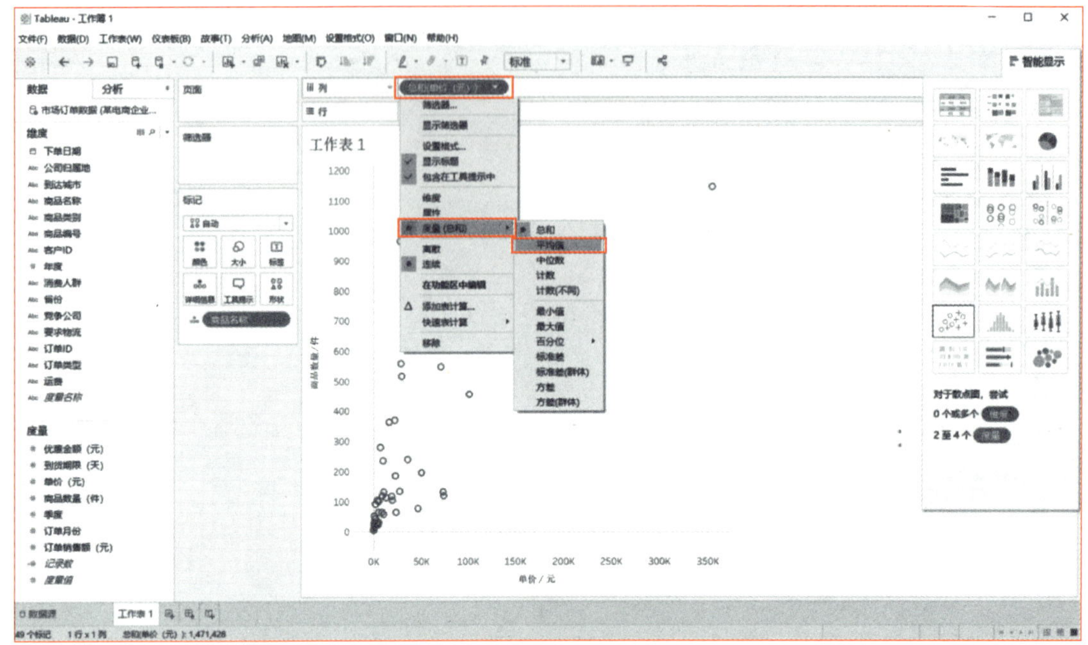

图 3-11 选择“平均值”

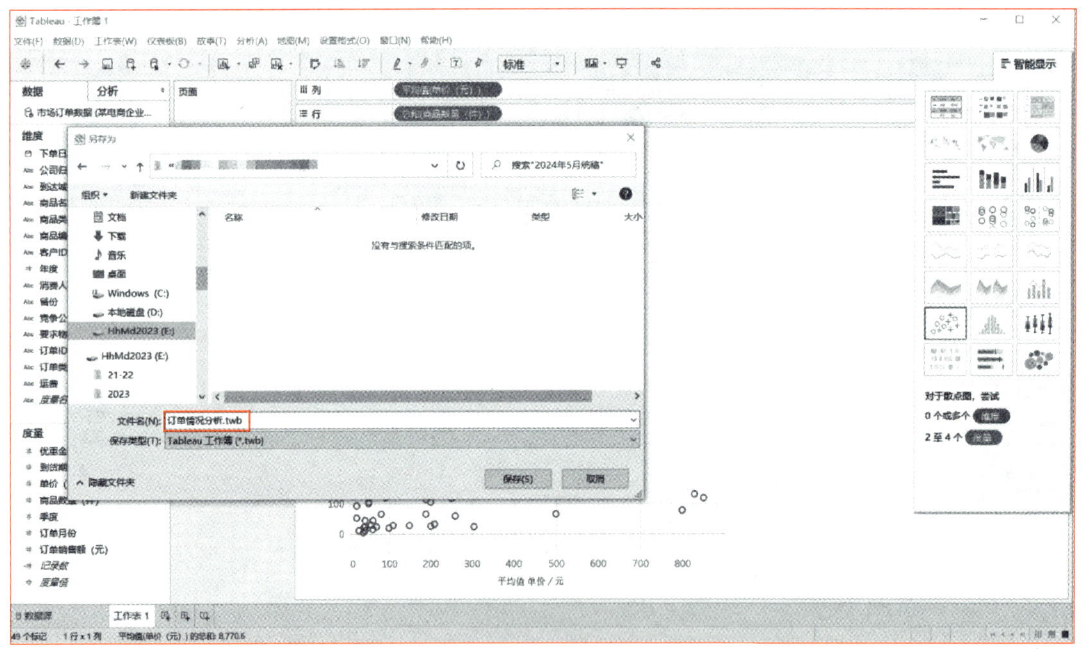

图 3-12 另存文件

在工作界面中间可视化工作表区域，右键单击“工作表 1”，选择“编辑标题”，在随后弹出的“编辑标题”对话框中输入“商品单价与销售数量关系分析”（见图 3-13），单击“确定”，修改该可视化图表的名称，如图 3-14 所示。

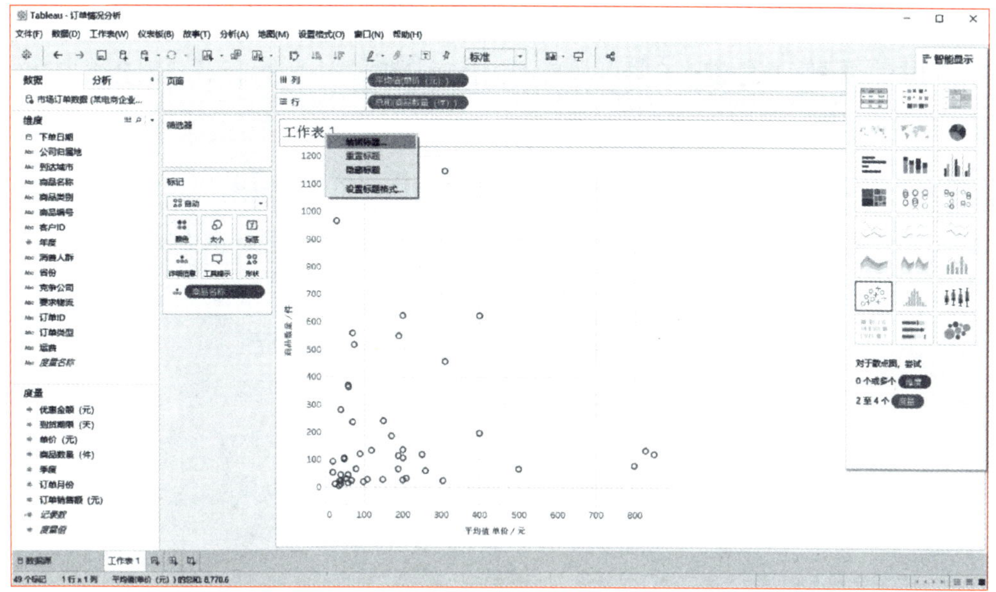

图 3-13 编辑标题 1

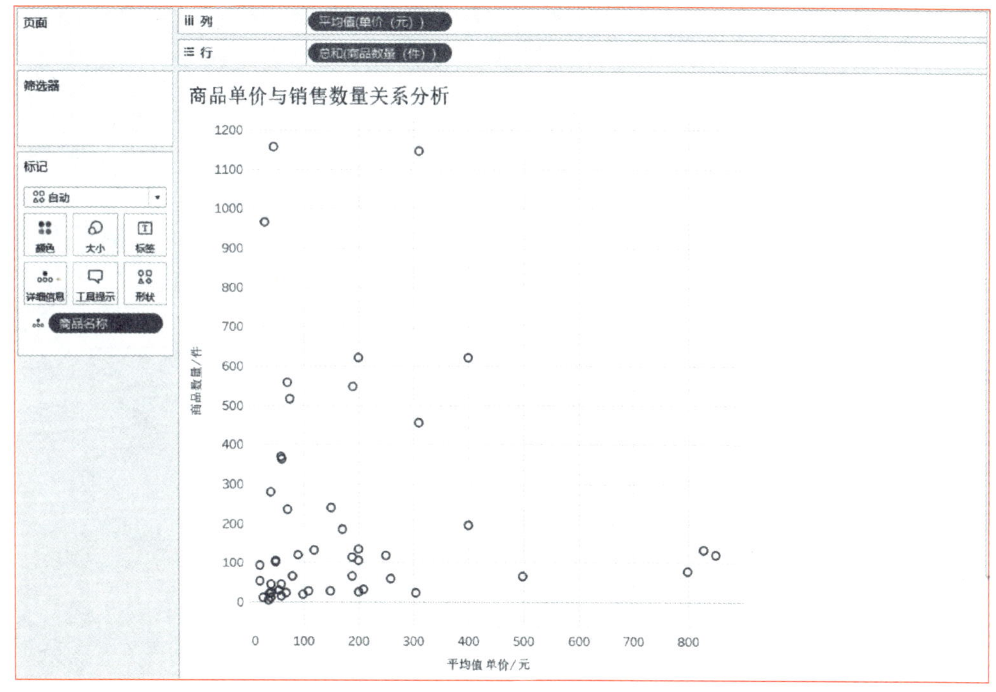

图 3-14 编辑标题 2

图 3-14 中每个空心圆是每一种商品 2023 年第一周内销售商品的平均单价与销售数量情况，可以看到，该图上部有 3 个空心圆与其他空心圆相距较远，如图 3-15 所示，将鼠标分别放到这 3 个空心圆上，会显示相应空心圆具体的信息，如图 3-16

所示。若将这个 3 个空心圆去掉后，则能更好反映情况，依次将鼠标移动到其中一个空心圆上，单击鼠标左键，会展开对应的描述对话框，单击“排除”，则会去掉对应的空心圆（见图 3–17）。此时，实际上 Tableau 并不会删除对应数据，而是针对商品名称做了个筛选操作，如图 3–18 所示。按相同的操作依次删除其他两个空心圆，如图 3–19 所示。此时散点图的 x 坐标轴和 y 坐标轴都进行了适配，也更便于观察了。

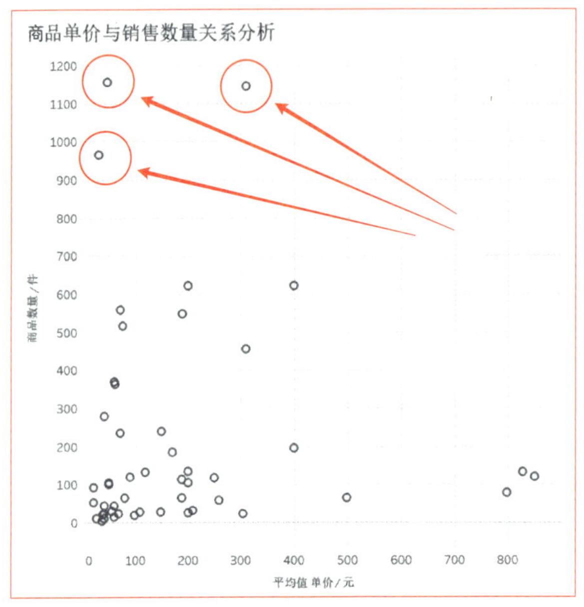

图 3–15　与其他空心圆相距较远的 3 个空心圆

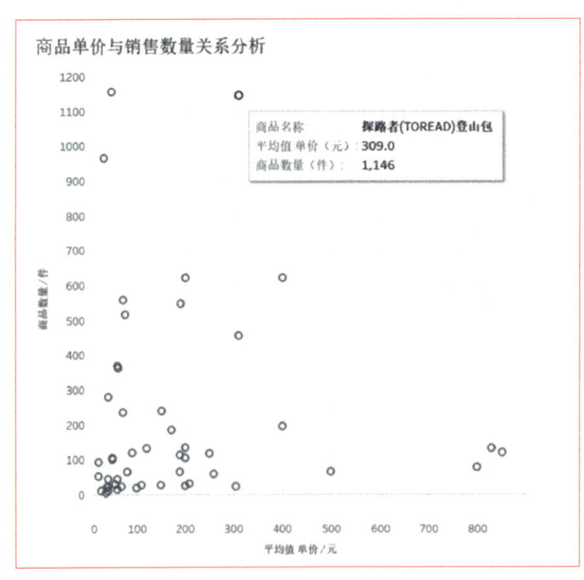

图 3–16　显示空心圆信息

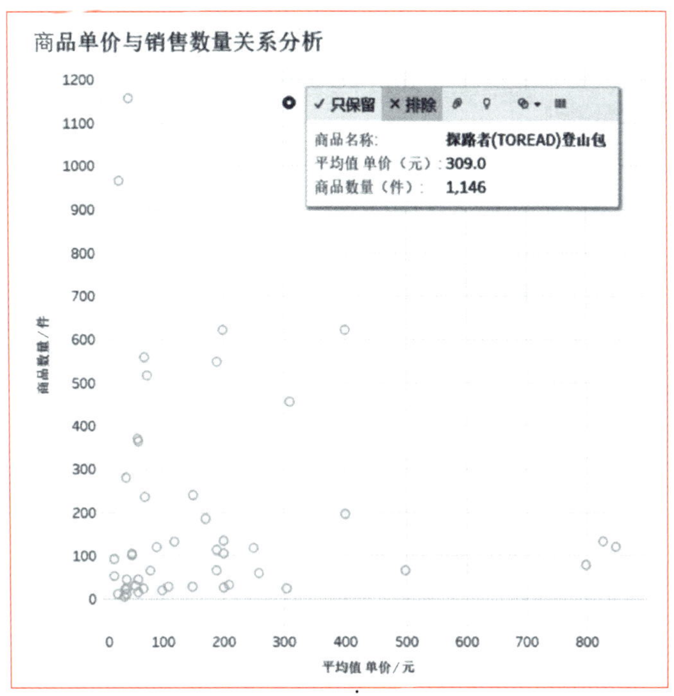

图 3-17　去掉对应的空心圆

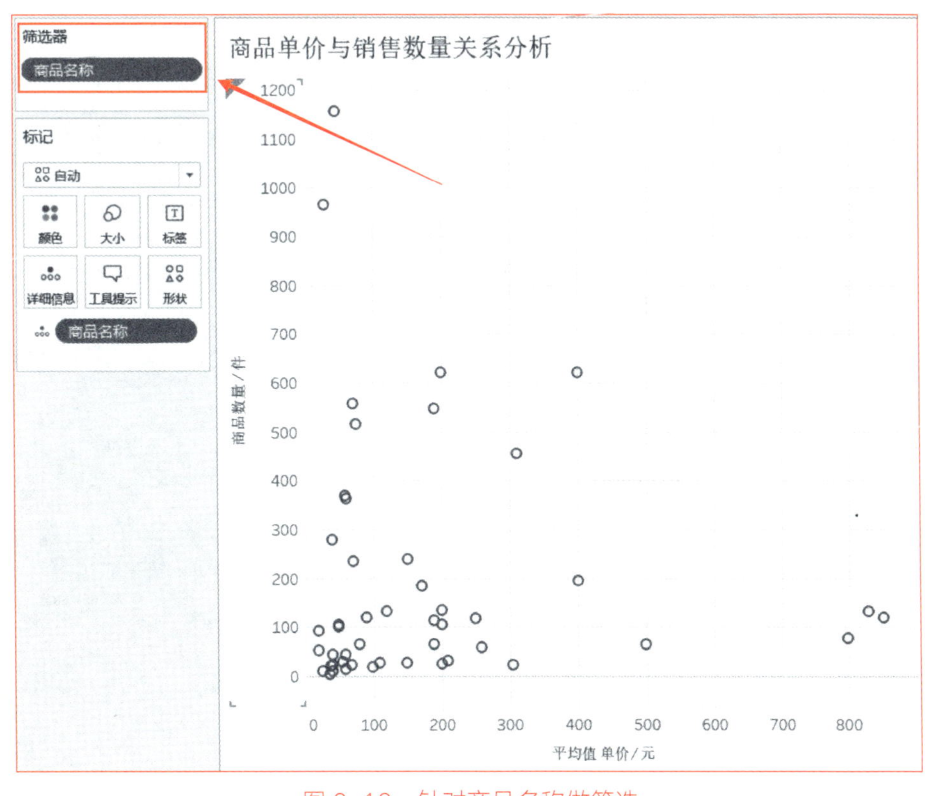

图 3-18　针对商品名称做筛选

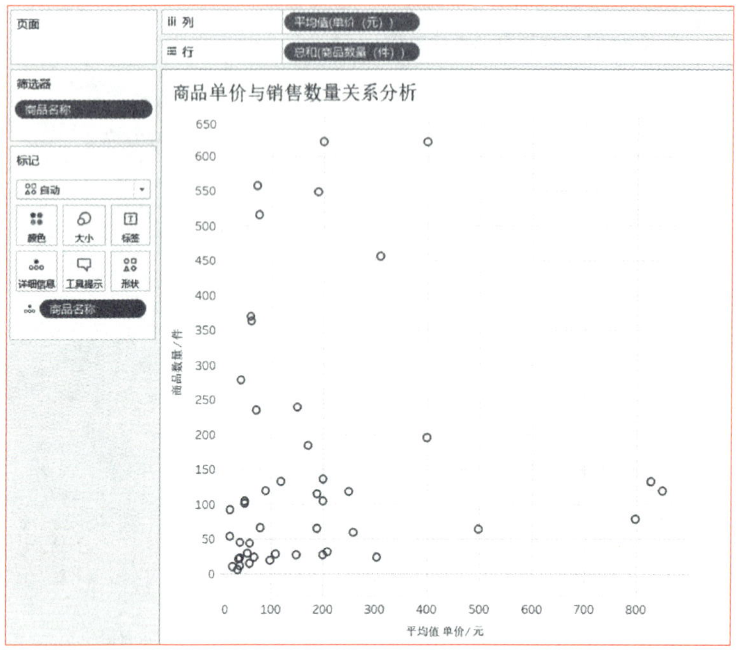

图 3-19　进行筛选后的散点图

（3）散点图分析。通过创建辅助线的方式，可以更好地观察到订单中商品单价与销售数量的关系。单击 Tableau 工作界面左侧“分析”选项卡，如图 3-20 所示，用鼠标左键单击“趋势线”并拖动到商品单价与销售数量关系散点图中，相应地会

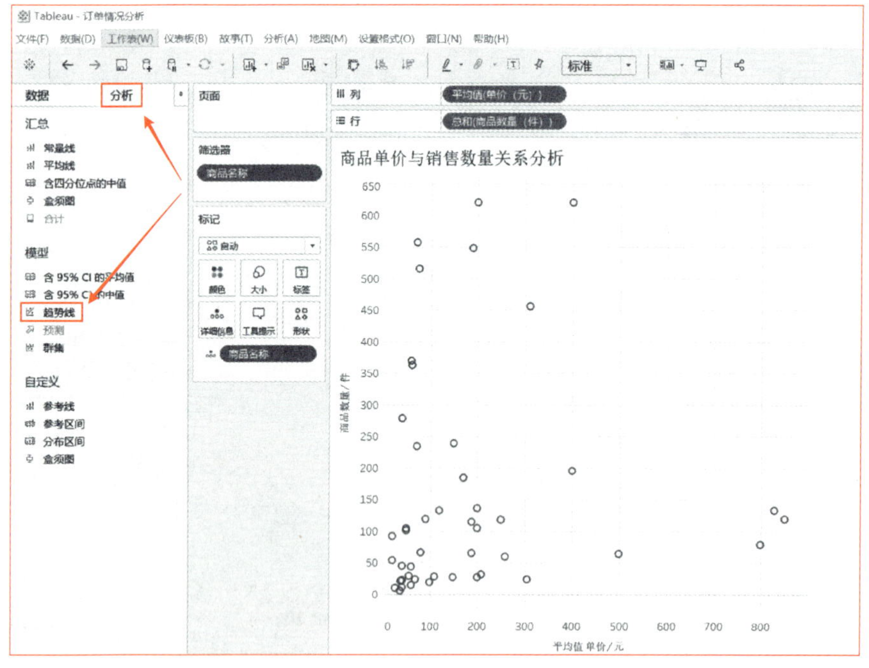

图 3-20　创建辅助线

出现如图 3-21 所示的添加趋势线对话框，可选择“线性”“对数”“指数”或其他选项，则在散点图中会出现对应的趋势线，如本案例中拖动到“对数”选项上，则会出现如图 3-22 所示趋势线。

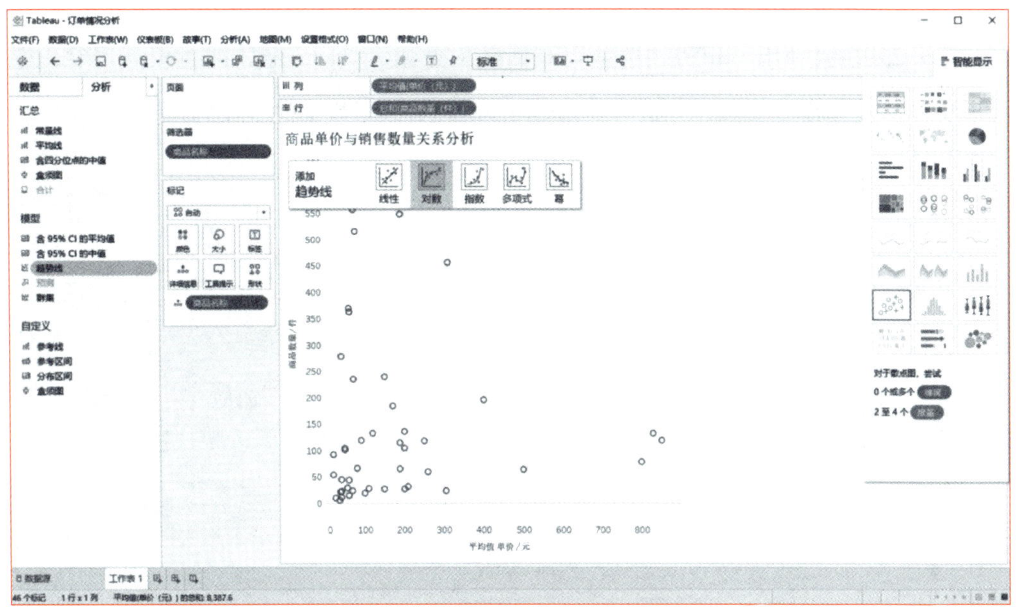

图 3-21　添加趋势线对话框

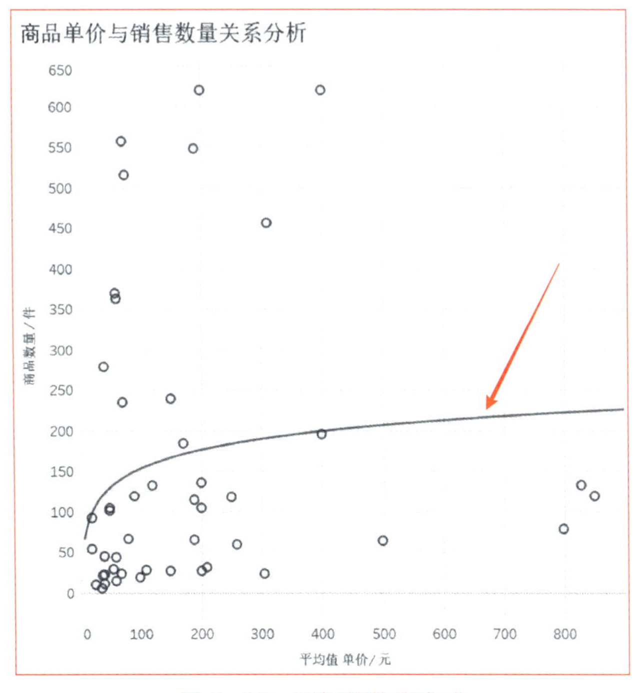

图 3-22　添加趋势线完成

在本案例中，通过拖拽，可以较为方便地生成较为合理的订单商品平均单价与销售数量关系的趋势线，针对其他的数据情况，若想生成相应趋势线，也可以选择其他趋势线函数，如“指数”或“多项式”，而在本案例中，如想将趋势线更改为多项式，可以进行如下操作：使用鼠标左键单击趋势线，在弹出的对话框中选择“编辑”按钮（见图 3-23），会弹出“趋势线选项”对话框（见图 3-24），随后即可根据需要，选择要更改的具体模型类型，如选择“对数”，则趋势线呈现如图 3-25 所示的状态。

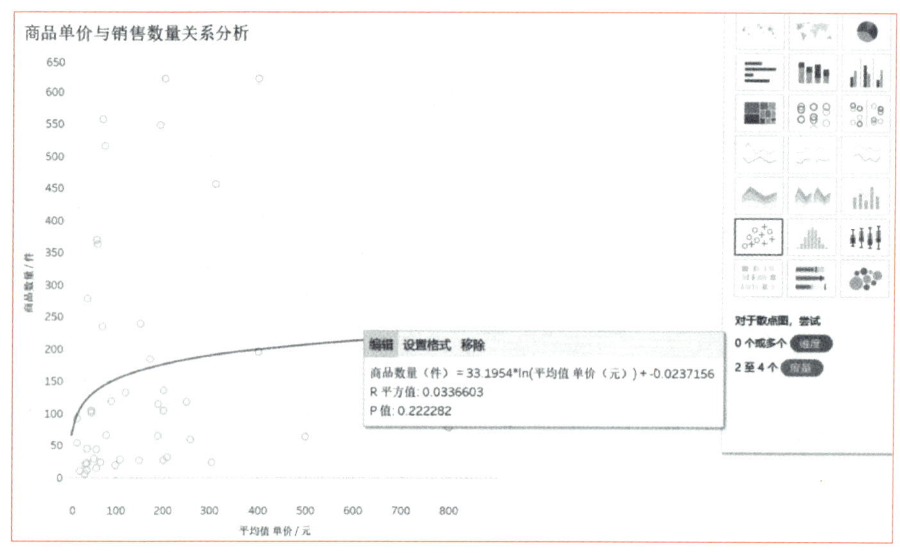

图 3-23　编辑趋势线

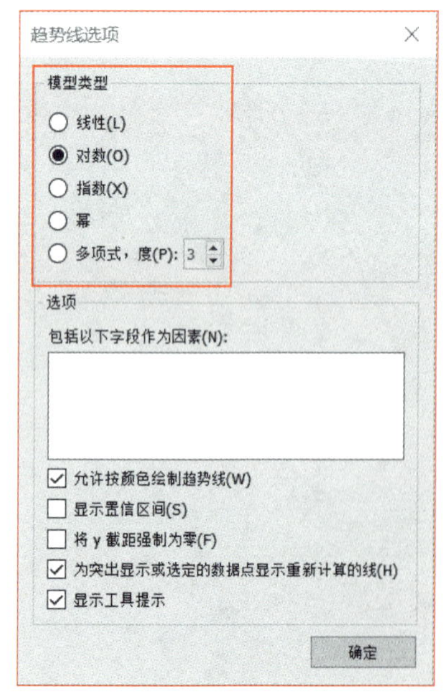

图 3-24　“趋势线选项”对话框

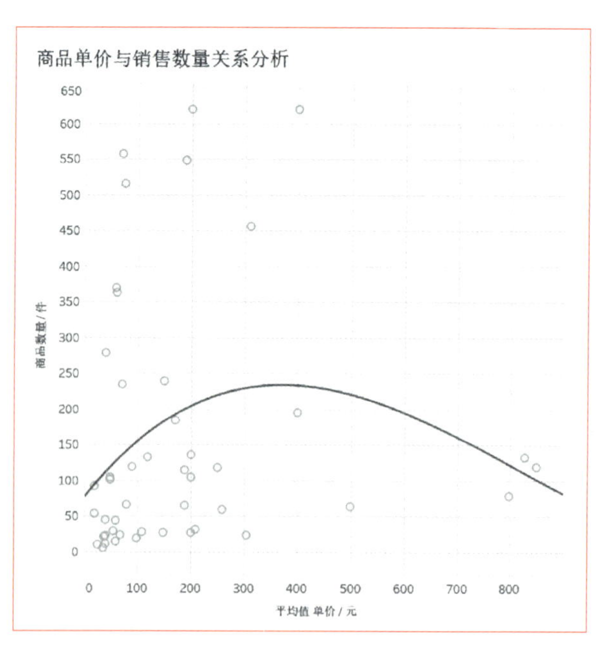

图 3-25　更改后的趋势线

从趋势线可以看出，2023 年第一周线上订单中成交量多的是平均价格在 50~400 元区间的商品，过了这个平均价格，则订单数量下降较为明显，后期在该企业店铺选品的时候可以较多关注这个价格区间的商品。

（4）具体商品品类情况分析。因数据源中数据较多，为了使分析更聚焦，可以按商品类别对商品单价和销售情况的关系依次进行分析，将 Tableau 工作界面左侧“维度”中的“商品类别”拖拽到筛选器中，在弹出的对话框中选择“户外背包”，如图 3-26 所示。单击“确定”后，显示的页面如图 3-27 所示。

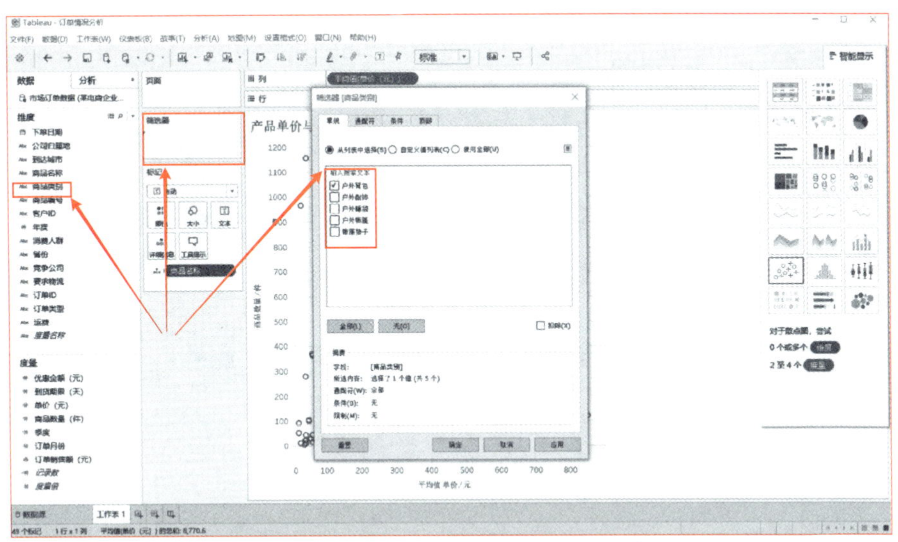

图 3-26　按商品类别对商品单价和销售情况进行分析

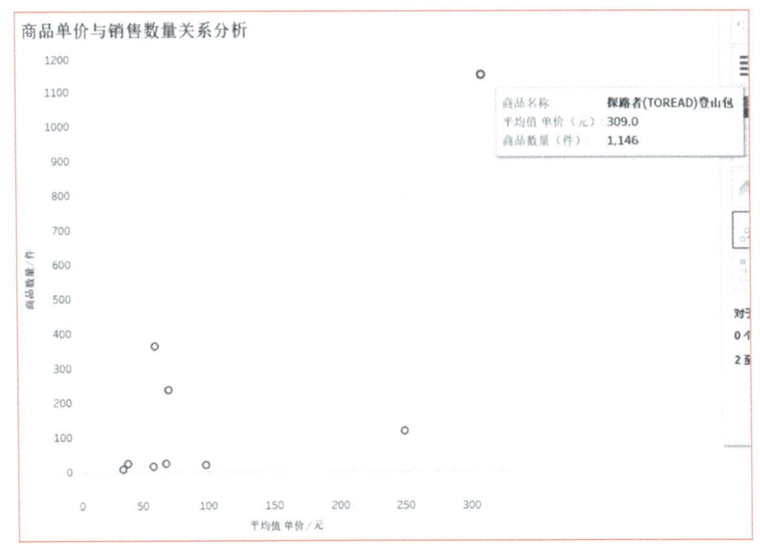

图 3-27　商品品类情况分析

通过筛选器，可以看出，散点图中仅保留了订单中关于“户外背包”相关的信息（见图 3-28），可以去掉右上角“探路者登山包”这个单品信息，单击该空心圆，选择“排除”，同时为该散点图添加对数趋势线，则会得到散点图，如图 3-29 所示。可以看出，该店铺中除探路者登山包外，单价在 40~80 元之间的户外背包 2023 年第一周的销售情况最好。后期店铺的备货和选品可以多关注这个价格区间的产品。

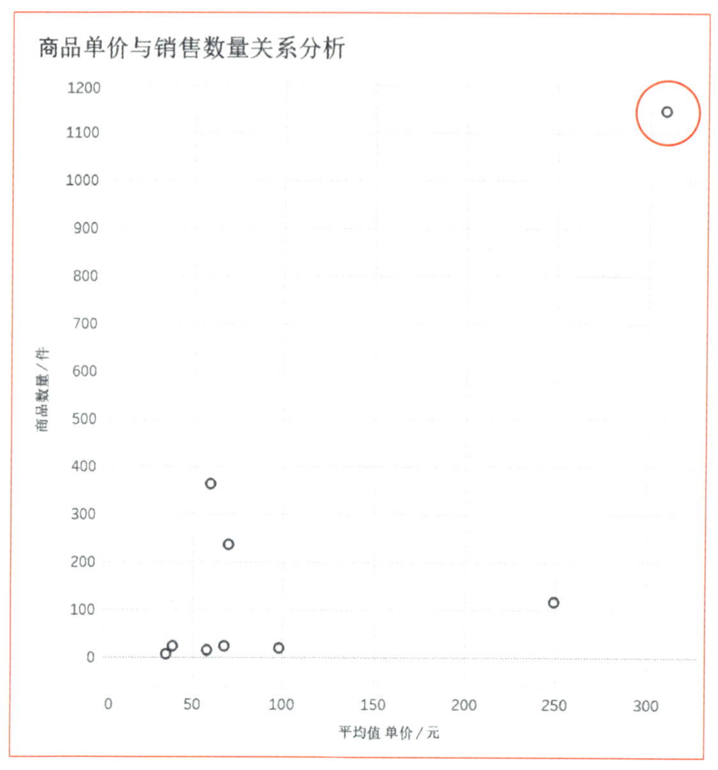

图 3-28　散点图中“户外背包”相关信息

（5）两个以上变量情况分析。在网店的销售活动中，影响商品销售情况的因素是多方面的，在本案例中，除产品单价外，产品的优惠情况、到货情况等因素也会对商品的最终销售情况产生影响，因此，散点图也可以反应两个以上变量的可视化情况，可以在现有散点图的基础上，添加商品优化的数据。具体操作如下：

在 Tableau 工作界面左侧的“度量”中选择“优惠金额（元）”，并将其拖动到工作界面上部“列”功能区中，如图 3-30 所示。

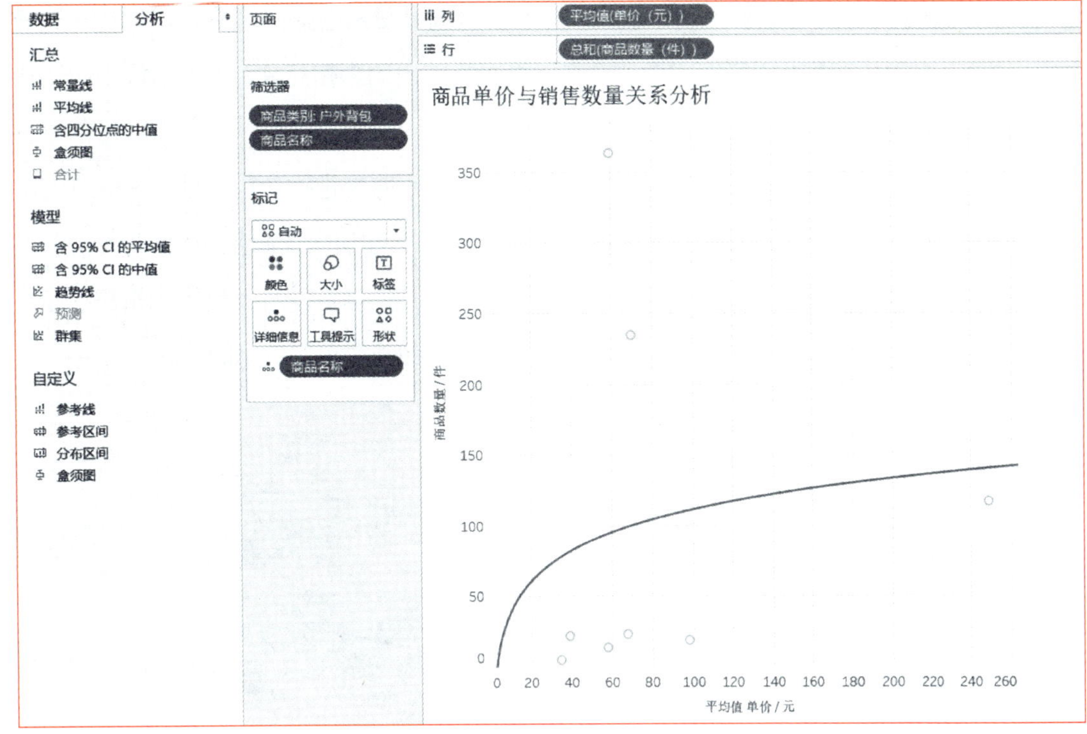

图 3-29　去除“探路者登山包”后的信息

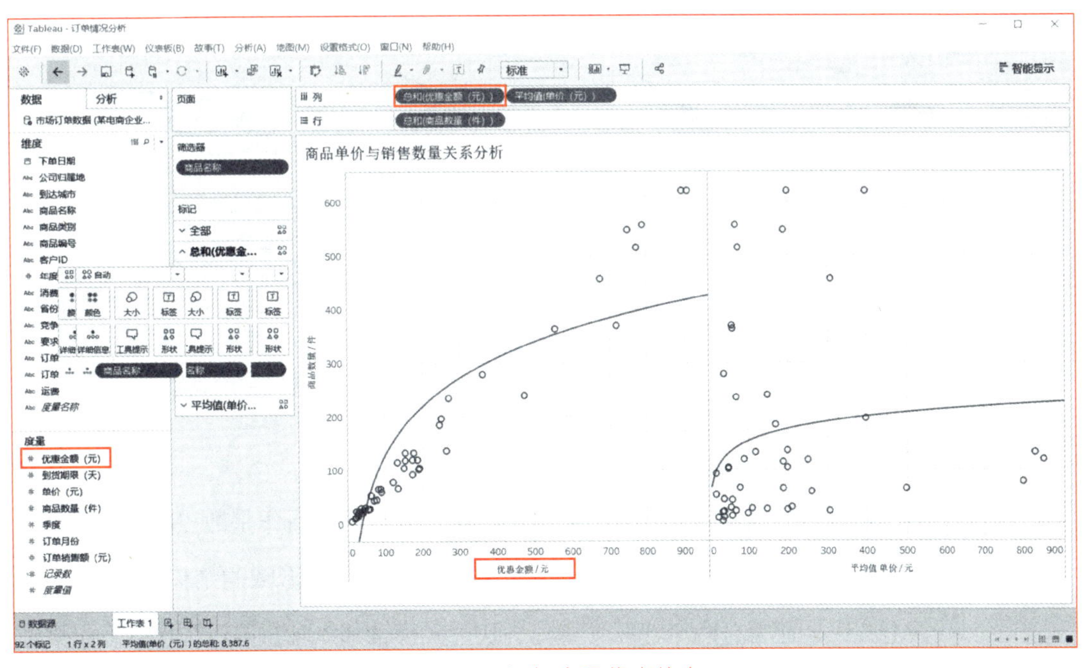

图 3-30　添加商品优惠信息

从图 3-30 中可以看出，订单销售总量受到商品优惠总额的影响，销售情况好的商品，商家让利也相对较多，而两个以上变量反映出的影响商品订单的情况则能够从更多维度反映订单的真实情况，因此，对于具体数据分析，既可以用两个变量创建散点图来分析，也可以通过两个以上变量创建散点图矩阵来进行分析（见图 3-31）。

总体而言，在进行数据可视化时，需要尽量削弱图中的杂乱感，让重要的信息得到强调，因此，可以在坐标轴刻度线、方向，空心圆的颜色以及各趋势线的颜色等方面形成反差，增强或削弱对应图标的表现力，以达到强调重要信息的目的。

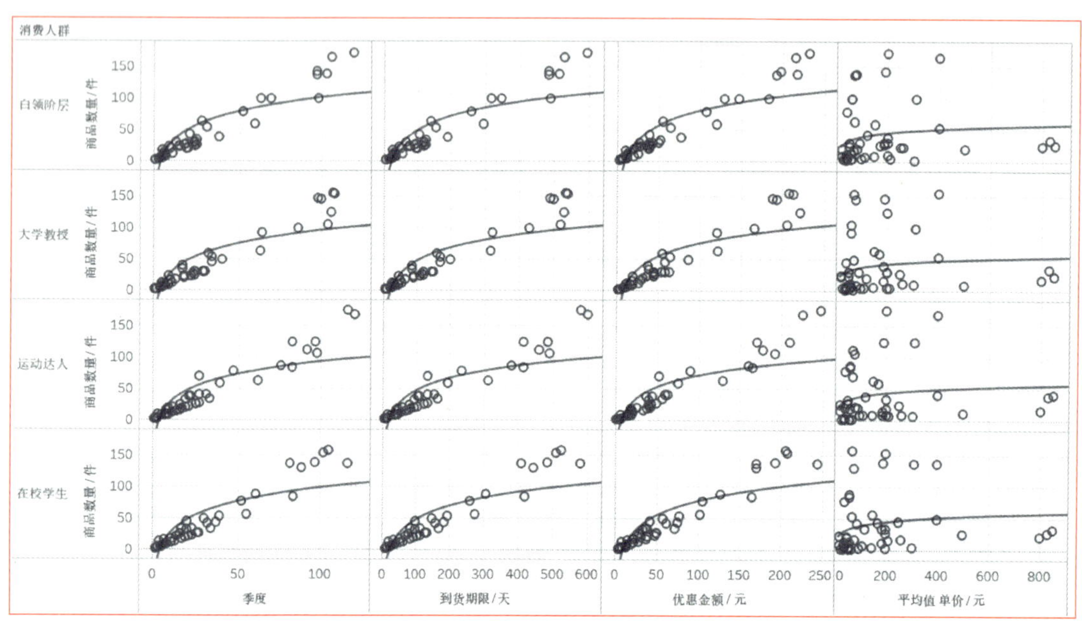

图 3-31

二、转化率和访客数分析——气泡图

（一）气泡图介绍

气泡图是一种多变量图表，它是散点图的变体，也可以看作是散点图和百分比饼图的组合。这种图表主要用于展示三个变量之间的关系，气泡图的结构如图 3-32 所示。在气泡图中，通常有两个连续变量分别映射到横轴和纵轴，第三个连续变量则通过气泡的大小来表示。此外，如果数据中包含分类变量，这个变量通常通过气泡的颜色来区分。

气泡图的主要特点是能够同时展示多个变量之间的关系，使得数据之间的相关性一目了然。通过观察气泡的位置、大小和颜色，可以分析不同类别数据点之间的关联和差异。

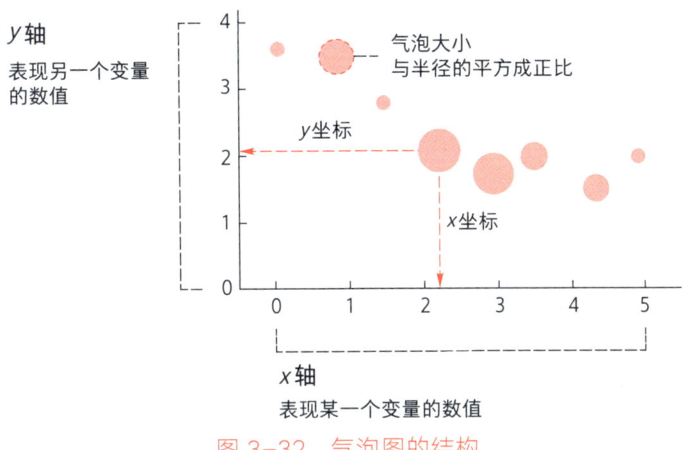

图 3-32 气泡图的结构

最简单的气泡图是一系列尺寸按比例显示的气泡，更进一步的，可以考虑它的变体，也就是带有“气泡”维度的散点图。这种图形的优势在于它便于一次比较 3 个变量，一个变量是 x 轴，一个变量是 y 轴，第三个变量则通过气泡的面积大小来体现。需要注意的是气泡的面积大小，气泡所表示的值的大小根据面积而定，而不是半径、直径或者圆的周长。

（二）气泡图的使用场景

当需要同时展示三个连续变量之间的关系时，气泡图是一个很好的选择。气泡图也适用于比较不同类别数据点之间的关联性和差异性。在市场分析、财务分析等领域，气泡图常被用来展示不同商品或地区的销售额、利润等多个指标之间的关系。

假设有一份关于不同城市汽车销售的数据集，其中包含城市名称（分类变量）、汽车销量、平均售价和市场份额（连续变量）等字段，用户就可以使用气泡图来可视化这些数据之间的关系。

（三）制作气泡图

针对某电商企业 2023 年第一周的商品数据，如果希望了解销售商品展现量与转化率的关系，可以使用 Tableau 快速制作相应的气泡图来分析，具体操作如下：

1. 连接数据，导入数据源

在 Tableau 的工作界面中，单击常用工具栏的“新建数据源”按钮，如图 3-33 所示，选择“Micosoft Excel”，在弹出的“打开”对话框中重新定位到与上节相同的案例数据文件“某电商企业 2023 年部分订单数据”，选定后单击“打开”按钮，则该 Excel 文档中具体的工作表会显示在 Tableau 工作界面的左侧。本案例中要分析的数据表是“商品数据”，将鼠标移动到其上并按下左键，拖拽至右侧上部的“将工作表拖到此处”处，如图 3-34 所示。

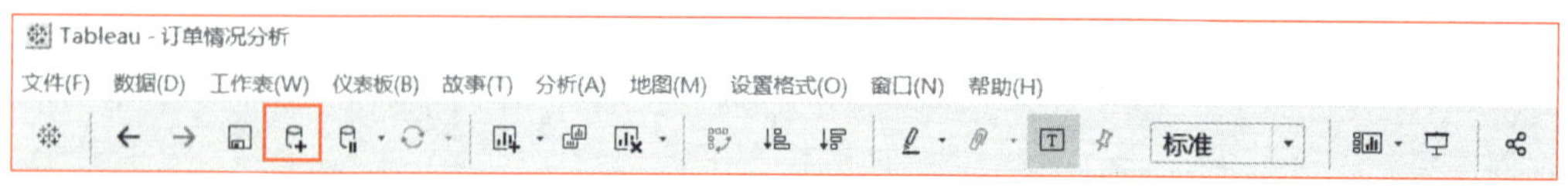

图 3-33 新建数据源

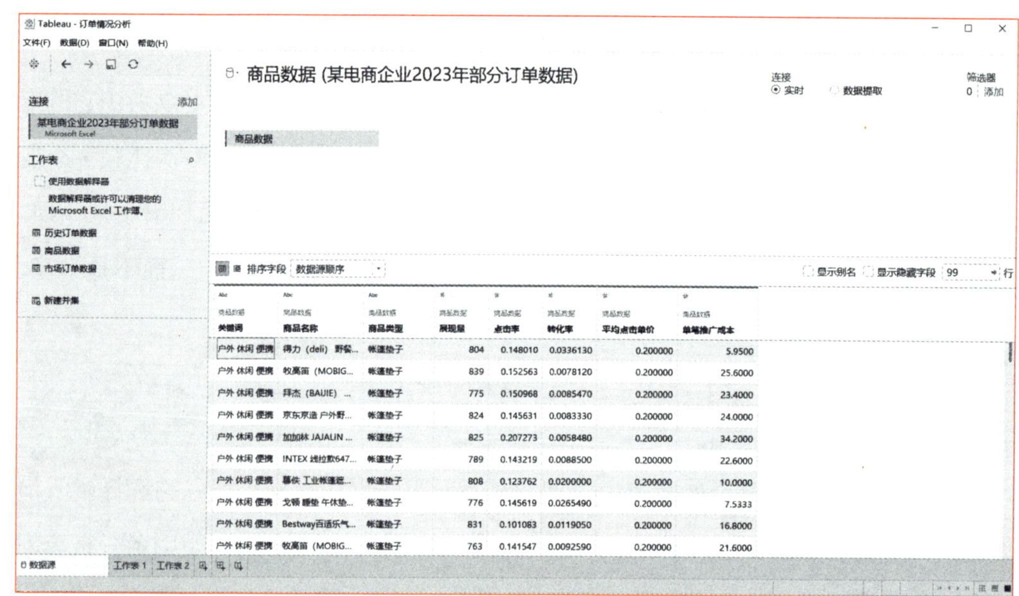

图 3-34 导入数据源

2. 创建气泡图可视化

单击 Tableau 工作界面下面的“新建工作表”按钮，如图 3-35 所示，此时，系统会新建一个默认名为“工作表 2”的新的可视化界面（见图 3-36）。

在工作界面左侧“数据”选项卡下面，在按住 Ctrl 键的同时，用鼠标单击“维度”中的“商品名称”，“度量”中的“展现量”和“转化率”，此时，工作界面右侧的“智能显示”中可以使用的可视化样式会被点亮（见图 3-37），单击“气泡图”，则相应的气泡图会出现在工作页面中，如图 3-38 所示。

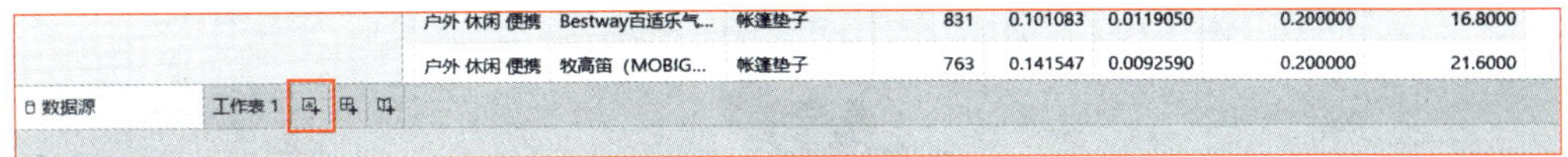

图 3-35　新建工作表

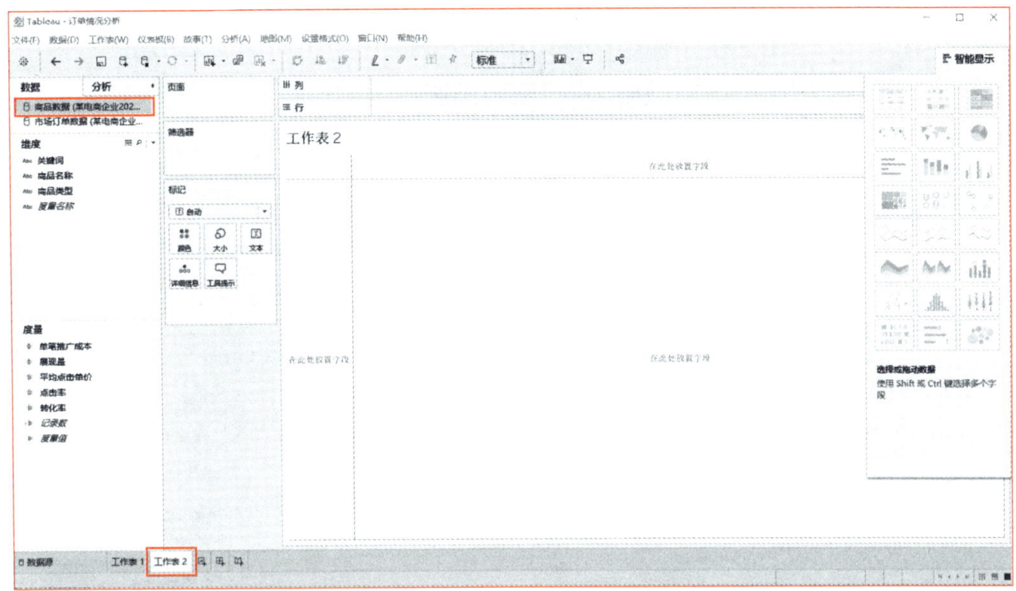

图 3-36　新建可视化界面

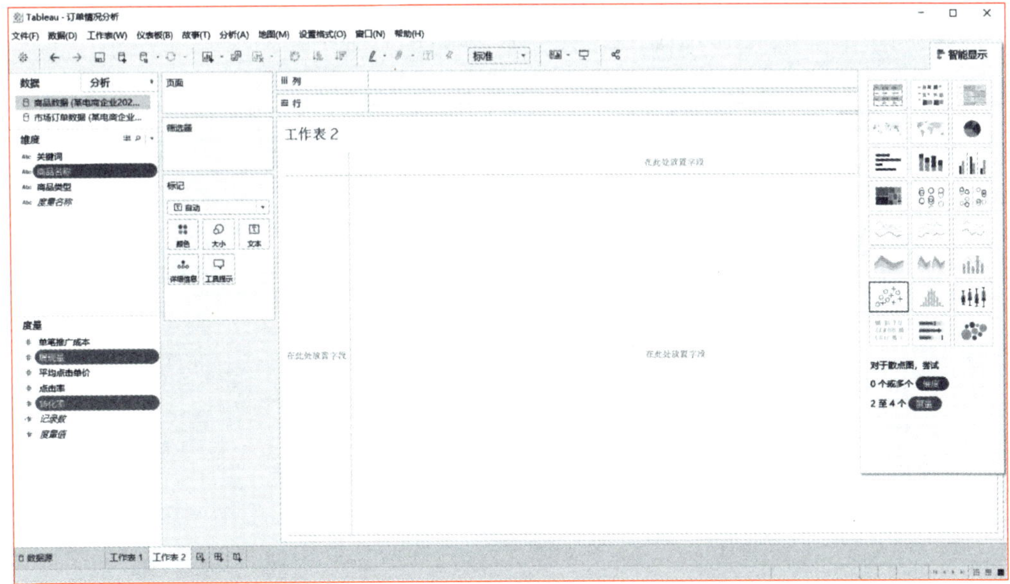

图 3-37　点亮“智能显示”界面

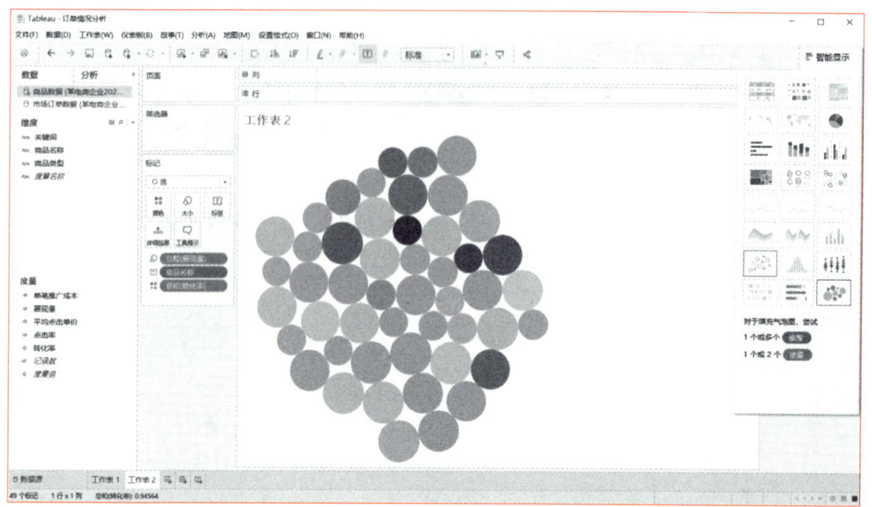

图 3-38　生成气泡图

此时，Tableau 已经快速自动生成了相关气泡图，根据标记功能区中显示情况，该气泡图中的面积大小区分的是展现量的总和，颜色区分的是转化率的总和，而商品的名称则是用标签显示的（见图 3-39），但因为图中气泡过多，系统自动隐藏了标签。

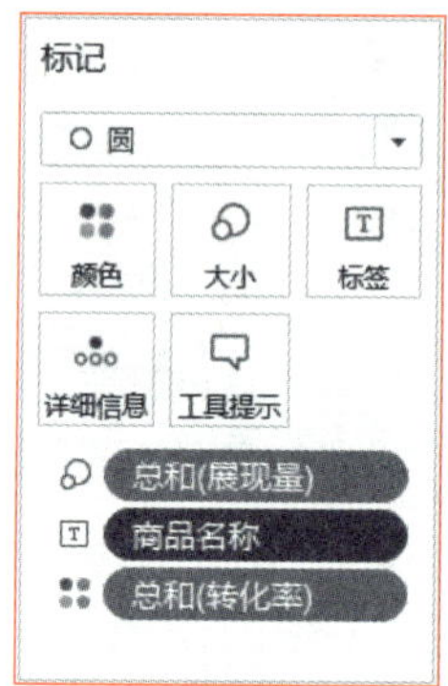

图 3-39　标记功能区

为使该可视化更为直观，可以进行如下调整：

（1）使用颜色区分不同商品，用鼠标单击标记中的“商品名称”（见图 3-40），将其拖动到颜色选项区域，如图 3-41 显示。

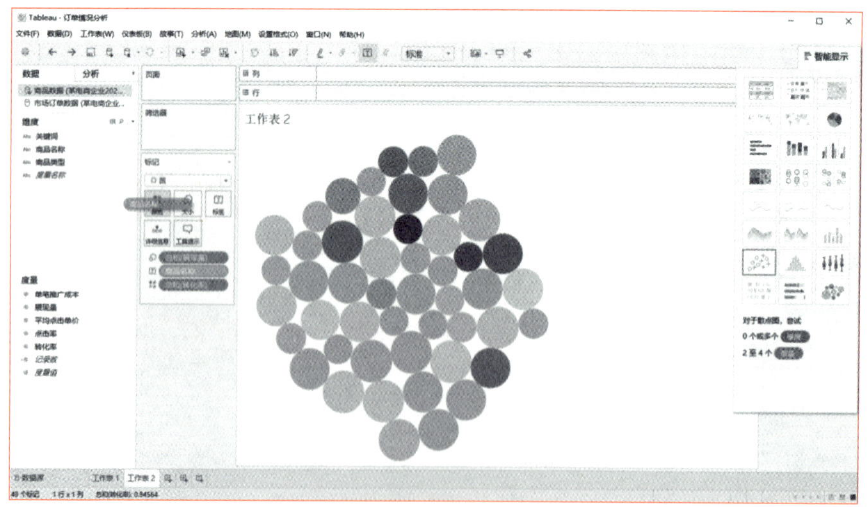

图 3-40　单击“商品名称”

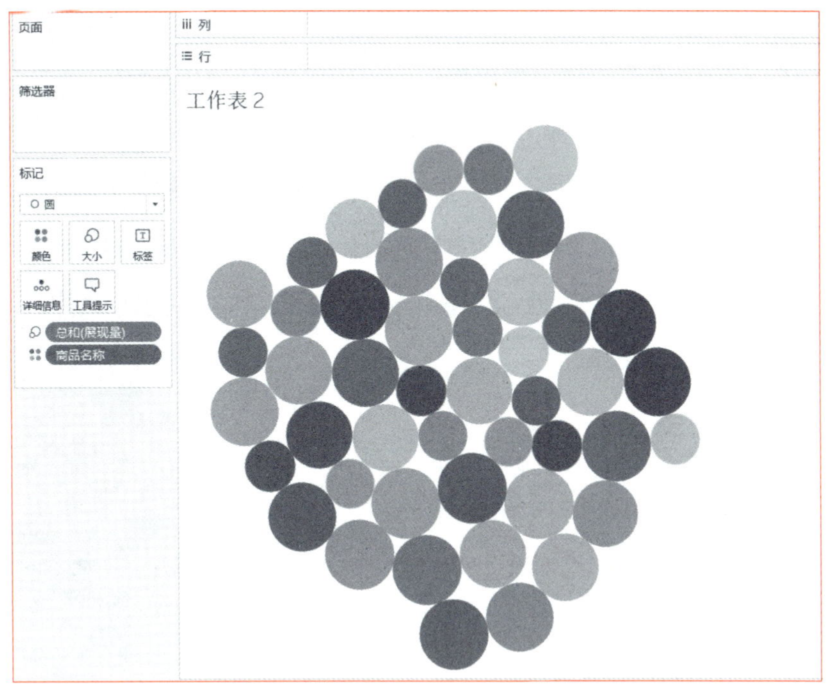

图 3-41　拖动到颜色选项区域

（2）使用面积表示转化率。将“度量”中的“总和（转化率）”拖拽到标记中的“大小”选项区域，如图 3-42 所示。

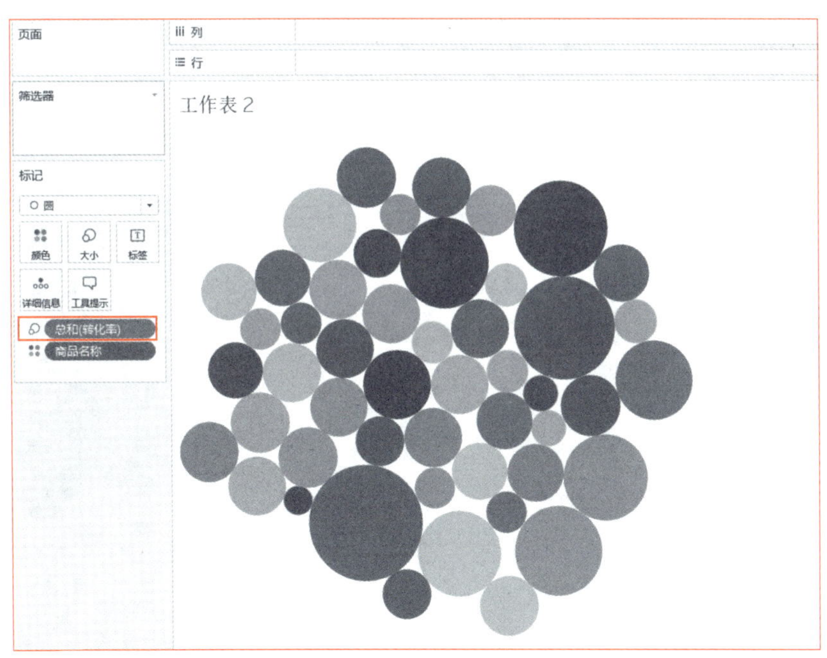

图 3-42　使用面积表示转化率

（3）添加 x、y 坐标轴。依次将“维度”中的“商品名称”拖拽到标记中的“标签”功能区，将“度量”中的“展现量”拖拽到列功能区，将“转化率”拖拽到行功能区，如图 3-43 所示。此时，图中气泡较为集中，可以通过调整 y 轴刻度值范围的方式来调整。用鼠标右键单击 y 轴“展现量”，选择“编辑轴”（见图 3-44），取消“编辑轴”对话框中“范围”的“包括零”选项，如图 3-45 所示，则气泡图中的 y 轴刻度将从接近 1 600 开始（实际上在“编辑轴”对话框页面，可以精确控制各坐标轴的起始刻度），如图 3-46 所示。

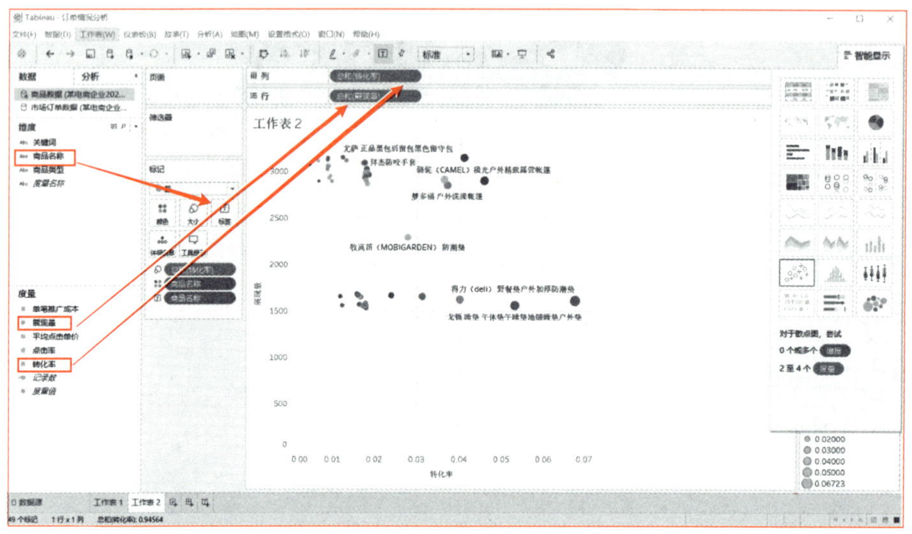

图 3-43　添加坐标轴

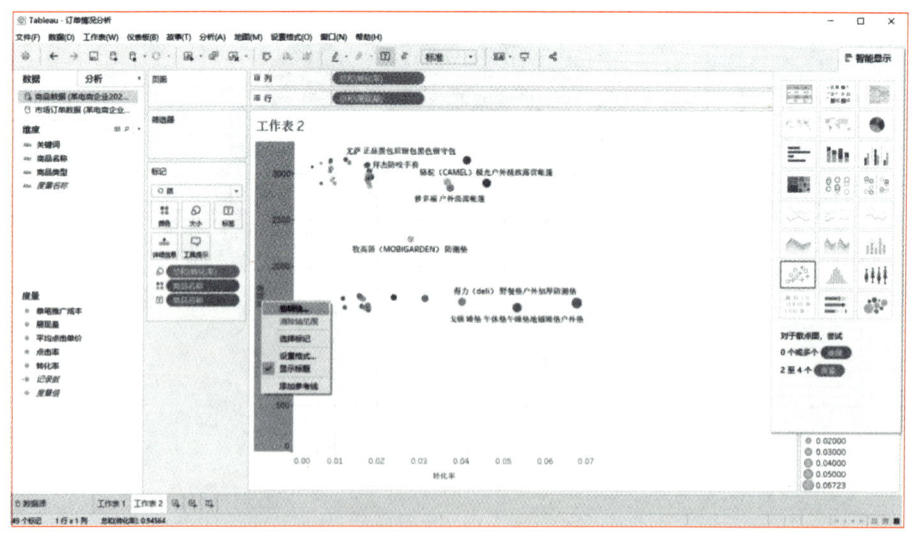

图 3-44　选择“编辑轴”

编辑轴 [展现量]

常规　刻度线

范围

自动

所有行或列使用统一轴范围

每行或每列使用独立轴范围

固定

包括零

自动　自动

1,433　3,245

比例

倒序

对数

正值　对称

轴标题

标题

展现量

副标题

副标题

自动

重置

图 3-45 “编辑轴”对话框

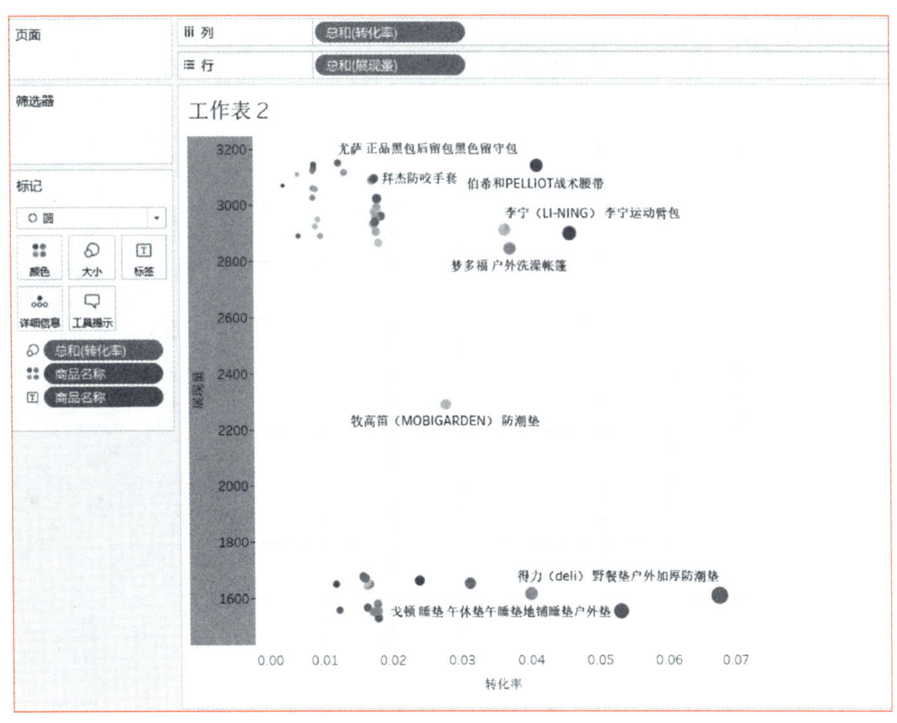

图 3-46 调整后的气泡图

3. 筛选商品类别

由于图 3–46 中商品较多，用户不易看出气泡图中各商品的展现量与转化率情况，此时可以通过筛选商品类型的方式，仅显示一种或几种商品类型。将“维度”中的“商品类型”用鼠标拖拽到“筛选器”中，在随后弹出的筛选器对话框中勾选“户外背包”，如图 3–47 所示，单击“确定”后，将得到如图 3–48 所示的户外背包的展现量与转化率情况。

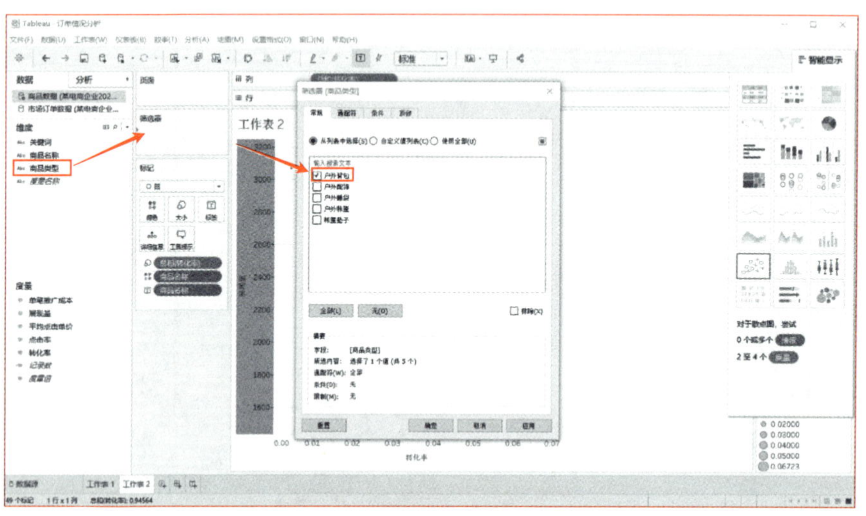

图 3–47　筛选商品类型

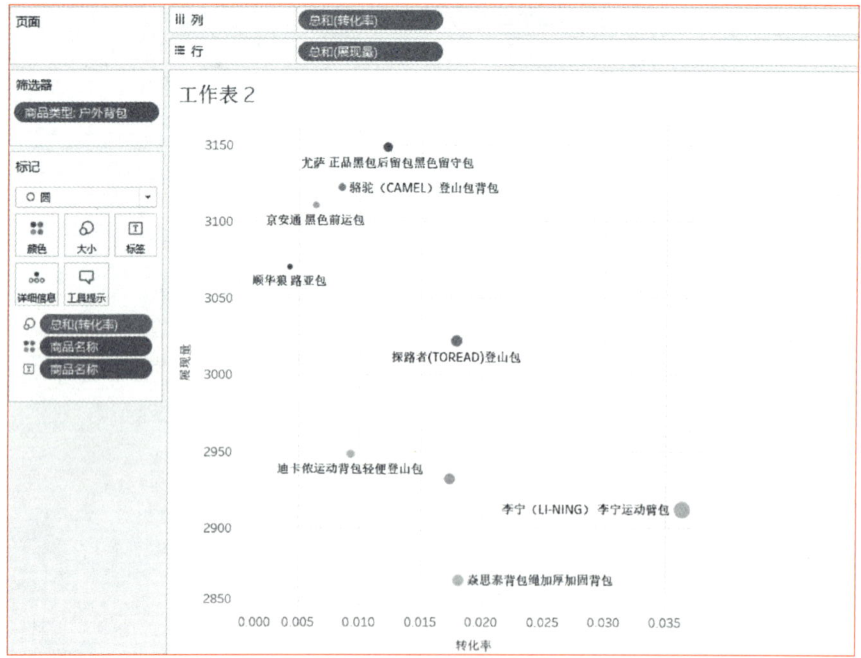

图 3–48　户外背包的展现量与转化率

图 3-48 中各气泡的大小以及在 x 轴上所处的位置反映了户外背包商品的转化率情况。

任务二 展现流程关系

在相关关系可视化中，展现流程关系是一种重要的应用。流程关系可视化能够清晰地呈现出一系列步骤或操作的顺序和逻辑关系，帮助人们更好地理解和分析复杂的流程。流程关系可视化是将一个或多个业务流程的步骤、决策点、输入和输出等元素以图形化的方式展示出来。其目的是提供直观、清晰的视图，以便团队成员理解、分析和改进流程。

展现流程关系的应用场景如下：① 业务流程优化：通过可视化现有流程，发现瓶颈和不必要的步骤，进而对其进行优化；② 项目管理：明确项目各阶段的任务和依赖关系，确保项目按计划进行；③ 培训与沟通：帮助新员工快速理解企业的业务流程，或在团队之间沟通复杂的操作流程。

通过流程关系可视化，企业可以更加清晰地了解自身的运作方式，发现潜在的问题，并制定相应的改进措施。这在提高工作效率、优化资源配置以及增强团队协作能力等方面都具有重要意义。

一、流量渠道分析——桑基图

（一）桑基图介绍

桑基图（Sankey Diagram），又被称为桑基能量分流图或桑基流量图，是一种特定类型的流向图。它可以从特定维度表达元素间的关系，桑基图的结构如图 3-49 所示。桑基图具有以下特点：

（1）节点与连线。桑基图由一系列节点和连接这些节点的连线组成。节点代表特定的实体或类别，如产品、部门或地区。连线则表示物质、能量或信息从一个节点到另一个节点的流动。

（2）流量量级。连线的宽度与流量或数量的大小成比例。宽度越大，表示流量或数量越大。

（3）路径可视化。桑基图可以清晰地展示多个节点之间的复杂路径，帮助用户理解流动的整体结构和各个部分之间的关系。

（4）颜色编码。为了增强可视化效果，桑基图可以使用颜色来区分不同的节点或流动路径。

图 3-49　桑基图的结构

（二）使用场景

桑基图作为一种可视化图形，在多个领域具有广泛的应用。它通过直观的宽度变化来展示复杂流程、路径或网络中的数据流向和交互关系，从而帮助用户理解并洞察潜在的模式、趋势和改进机会。在能源与资源分析、供应链与物流、财务分析、环境评估、网络与通信、用户行为分析以及人口流动分析等领域，桑基图都发挥着重要作用，能够为决策者提供有力的数据支持。

（三）制作桑基图

使用多种工具均可绘制桑基图，包括 D3.js、ECharts、Python 的 Plotly 和 Seaborn 库、Power BI 等。这些工具虽然提供了直观易用的界面和丰富的功能，但都有一定的使用门槛，需要具备一定的基础。为了最大限度地提高制作桑基图的效率，本例使用 WPS 快速制作桑基图，因为桑基图不是 Tableau 的默认图表类型，所以本任务中仅使用 Tableau 简单处理数据。

在本项目第一节的某电商企业 2023 年第一周的订单销售数据中，如果希望了解订单中订单销售额与商品类别、销售地区以及消费人群的关系，可以按以下步骤来制作桑基图。

1. 使用 Tableau 处理数据

（1）连接数据源，汇总相应字段。按本项目任务一的操作步骤将案例数据文件“某电商企业 2023 年部分订单数据”导入 Tableau，并连接“市场订单数据”工作表（拖拽到 Tableau 工作界面连接工作表区域），如图 3–50 所示。

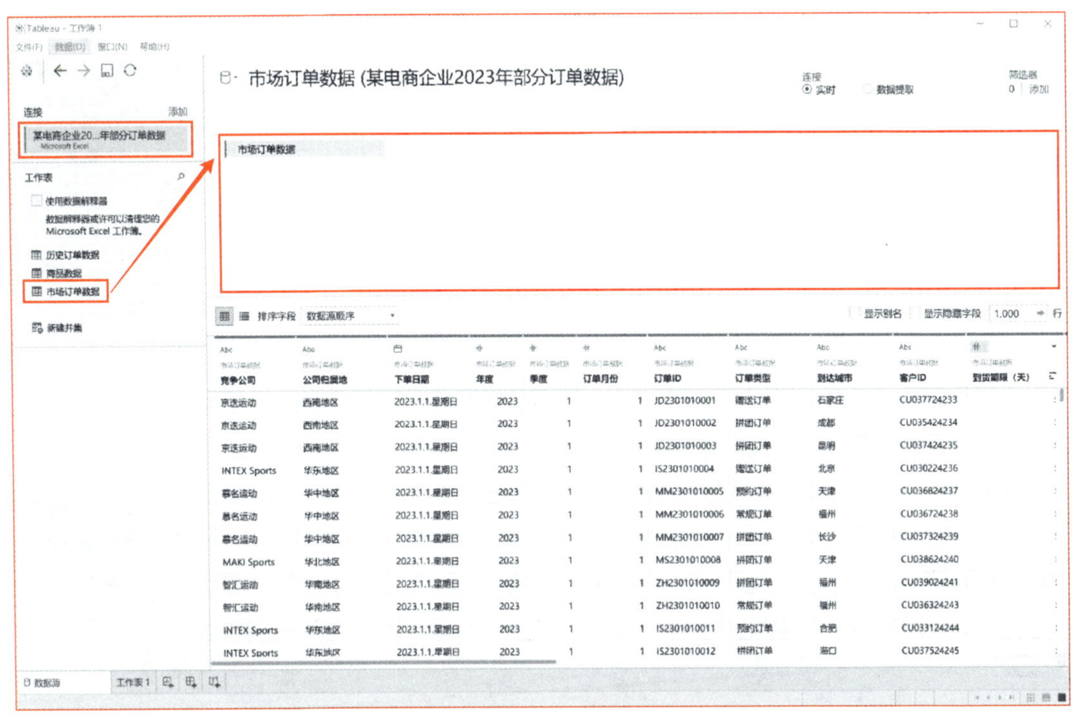

图 3–50　连接数据源

新建工作表，在 Tableau 工作表界面左侧“数据”区域中，将“商品类别”和“到达城市”字段拖拽到工作界面右侧“行功能区”，则 Tableau 会自动对相应的订单销售额进行求和，并放在工作表 1 的最后一列，如图 3–51 所示。

若出现没有自动求和的情况，如图 3–52 所示，可以手动将左侧“数据”区域下面“度量”中的“订单销售额（元）”拖拽至中间“标记”功能区中的“文本”标签上（见图 3–53），则 Tableau 会完成相应订单销售额统计。

（2）导出 Excel 文件。此时，需要将 Tableau 工作区中形成的新的统计工作表 1 导出为 Excel 文件。单击 Tableau 工作界面上部的“工作表”菜单，选择“导出”，选择

"交叉表到 Excel"，如图 3–54 所示。Tableau 会导出相应的 Excel 文件并使用 Microsoft Excel 打开，将该文件命名为"桑基图数据.xlsx"，并使用 WPS 打开，如图 3–55 所示。

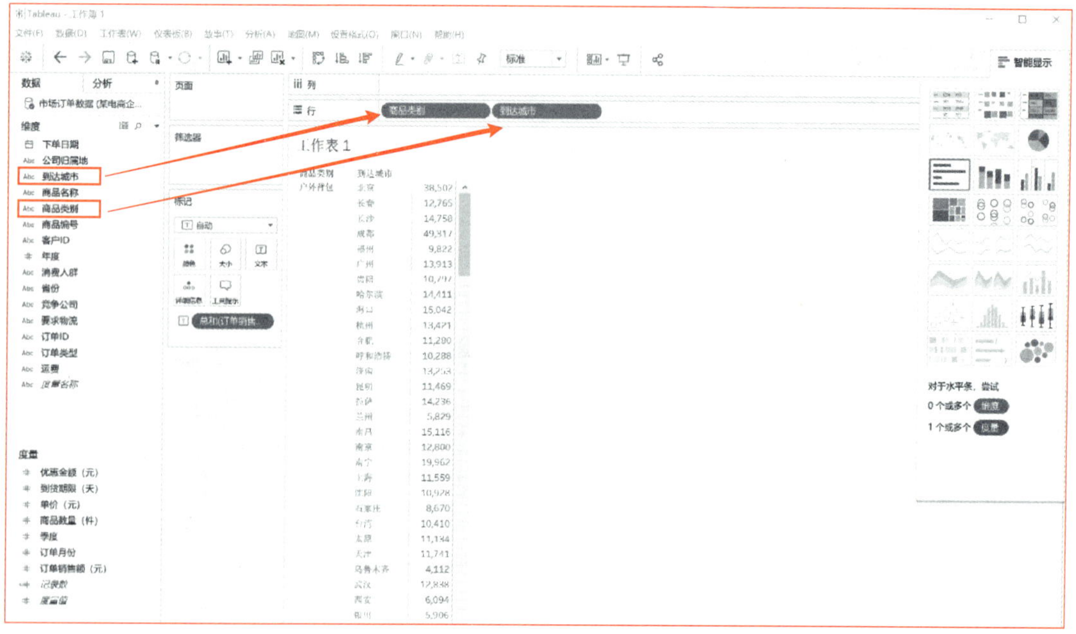

图 3–51　新建工作表

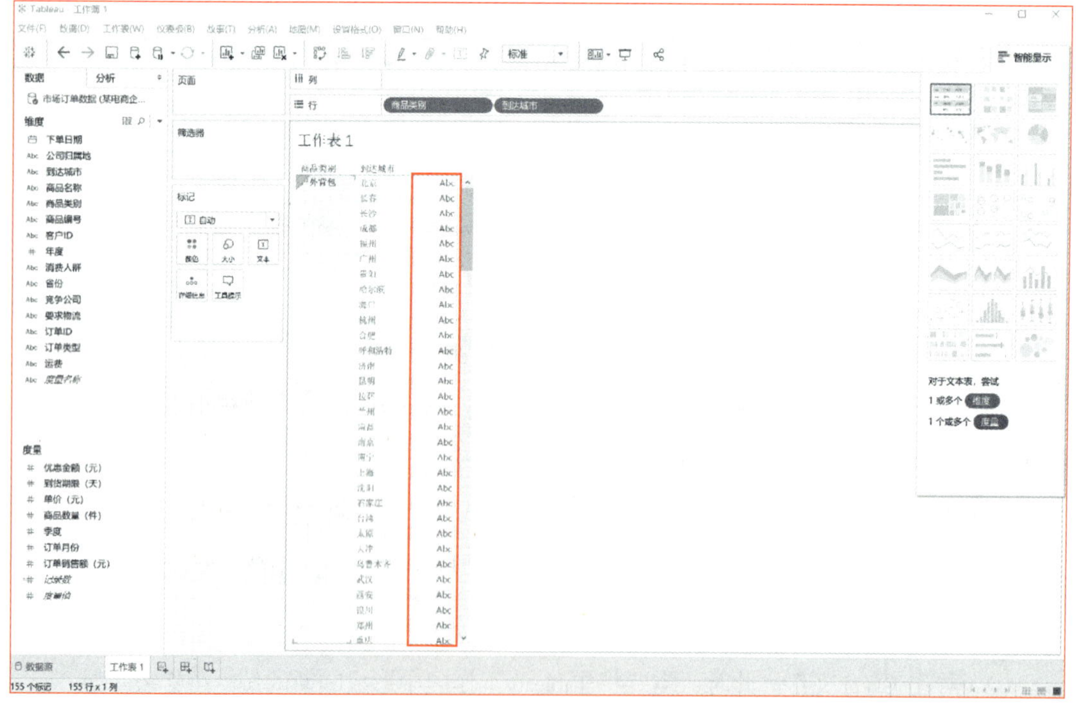

图 3–52　没有出现自动求和情况

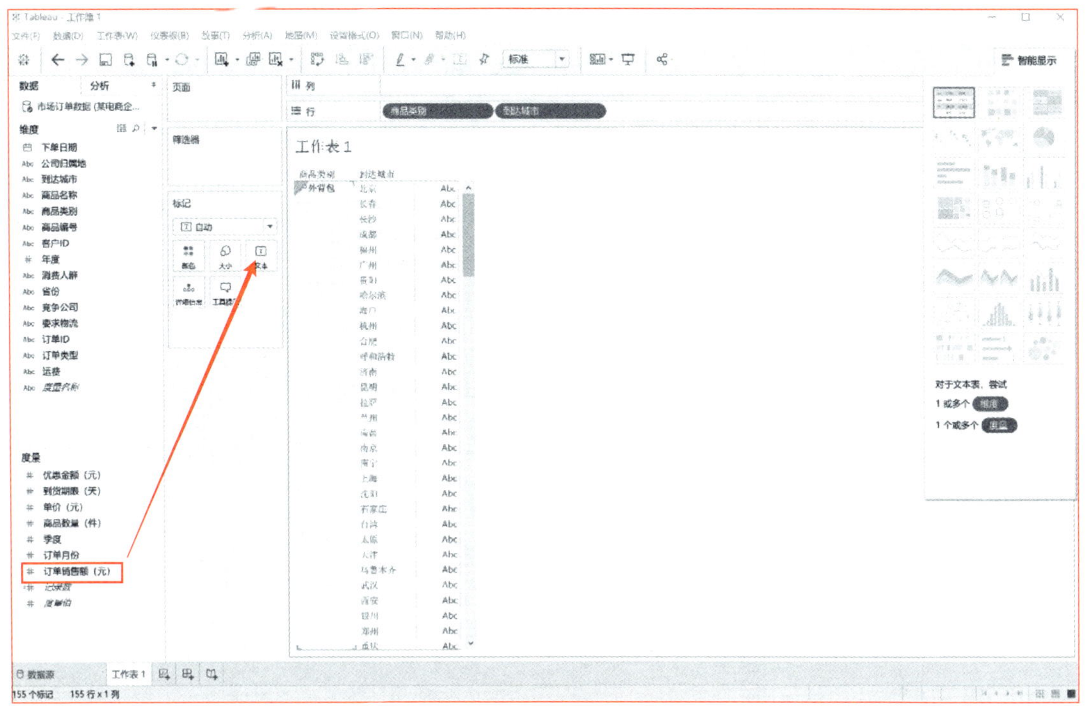

图 3-53　拖拽至“文本”标签

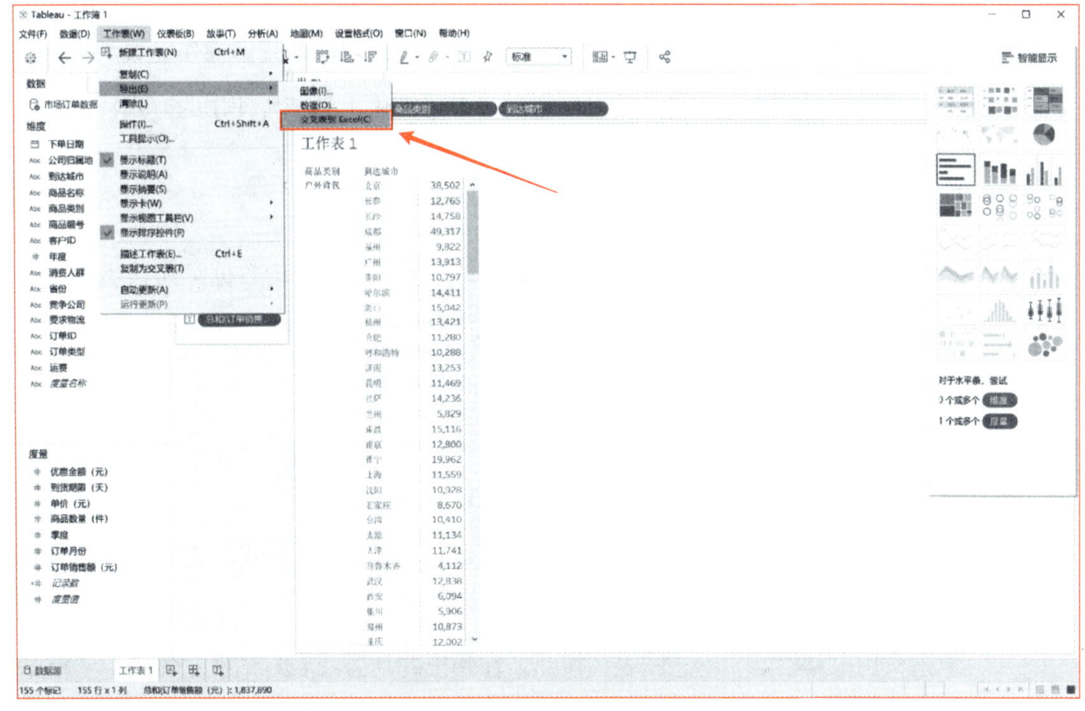

图 3-54　导出 Excel 文件

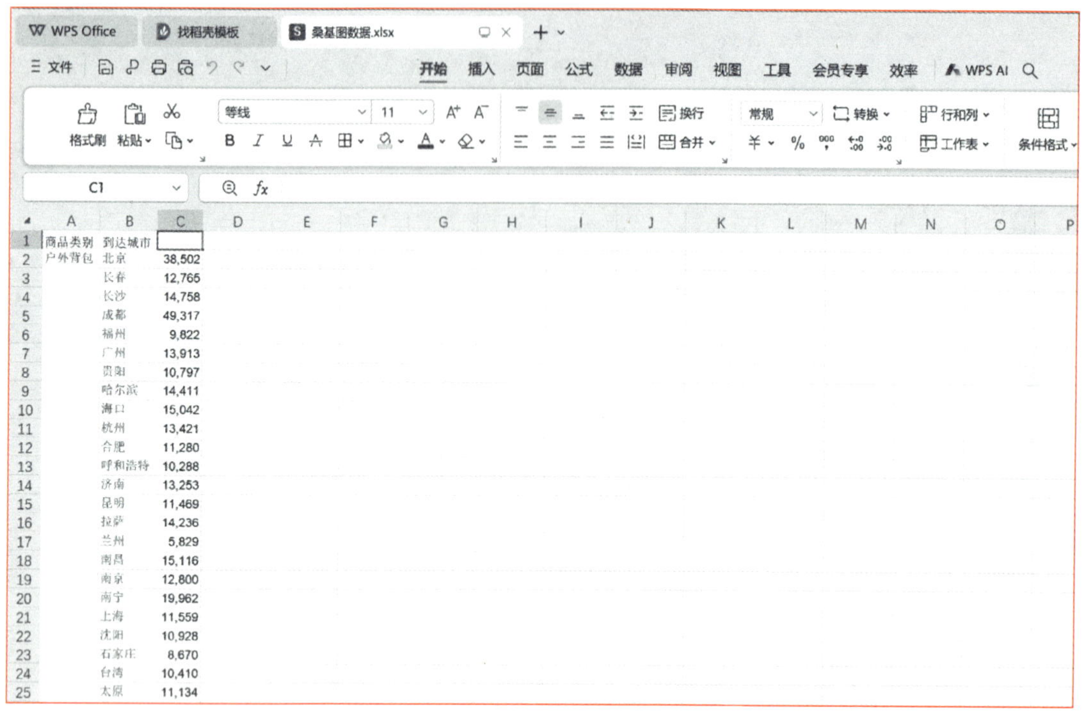

图 3-55　使用 WPS 打开 Excel 文件

实际上，使用 Tableau 导出 Excel 数据文件的操作也可以在 Excel（WPS）中使用数据透视表的方式完成，用户可以根据自己的工具使用习惯来具体操作完成。本案例主要希望通过这种方式告知用户，可以通过多个可视化工具结合使用的方式，来提高数据可视化工作的效率。

2. 使用 WPS 快速绘制桑基图

（1）使用 WPS 整理数据。首先，在 C1 单元格中输入销售数据，为该表的数据列（字段）命名；然后，选中 A2 单元格，按住“Shift”键，用鼠标单击 B126 单元格，同时选中“商品类别”和“到达城市”的具体数据，单击 WPS 工作界面上部“开始”选项卡中常用工具栏的“合并”按钮右侧的向下的小箭头，选中“拆分并填充内容”如图 3-56 所示。数据整理结果如图 3-57 所示。

（2）绘制基本桑基图。首先，选中工作表中的全部数据区域，选中 A1 单元格，按住“Shift”键，用鼠标单击 C156 单元格；然后单击 Excel 工作界面的“插入”菜单，单击常用工具栏的“动态图表”按钮，在弹出的动态图表对话框左侧选中“桑基图”，如图 3-58 所示。

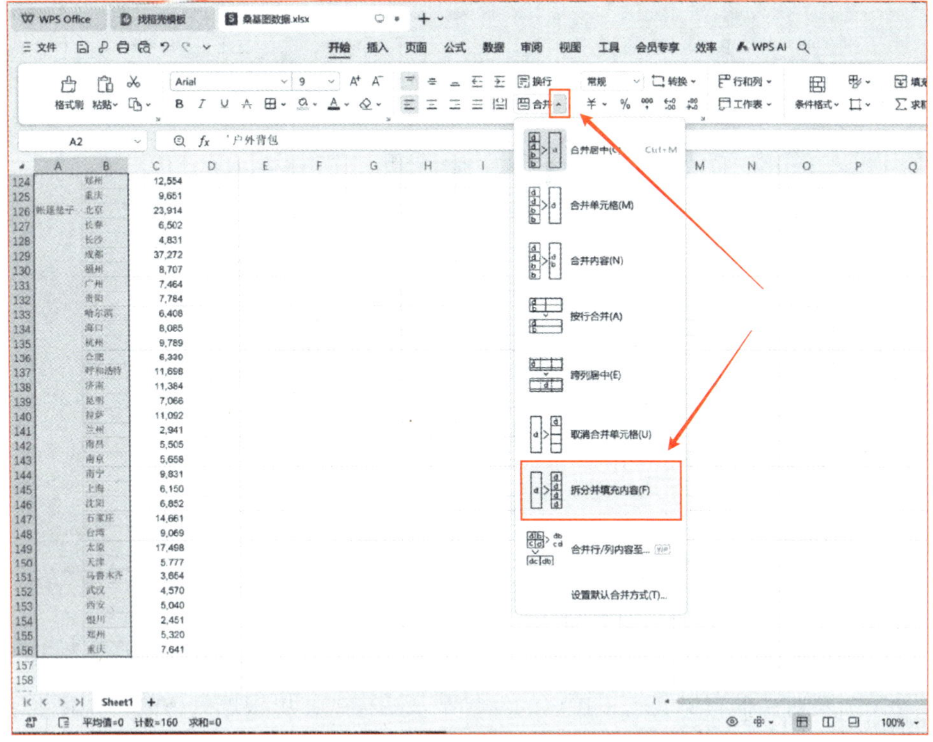

图 3-56　使用 WPS 整理数据

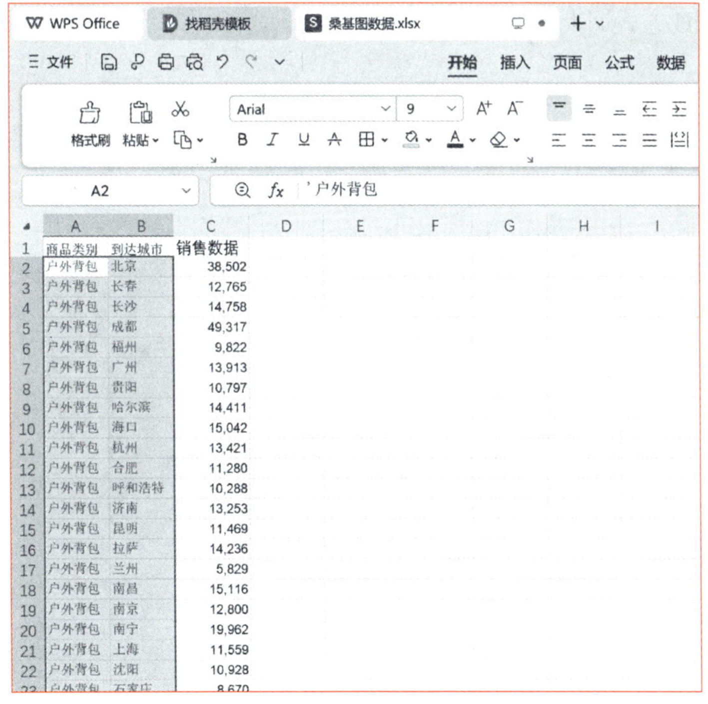

	A	B	C
1	商品类别	到达城市	销售数据
2	户外背包	北京	38,502
3	户外背包	长春	12,765
4	户外背包	长沙	14,758
5	户外背包	成都	49,317
6	户外背包	福州	9,822
7	户外背包	广州	13,913
8	户外背包	贵阳	10,797
9	户外背包	哈尔滨	14,411
10	户外背包	海口	15,042
11	户外背包	杭州	13,421
12	户外背包	合肥	11,280
13	户外背包	呼和浩特	10,288
14	户外背包	济南	13,253
15	户外背包	昆明	11,469
16	户外背包	拉萨	14,236
17	户外背包	兰州	5,829
18	户外背包	南昌	15,116
19	户外背包	南京	12,800
20	户外背包	南宁	19,962
21	户外背包	上海	11,559
22	户外背包	沈阳	10,928
23	户外背包	石家庄	8,670

图 3-57　数据整理结果

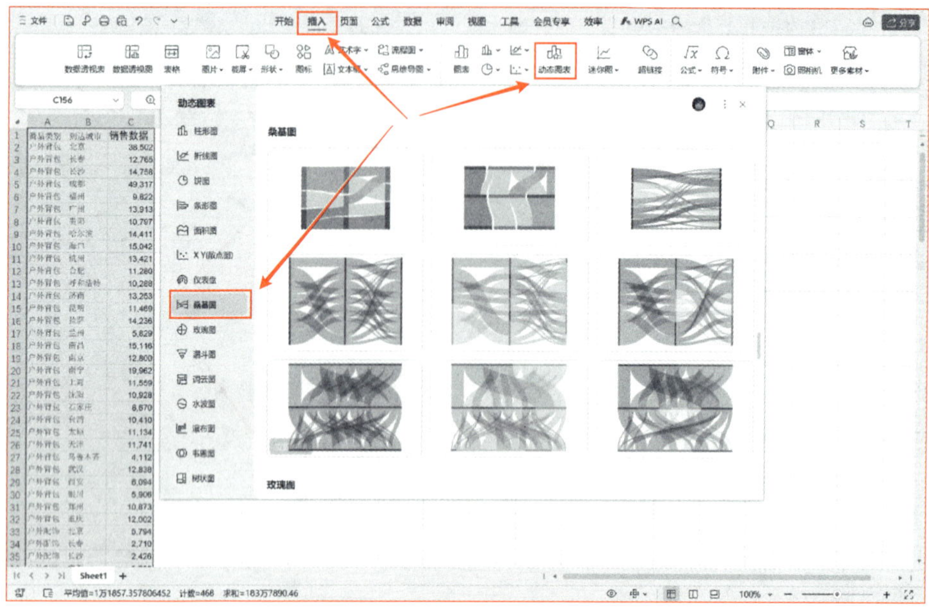

图 3-58　绘制基本桑基图

动态图表对话框右侧展示了预设的 9 种桑基图样式，可根据具体的可视化要求及风格选中其中一种。如选第一种样式后，将展现如图 3-59 所示情况。由于默认生成的桑基图较小，图中部分文字信息未能完全展现，可以通过向外拖动桑基图的四周九个白色空心圆的方式调大桑基图，如图 3-60 所示。

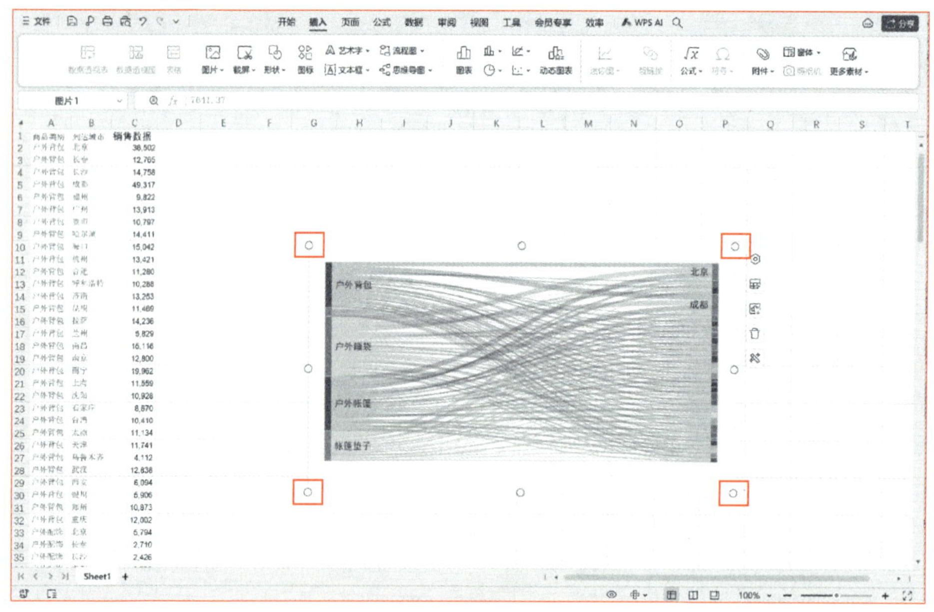

图 3-59　选择桑基图样式

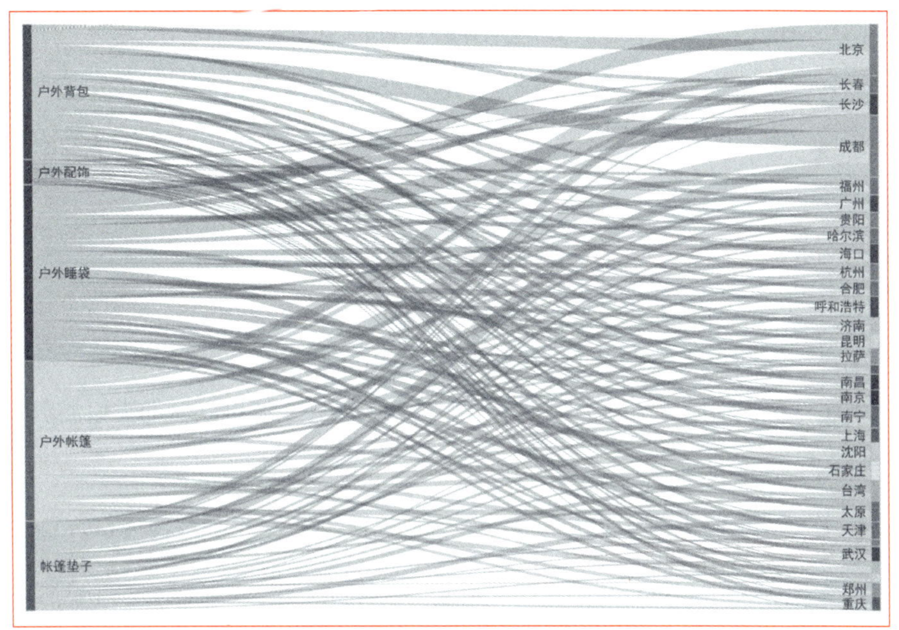

图 3-60　调大桑基图

在生成的桑基图的右侧，有一列选项按钮，如可以通过选择其中的“设置”按钮，在右侧展开针对该桑基图的设置菜单，可以通过不同的选项编辑该图，如图 3-61 所示。用户可以根据实际需求，对该桑基图进行定制。

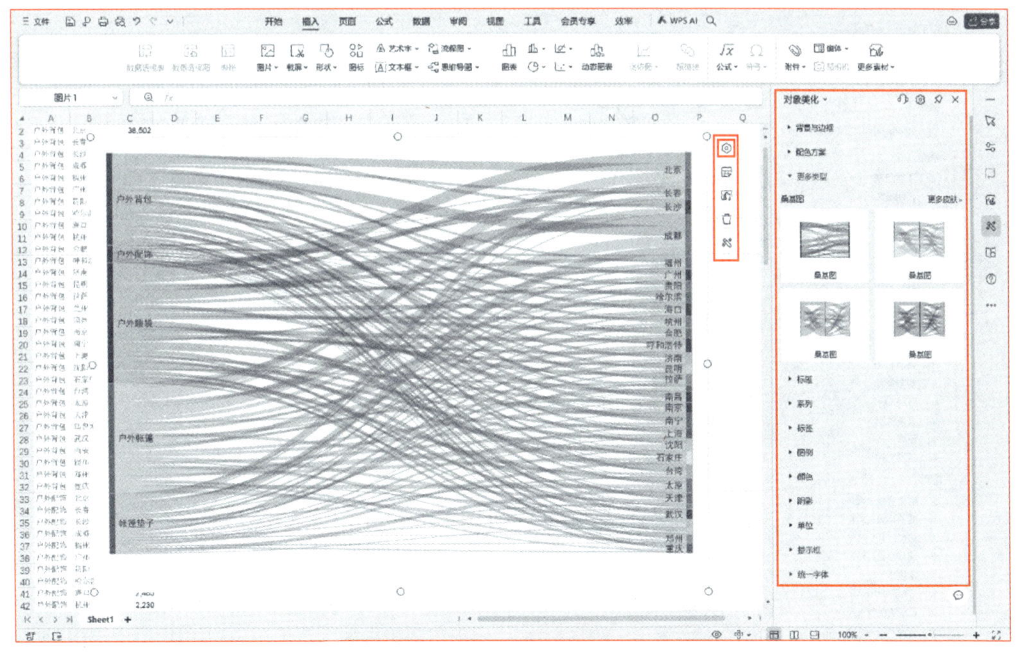

图 3-61　编辑桑基图

从该桑基图的左侧能够非常直观地看出，该网店 2023 年第一周的订单中，户外睡袋的销售额是最高的，而这对应的消费城市中，北京是最高的，成都则是户外用品消费总额最高的，这些信息对于网店的广告投放是有较为直接的指导意义的。

二、绘制复杂桑基图

本项目某电商企业 2023 年第一周的订单销售数据中，订单的销售特征是多维度的，除上述订单销售额与商品类别、销售地区的关系外，还可以增加类似消费人群等其他维度。

（一）整理筛选需求数据

1. 使用 Tableau 筛选并导出数据

首先，按上述的方式，在 Tableau 中选取专门数据，并导出“桑基图数据 2.xlsx”，该文件中的数据会比“桑基图数据 .xlsx”多一个字段“消费人群”，如图 3-62 所示。此处需要注意的是，在 Tableau 工作界面的行功能区中，字段的顺序会对最后形成的工作表的统计数据排序产生影响，如图 3-63 所示。

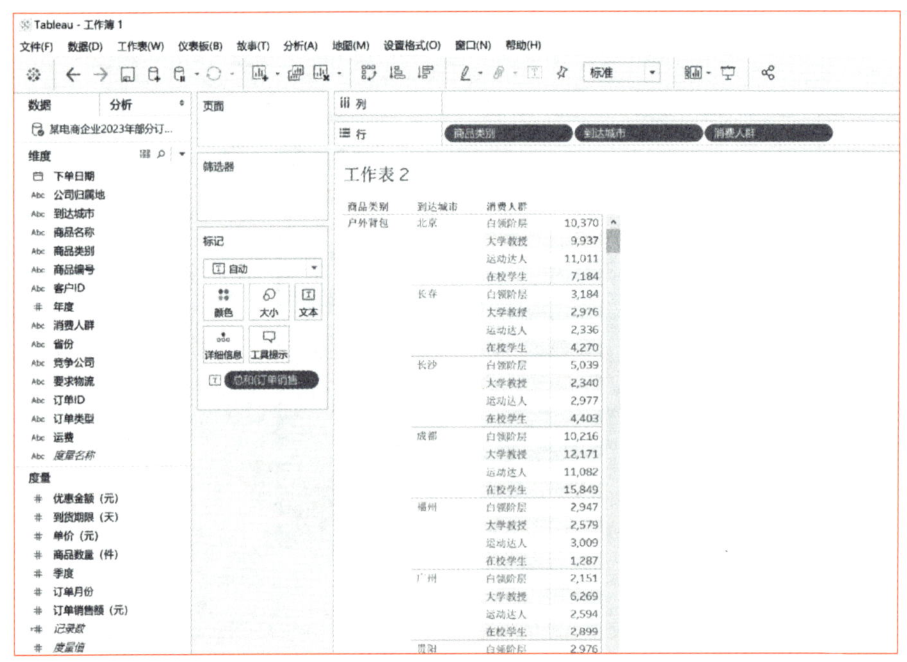

图 3-62　筛选并导出数据

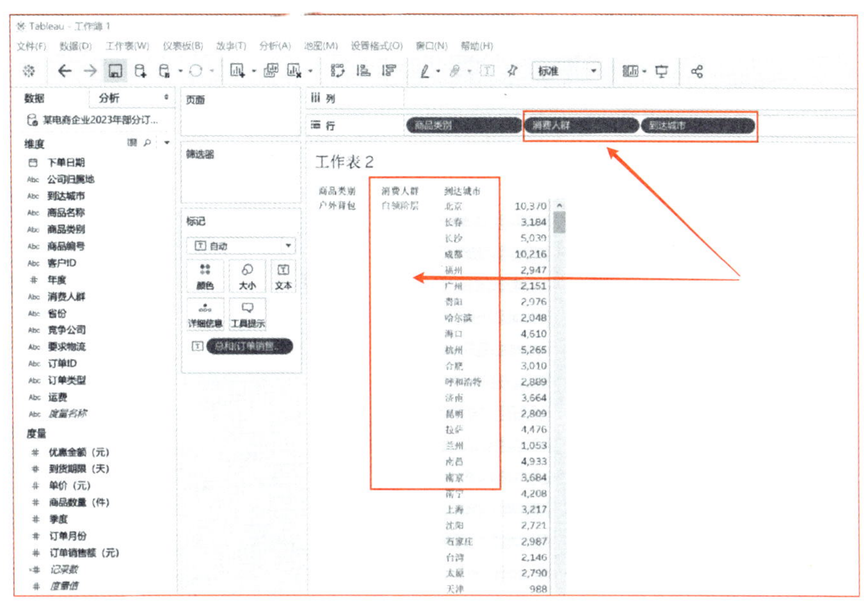

图 3-63　调整字段顺序结果

由于本数据源中数据较多，为便于后期形成的桑基图突出显示关键信息，本任务中，可以对订单销售额进行筛选，仅选取合计销售额大于 5 000 元的数据，操作如下：

首先，将 Tableau 工作界面左侧度量数据中的“订单销售额（元）”拖拽到“筛选器”功能区，在弹出的“筛选器字段”对话框中选择“总和”，然后单击“下一步”，如图 3-64 所示。

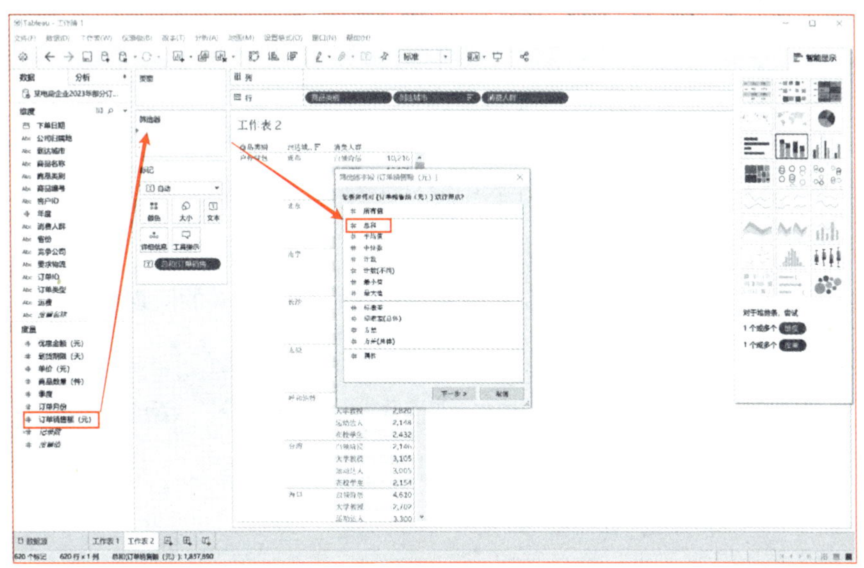

图 3-64　选择筛选器字段

然后，“值范围”的左侧下限设置框中输入数字 5 000，单击“确定”，如图 3-65 所示。

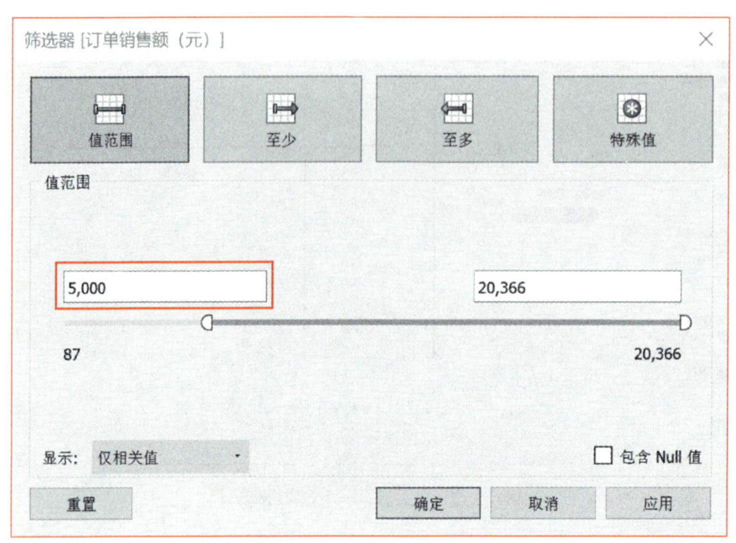

图 3-65　输入值范围

此时，可以看到工作表 2 中仅筛选出 95 条数据，将该工作表 2 导出交叉表到 Excel，并保存为“桑基图数据 2.xlsx”。

2. 使用 WPS 制作复杂桑基图

使用 WPS 打开“桑基图数据 2.xlsx”，并按前述方法处理该文件中的数据，一是将数据字段命名为“消费金额”，二是拆分并填充“商品类别”和“达到城市”字段，如图 3-66 所示。

在本案例中，仅展示户外用品消费较高的北京和成都两个区域的情况，选中 B2：D9 区域，将其复制并粘贴到该工作表中数据的最后面，起始单元格为 A97 区域，如图 3-67 所示。

将 C97：C104 区域的数据复制粘贴到以单元格 D97 开头的区域内，然后删除该数据表的 C 列数据，如图 3-68 所示。

同时选中 A1：C104 区域，单击 Excel 工作界面的“插入”菜单中常用工具栏的“动态图表”按钮，在弹出的动态图表对话框左侧选中“桑基图”，选中第一个桑基图样式，单击“立即使用”，如图 3-69 所示。

将生成的桑基图调整到合适的大小和位置，则得到桑基图如图 3-70 所示。

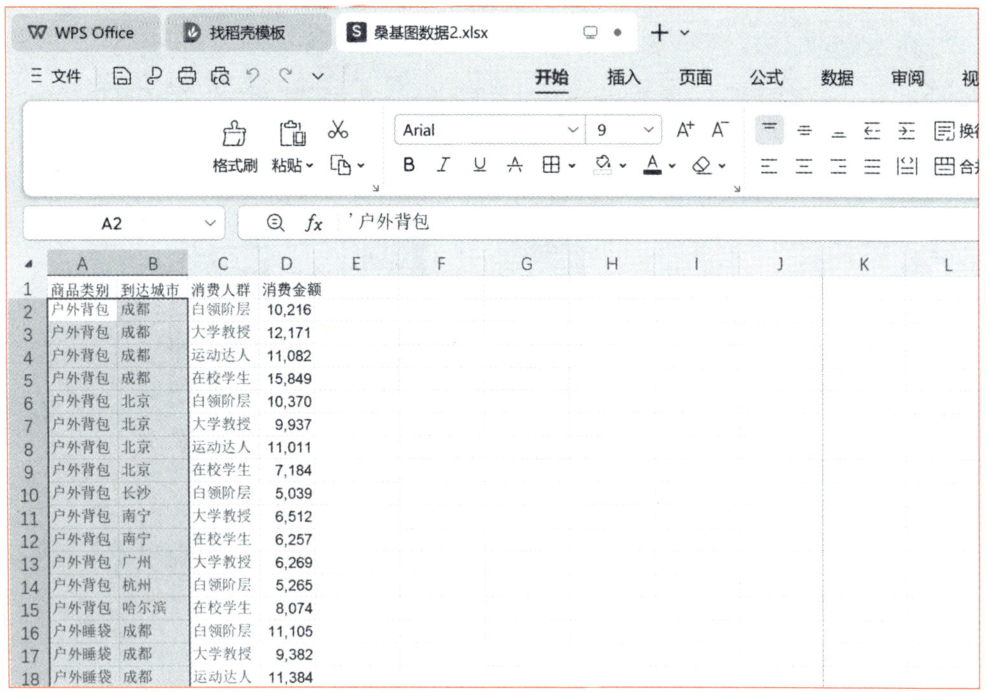

图 3-66　处理文件中的数据

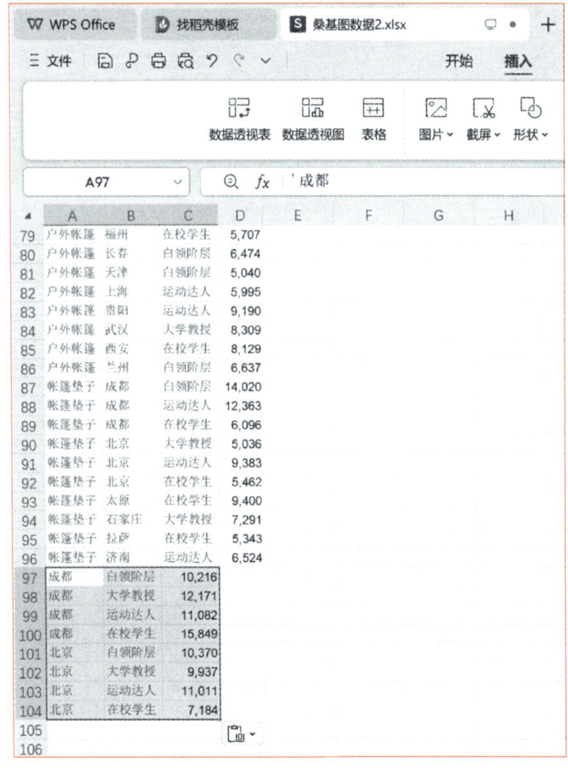

图 3-67　展示北京与成都两个区域的情况

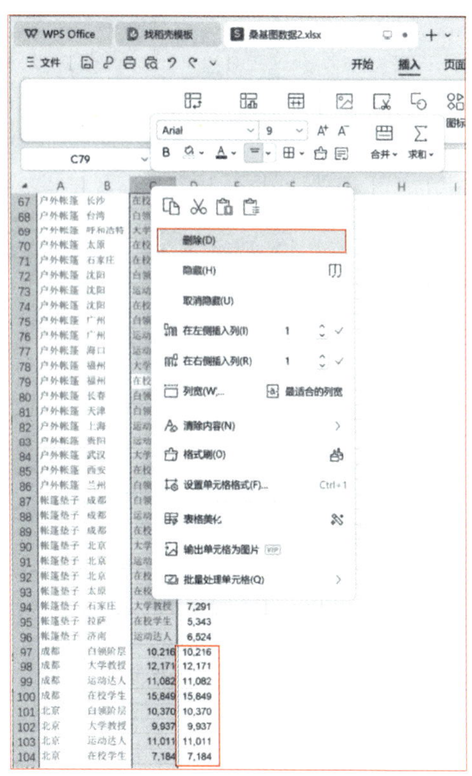

图 3-68　删除 C 列数据

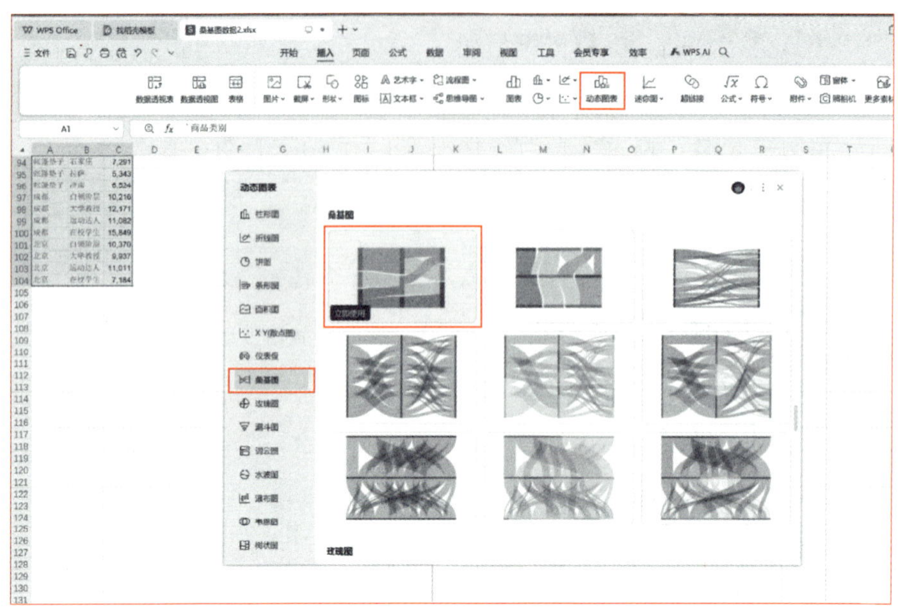

图 3-69　选择桑基图样式

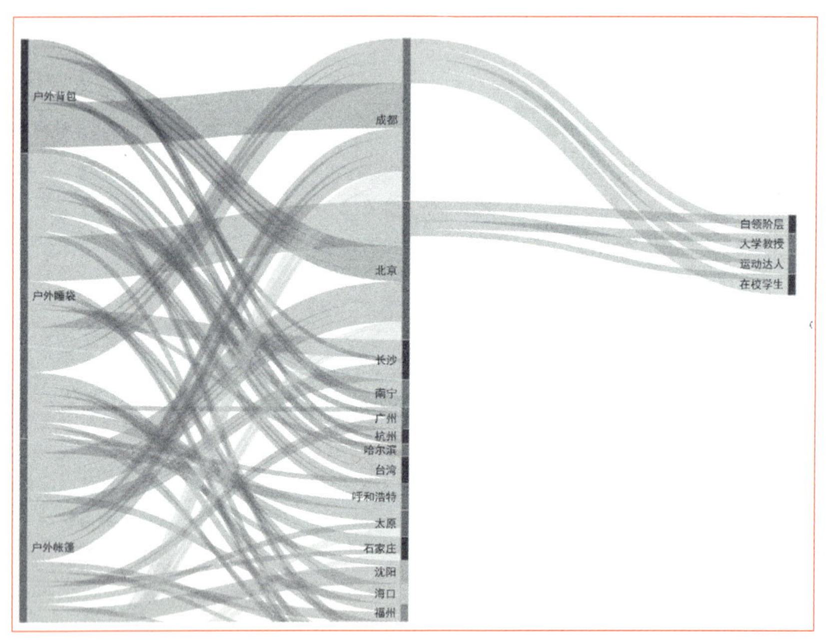

图 3-70　调整桑基图（仅展示桑基图部分区域）

（二）展示图分析

相较于基本桑基图，复杂桑基图比之前的多了一个维度，除了梳理了订单销售额与产品类别、销售城市的关系，还增加了具体各城市订单中人群的消费情况，从

图 3-71 中可以看出，该网店 2023 年第一周的订单中，成都地区购买户外背包的在校学生是最多的；而从图 3-72 中可以看出，北京地区购买户外睡袋的白领阶层是最多的。那么，商家在后面进行广告投放，如淘宝平台的直通车，除根据区域确定广告投放策略外，还可以根据在校学生与白领阶层的日常行为时间进行广告投放。

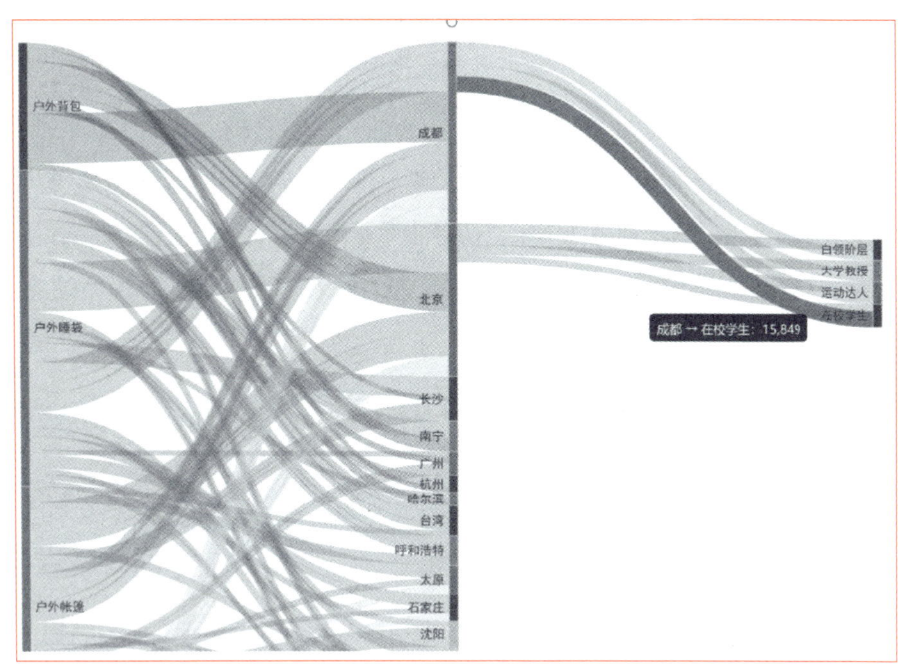

图 3-71　展示图分析 1

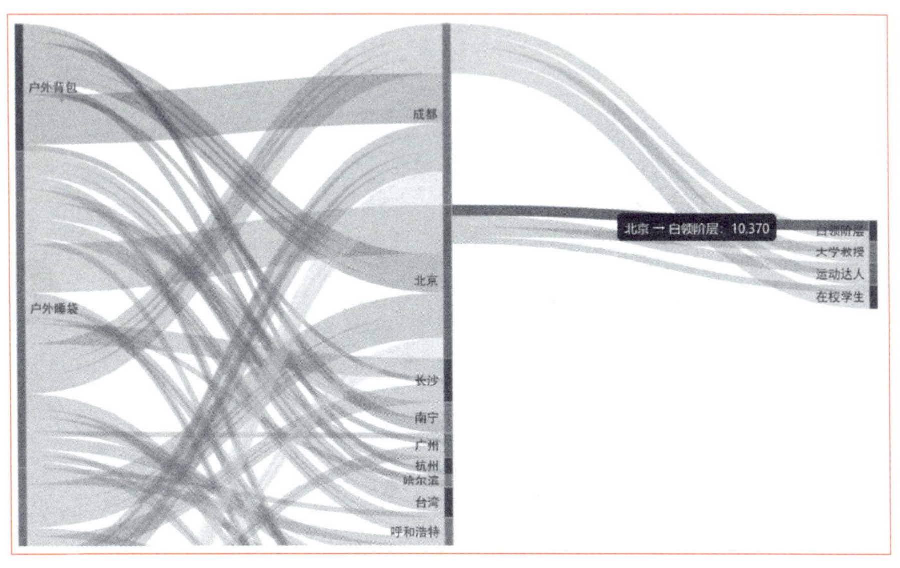

图 3-72　展示图分析 2

通过以上案例可以看出，通过桑基图可以快速直观地展现电商网店订单中各相应因素的关系，从而为广告投放的决策提供依据。此外，在电商网店中，还可以通过桑基图分析用户从浏览商品到最终购买的转化率，从而找出优化用户体验和提高转化率的策略。与之类似的，还可以通过绘制页面访问流程、购物车添加到购买的转化流程元素的桑基图来直观展示用户行为路径；通过桑基图分析用户在不同页面之间的跳转情况，找出用户最感兴趣的内容类型，进而优化内容推荐算法和页面布局来优化产品设计和用户体验等。

桑基图以其简洁、直观的方式，提高了数据可视化的水平。通过桑基图，复杂的数据流动和交互关系得以清晰地展现出来，使得非专业人士也能够快速理解数据背后的意义和价值。这有助于提升企业内部数据共享和沟通的效率，促进跨部门协作和决策制定。

三、其他图表

（一）漏斗图

1. 漏斗图简介

漏斗图是一种特殊的数据可视化工具，它主要用于展示和分析数据流程中各个环节的转化情况。漏斗图通过逐渐减小的条形图来表示流程中每个阶段的数量或比例变化，从而帮助用户直观地理解从起始阶段到最终阶段的数据转化路径和效率，如图3–73所示。

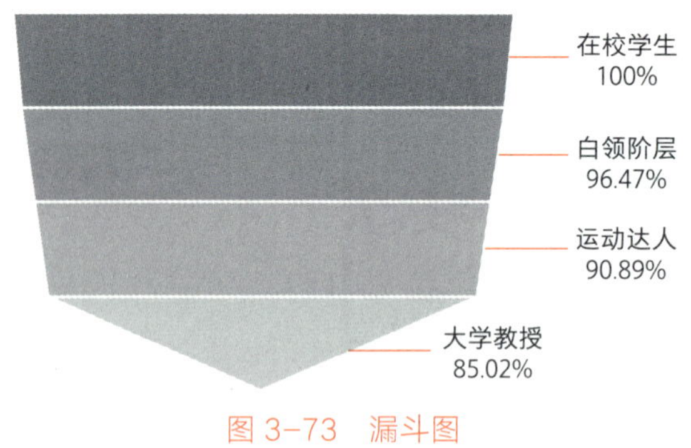

图3–73　漏斗图

在漏斗图中，每个条形代表一个流程阶段，条形的宽度反映了该阶段的数据量或比例。通常，漏斗图的顶部条形最宽，表示流程的起始阶段，而随着流程的推进，条形逐渐变窄，直至最底部的条形表示最终转化结果。

2. 漏斗图的使用场景

使用 WPS、Tableau、Power BI 等工具均能较容易地绘制出漏斗图。而漏斗图常用于以下三个场景：一是跟踪和分析用户转化路径，例如，在电商网店中，从用户访问到最终购买的整个路径；二是识别流程中的瓶颈和潜在改进点，如通过比较不同阶段的数据差异，可以发现哪些环节导致了用户流失或转化率下降；三是评估营销活动的有效性，如通过漏斗图可以清晰地看到从潜在客户到实际购买客户的转化情况，从而判断营销活动的成效。

（二）和弦图

1. 和弦图介绍

和弦图（Chord Diagram）是一种用于表示数据之间相互关系的可视化方法。在这种图表中，节点围绕着圆周分布，点与点之间以弧线彼此连接，以显示它们之间的关系。弧线的宽度通常表示连接的强度或重要性。此外，还可以通过颜色将数据分类，以便更直观地进行比较和区分。

2. 和弦图应用场景

绘制和弦图的常用工具 R 语言，而和弦图常应用于生物学（展示物种间的基因联系）、社会学（展示人口迁移模式）、经济学（展示贸易活动）领域等。它能够直观地展示多个实体之间的关系和流动模式。通过调整节点的位置、大小和弧线的属性，可以创建出既美观又富有信息量的图表，能够帮助用户更好地理解复杂数据之间的关系和流动模式。

综合实训　电商大促活动复盘可视化项目

一、实训目的

在电商领域，大促活动是推动销售、提升品牌知名度的重要手段。然而，活动结束后的复盘分析对于评估活动效果、优化未来策略至关重要。本实训旨在通过可视化手段，对电商大促活动进行深入的数据分析和复盘，以便更直观地了解活动效果，为未来的经营活动提供数据支持。

二、实训要求

（一）数据处理

（1）数据来源：打开本项目配套提供的“电商大促活动数据.xlsx”，数据主要来自某电商公司 2024 年第一季度第一周销售数据。

（2）数据准备：对数据进行清洗、整理，确保数据的准确性和完整性。同时，根据分析需求，对数据进行适当的转换和计算。

（二）可视化设计

通过常用相关关系可视化图形完成以下分析：

（1）总体销售情况分析：展示大促活动期间的销售额、订单量等关键指标，以便直观了解活动的整体效果。

（2）用户行为分析：分析用户在活动期间的浏览、搜索、购买等行为，揭示用户偏好和需求。

（3）商品销售情况分析：展示各类商品的销售额、销售量及占比，以便了解哪些商品受欢迎，哪些商品销售不佳。

（4）流量来源分析：分析流量的来源渠道，如直接访问、搜索引擎、社交媒体等，以便优化营销策略。

三、实训步骤

（1）导入数据：将清洗和整理好的数据导入到可视化工具中。

（2）创建可视化图形：根据设计好的可视化类型和布局，在可视化工具中创建相应的图形。

四、实训成果

（1）展示可视化结果：将创建好的可视化图表进行展示，分析总体销售情况、用户行为状态、商品销售情况、流量来源等，并将之汇总，为电商大促活动复盘可视化分析图表集。

（2）收集反馈：收集对可视化结果的反馈意见，了解对可视化效果的看法和建议。

（3）评估大促效果：根据反馈意见和实际效果，评估电商大促活动项目的效果和价值，以便进行后续的优化和改进。

知识与技能训练

一、单选题

1. 在数据可视化中，对于两个变量之间数理关系的探索，下列图形中的（　　）最适合。

A. 散点图　　B. 饼图　　C. 柱形图　　D. 折线图

2. 在可视化层次结构关系的数据（如公司组织结构）时，下列（　　）图形更合适。

A. 柱形图　　B. 树状图　　C. 网络图　　D. 折线图

3. 桑基图（Sankey Diagram）在数据可视化中通常用于展示（　　）的数据关系。

A. 类别间的比例关系　　B. 数据随时间的变化趋势

C. 节点之间的流量和流向　　D. 数据在空间中的分布

4. 在统计学和数据分析中，相关关系指的是（　　）之间的关系。

A. 个体与整体的关系　　B. 两个或多个变量

C. 变量与参考系　　D. 数据

5. 以下关系描述的是正相关的是（　　）。

A. 一个变量增加时，另一个也增加　B. 一个变量增加时，另一个减少

C. 两个变量增加时，第三个也增加　D. 一个变量增加时，多个变量减少

二、多选题

1. 常用于表达数据中的相关关系可视化，可以使用的图有（　　）。

A. 桑基图　B. 漏斗图　C. 和弦图　D. 散点图

2. 漏斗图常用于的可视化场景有（　　）。

A. 跟踪和分析用户转化路径　B. 识别流程中的瓶颈和潜在改进点

C. 评估营销活动的有效性　D. 预测过程数据

3. 气泡图是一种多变量图，它是散点图的变体，也可以看作是散点图和百分比区域图的组合。气泡图的（　　）特征可以区分数据之间的特定关系。

A. 位置　B. 大小　C. 颜色　D. 粗细

4. 下面对散点图的描述正确的是（　　）。

A. 也被称为 X−Y 图

B. 是一种在直角坐标系上展示数据点的可视化方法

C. 通过观察散点图上数据点的分布和密集程度，可以分析出变量间的相关性

D. 只能描述正相关情况

5. 下面对和弦图的描述正确的是（　　）。

A. 在这种图表中，节点围绕着圆周分布，点与点之间以弧线彼此连接，以显示它们之间的关系

B. 可以通过颜色将数据分类，以便更直观地进行比较和区分

C. 常应用于生物学领域

D. 能够直观地展示多个实体之间的关系和流动

三、判断题

1. 桑基图作为一种流可视化图形，在多个领域具有广泛的应用。它通过直观的宽度变化来展示复杂流程、路径或网络中的数据流向和交互关系。（　　）

2. 气泡图是一种多变量图形，它是柱形图的变体，也可以看作是散点图和百分

比区域图的组合。 (　　)

3. Tableau 的默认图形中有桑基图。 (　　)

4. 漏斗图常用于电商场景的跟踪和分析用户转化路径。 (　　)

5. 气泡图的优势在于它便于一次比较 3 个变量。 (　　)

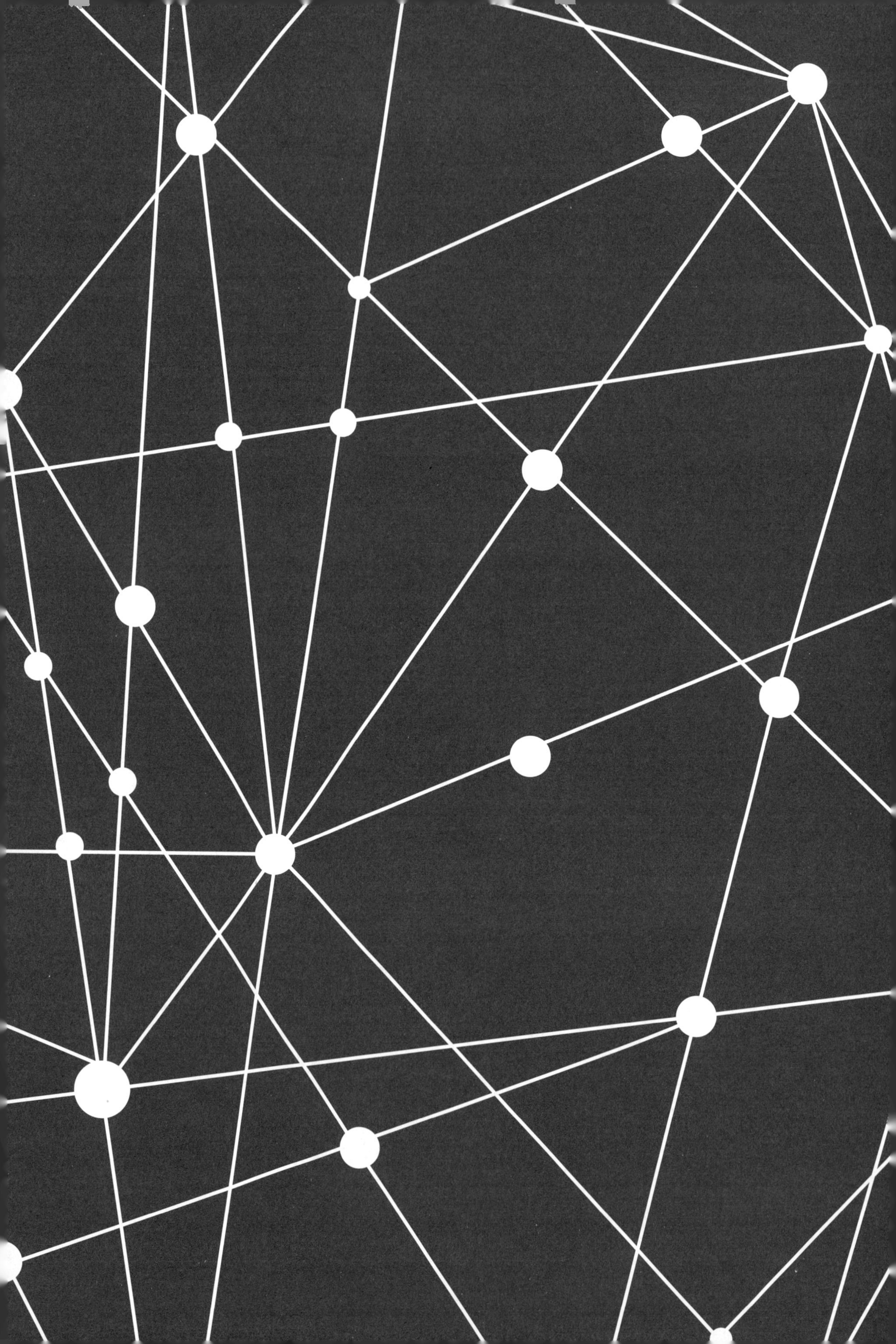

项目四

占比数据可视化

学习目标

素养目标

- 培养数据敏感性和数据驱动的分析思维，提高解决问题和制定决策的能力
- 提升视觉设计能力和审美水平，能够有效地使用视觉元素进行数据展示
- 通过实际操作和案例分析培养创新思维，能够创新性地运用数据可视化解决实际问题

知识目标

- 了解占比数据可视化的基本概念和应用场景
- 掌握带突出显示的饼图、嵌套组合饼图、堆积面积图、树状图、瀑布图和仪表盘等图形的特点和使用方法
- 熟悉占比可视化在揭示数据结构、对比分析和累积过程中的重要作用

技能目标

- 能够使用办公软件（如 WPS）制作各种占比可视化图形，并进行实际应用
- 能够根据不同的业务需求，选择合适的占比可视化图形展示数据
- 能够通过可视化图形分析数据，揭示结构比例、数据差异和趋势变化

思维导图

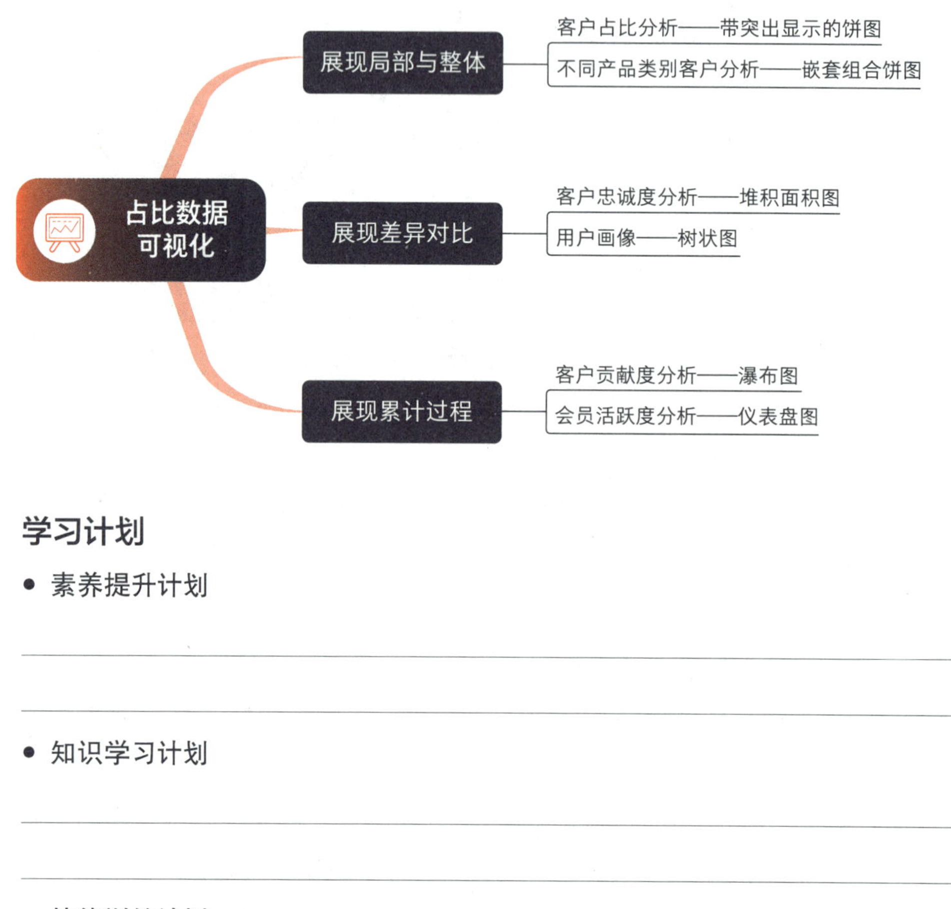

学习计划

- 素养提升计划

- 知识学习计划

- 技能训练计划

项目引入

在数据驱动的决策时代，占比分析成为洞察市场与用户行为的重要方法。占比可视化，作为直观展现数据比例与结构的手段，对于揭示部分与整体的关系及个体间差异尤为关键。本项目旨在介绍占比数据可视化的核心理念与实践路径，侧重于三种核心应用框架：

一、揭示结构比例：局部与整体的视觉映射

占比数据首先用于解析整体中各部分的成分分布，如各类别销售额在总销售额中的占比。应用如饼图与嵌套饼图，可清晰展示“大类占比”“顾客分层”等信息，凸显各组成元素在整体中的地位与权重，为资源优化配置提供直观依据。

二、对比差异探索：凸显数据间的异同

在比较不同群体或时段的数据差异时，占比可视化强调“区别”的视觉表达。堆积面积图适于呈现性别、年龄组别等在总消费中的相对比重差异，揭示细分市场的特色与潜力，为精准营销策略奠定基础。

三、追踪变化趋势：时间维度的累积展现

针对同一指标随时间的变化，占比可视化需反映趋势与累积过程。采用瀑布图、仪表盘等图形，能够有效追踪不同时间段、不同维度下“购买频率”与“消费额”等指标的动态占比变化，为预测未来趋势提供线索。

以某城市连锁超市半年销售数据为例，该数据集含有多达24个字段，但在聚焦各商品类别销售对比的可视化目标下，仅需挑选相关字段进行展示。此举不仅精简了数据处理流程，更确保了分析的针对性与效率，为后续策略规划提供有力的数据支撑。

任务一 展现局部与整体

在数据可视化领域，了解各部分占总体的比例关系极为关键，它能清晰展示各组成部分的重要性及其综合影响。占比数据可视化使复杂信息变得一目了然，便于快速理解。比如，在企业产品规划中，需深入分析用户特性，包括新老客户比例、客户等级分布等，这些都涉及占比分析。

本项目数据涵盖了“日期”“星期”“类别”“品牌”“会员状态”和“会员等级”等，为占比分析提供了充足素材。使用图形如带突出显示饼图和多层次饼图，既能直观展示比例，又能深挖数据背后的含义。

一、客户占比分析——带突出显示的饼图

（一）应用场景

1. 电商客户数据分析应用场景

在竞争激烈的市场环境中，精准把握各类客户的需求成为企业制胜的关键，尤其是在产品规划与市场策略部署上，透彻分析客户特征及行为模式尤为重要。

（1）活跃等级用户占比分析。企业通过对“活跃等级”用户数据的剖析，可洞悉不同活跃等级用户的消费行为差异。以会员数据为例，运用带突出显示的饼图能够展现流失会员在总客户群中的构成比例（见图 4-1），能迅速把握流失用户基础概况，为制定客户维系与拓展策略奠定基础。

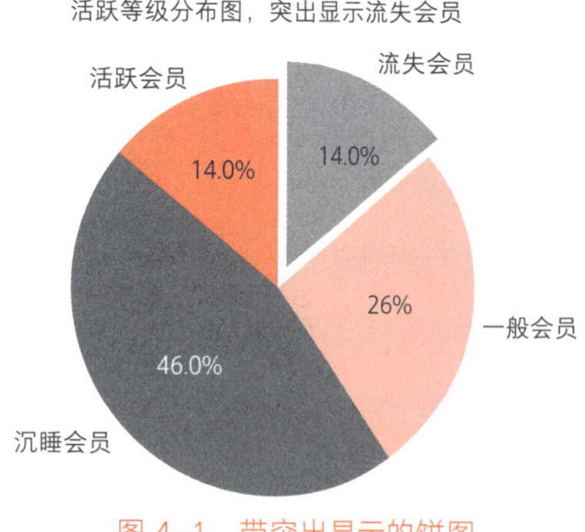

图 4-1 带突出显示的饼图

（2）不同客户等级占比分析。“会员等级”作为另一核心考量维度，揭示了不同消费潜力与购买习性的客户群体分布情况。借助带突出显示的饼图能够区分 VIP、普通会员等各级别占比，企

业能有的放矢地优化产品服务，精准匹配各级客户的需求。

2. 通用应用场景

除了分析客户特征及行为模式，局部与整体的占比关系也在众多商业决策场景中发挥着重要作用，覆盖以下维度：

（1）市场份额评估：分析产品或品牌市场占比，把握竞争格局与趋势。

（2）销售结构优化：分析地区、渠道销售比例，指导销售策略调整。

（3）供应链成本控制：分析供应链中各环节的成本占比，寻找成本优化空间。

（4）人力资源配置：分析部门或项目人员比例，合理调配资源，提升效率。

局部与整体的占比关系分析通过带突出显示的饼图等直观的数据可视化，能够有效揭示业务核心信息，为科学决策提供支撑。无论是深入剖析客户群体，还是优化企业运营的各个方面，占比数据可视化都是不可或缺的分析利器。

（二）带突出显示的饼图介绍

带突出显示的饼图是通过将饼图中的某一部分或几部分稍稍偏离中心来展示的，用于强调某些关键信息或数据。这一设计使得整个图更生动形象，容易抓住观察者的注意力。

1. 优势和特点

（1）强化焦点。带突出显示的饼图高效凸显了数据整体中的关键成分，无论是市场份额还是核心产品销售，确保读者能瞬间把握重点信息。

（1）直观性增强。与普通饼图类似，带突出显示的饼图通过形状和大小直接反映占比，同时加强了视觉焦点的引导。

（2）视觉层次构建。带突出显示的饼图巧妙融合了颜色与形状设计，为信息层次增添了深度，不仅提升了可读性，也让图形内容更加条理分明。

2. 制作要点

（1）明确标识。确保突出部分配有清晰的标签和说明，避免读者的误解。

（2）精确强调。利用偏移、加粗边框或色彩对比等手段，直接指向图中的核心信息。

（3）保持美学平衡。在追求信息传递效率的同时，也要兼顾图的美学设计，确保色彩和谐、布局整洁。

（4）确保数据的真实性。保证突出部分的大小严格按实际占比缩放，防止视觉失真，确保数据的真实性。

（三）利用 WPS 制作带突出显示的饼图

步骤 1：用 WPS 打开零售行业会员数据数据表，在“插入”工具栏，选择插入“数据透视表”，如图 4-2 所示。

	A	B	C	D	E	F	G
1	年月日	星期	大类	品牌名	新老会员	会员等级	产品等级
2	2020/9/9	6	进口食品	海天	老会员	金牌会员	a类商品
3	2020/9/9	6	粮油调味	奥利奥	老会员	金牌会员	b类商品
4	2020/9/9	6	休闲零食	奥利奥	老会员	金牌会员	b类商品
5	2020/9/9	6	进口食品	旺旺	老会员	金牌会员	b类商品
6	2020/9/9	6	进口食品	百事可乐	老会员	金牌会员	c类商品
7	2020/9/9	6	进口食品	伊利	老会员	金牌会员	c类商品
8	2020/9/9	6	进口食品	恒顺	老会员	金牌会员	b类商品
9	2020/9/9	6	果蔬菜/水产肉类/熟	徐福记	老会员	金牌会员	c类商品
10	2020/9/9	6	茶叶	今麦郎	老会员	金牌会员	c类商品
11	2020/9/9	6	方便食品/粮油副食	徐福记	老会员	金牌会员	a类商品
12	2020/9/9	6	休闲零食	蒙牛	老会员	金牌会员	b类商品
13	2020/9/9	6	零食/坚果/特产	农夫山泉	老会员	金牌会员	b类商品
14	2020/9/9	6	零食/坚果/特产	安佳	老会员	金牌会员	a类商品
15	2020/9/9	6	进口食品	农夫山泉	老会员	金牌会员	b类商品
16	2020/9/9	6	奶粉/辅食/营养品	鲁花	老会员	金牌会员	c类商品
17	2020/9/9	6	方便食品/粮油副食	今麦郎	老会员	金牌会员	c类商品
18	2020/9/9	6	进口食品	安佳	老会员	金牌会员	c类商品
19	2020/9/9	6	进口食品	农夫山泉	老会员	金牌会员	b类商品
20	2020/9/9	6	方便食品/粮油副食	今麦郎	老会员	金牌会员	c类商品
21	2020/9/9	6	休闲食品	好吃点	老会员	金牌会员	b类商品
22	2020/9/9	6	奶粉/辅食/营养品	康师傅	老会员	金牌会员	b类商品
23	2020/9/9	6	休闲零食	安佳	老会员	金牌会员	c类商品
24	2020/9/9	6	进口食品	伊利	老会员	金牌会员	c类商品
25	2020/9/9	6	进口食品	蒙牛	老会员	金牌会员	b类商品
26	2020/9/9	6	粮油调味	诺优能	老会员	金牌会员	b类商品

图 4-2　插入数据透视表

步骤 2：在数据透视表选择窗口中，将“活跃等级”字段拖入行，将“姓名”字段拖入列并选择计数，如图 4-3 所示。

步骤 3：活跃等级数据透视表正常显示之后，点击“数据透视图”，在打开的“图表”窗口中选择“饼图”，选择常规饼图，如图 4-4 所示。

步骤 4：在饼图的“图表元素”列表中勾选“数据标签”，并在右侧的“属性”窗体中，勾选“类别名称”“百分比”等，如图 4-5 所示。

步骤 5：选中准备突出显示的“流失用户”扇区后单击鼠标右键，在弹出的窗口中单击“设置数据点格式”，如图 4-6 所示。

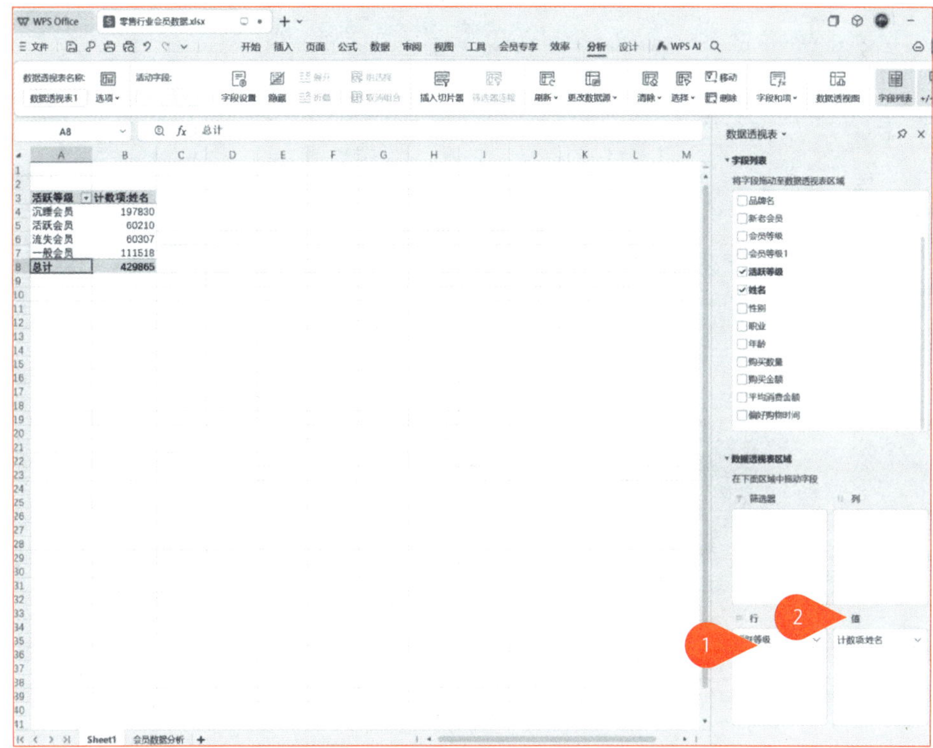

图 4-3　设置数据透视表

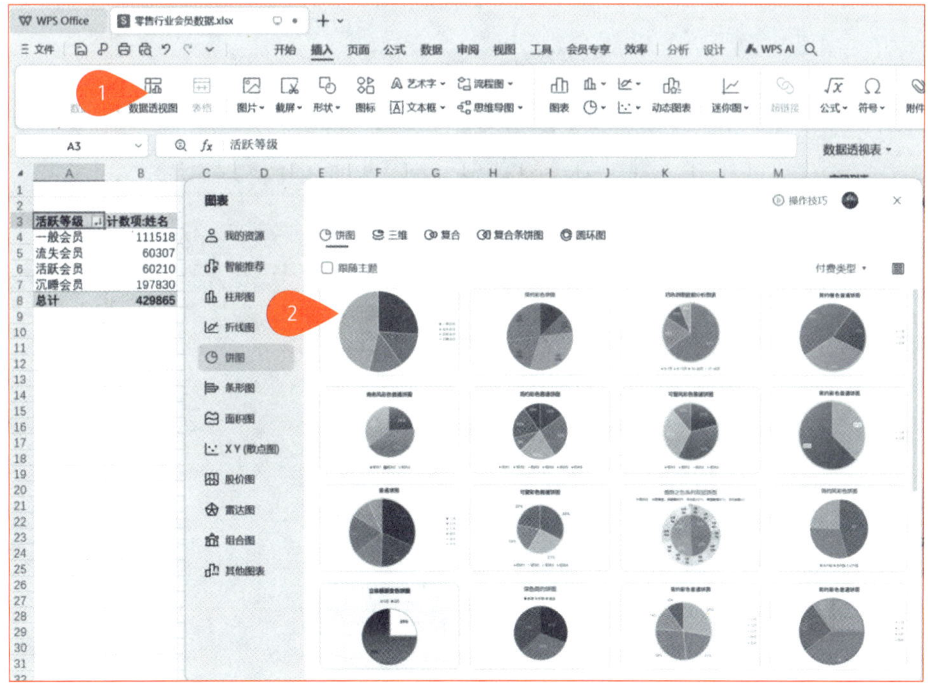

图 4-4　插入数据透视图（饼图）

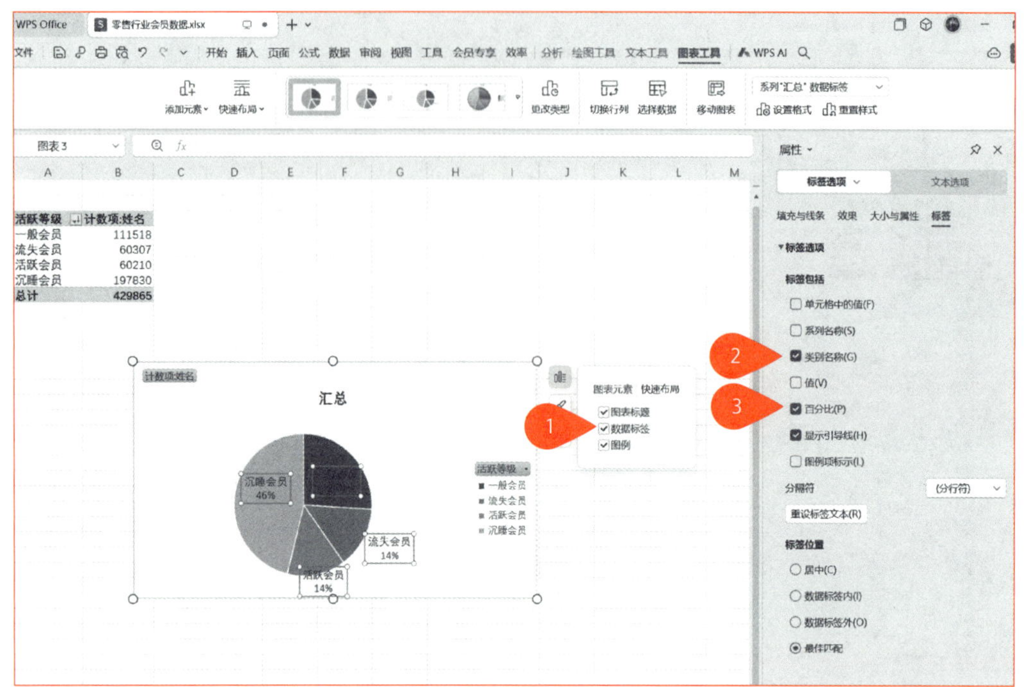

图 4-5　配置饼图基本要素

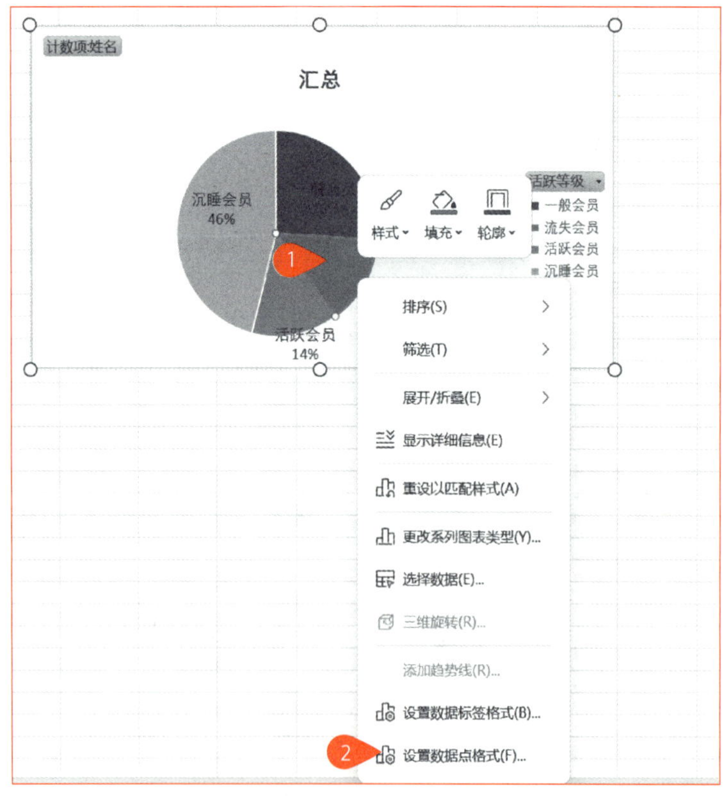

图 4-6　设置数据点格式

步骤 6：在“设置数据点格式”的属性窗口的“系列”页面，调整“点爆炸型”的百分比数据，让扇区分离，之后调整第一扇区起始角度的数值，让流失会员扇区显示在右上方进行突出显示，如图 4-7 所示，至此完成带突出显示的饼图的操作。

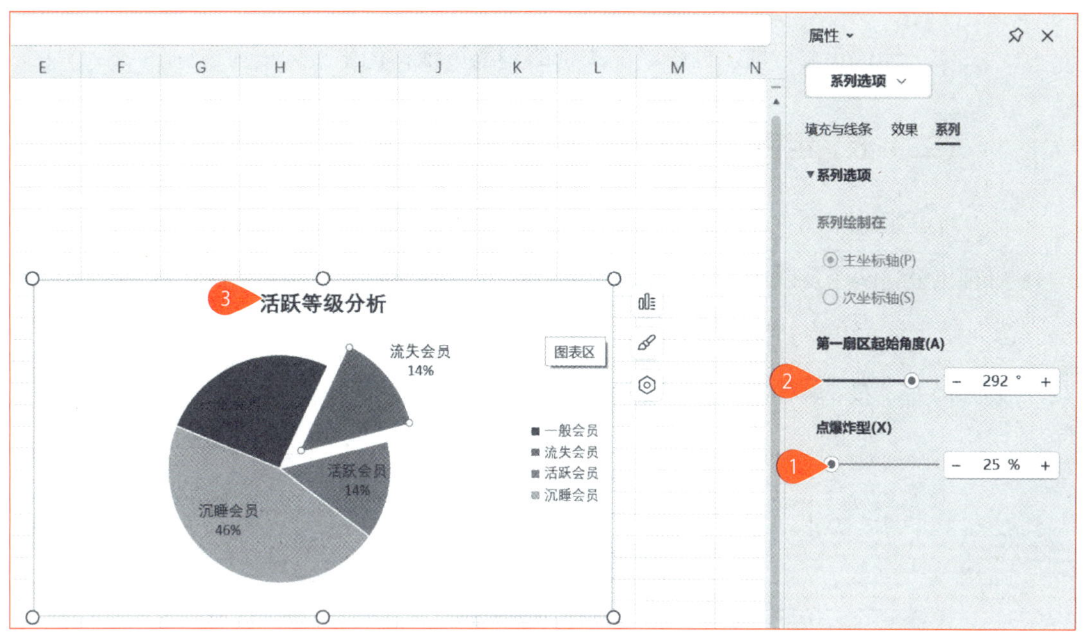

图 4-7　带突出显示的饼图的设置

二、不同产品类别客户分析——嵌套组合饼图

(一) 应用场景

1. 电商客户数据分析的应用场景

纷繁复杂的客户需求决定了市场中产品类别的多样性，因此，精细化分析各产品类别下的客户构成，是企业精炼营销策略与明确产品迭代方向的基石。

(1) 产品类别客户占比解析。通过解析不同产品类别的客户占比，企业能深刻洞察各类产品在市场中的位置及受欢迎程度。嵌套组合饼图在此发挥效用，清晰映射出 a 类、b 类、c 类产品等在总体产品矩阵中的顾客占比，为产品结构的合理化调整和优化指明方向。

(2) 消费行为与商品类别的关联性。深挖不同客户群体的消费习惯与产品偏好的关联，帮助企业量身定制营销策略，以精准触达目标客户。

2. 通用应用场景

嵌套组合饼图能应用在多个不同业务领域，展现了其广泛应用的灵活性：

（1）产品架构剖析。揭示产品线内各产品的占比结构。

（2）市场版图描绘。通过多类别产品市场占有率分析，把脉市场走向。

（3）销售策略导航。分析产品类别的销售贡献，优化整体销售布局。

（二）嵌套组合饼图介绍

嵌套组合饼图（见图 4-8）作为一种高级数据展示手段，独特之处在于其能同时可视化呈现两个及以上层级的构成比例。标准饼图仅限于展示整体与组成部分的相对大小，而嵌套组合饼图通过在一个饼图内部嵌入额外的饼图，实现了对数据深层次结构的揭示，为理解和分析复杂数据关系提供了更为直观的途径。

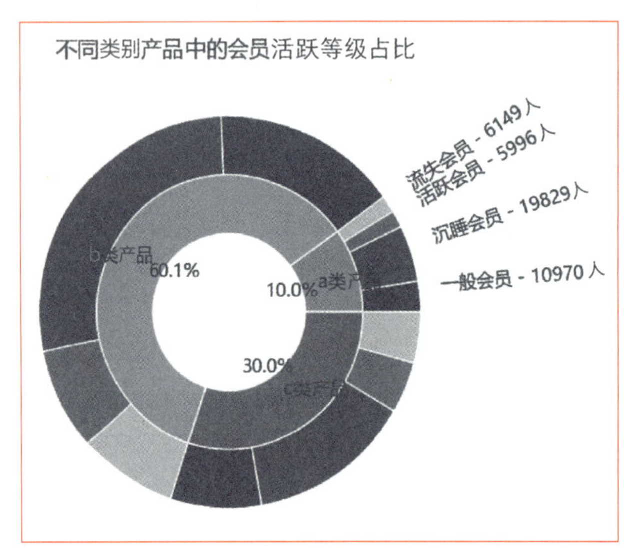

图 4-8　嵌套组合饼图

1. 特点和优势

（1）多维度信息整合与深入分析。结合主次饼图展现多层次占比，嵌套饼图不仅提升了信息含量，还允许对整体中的特定分类的内部结构进行深度探索，从而实现数据的全面剖析与细节聚焦。

（2）清晰可视性与高效解读。通过优化视觉设计，嵌套饼图可以在整合多层信息的同时简化视图，确保数据展示清晰，提升读者快速抓取关键信息的能力，增强读者数据解读的效率和准确度。

（3）精准与美学并重的展示。嵌套饼图不仅可以确保各部分占比的准确无误，避免视觉误导，还能够利用合理的色彩与形状设计增强数据区分，提升图形的美学感受，确保信息传达既准确又赏心悦目，易于受众接受。

2. 制作要点

（1）注重清晰标注与视觉引导。确保每级数据都有明确标签，采用直观标识，便于即时理解；强化关键信息，利用视觉元素如颜色或线条引导注意力，提升焦点的突出性。

（2）注重层次与美学设计。维持色彩一致性，在同层级间采用相似色调区分不同部分，增强层次感；注重美学与实用性平衡，设计中考虑图形的视觉吸引力及目标受众的阅读体验。

（3）注重简洁性与精确性调控。控制图表复杂度，避免过多嵌套，保持整体简洁清晰；尺寸与比例恰当，次级饼图尺寸适中，确保视觉平衡，且严格符合实际数据占比。

（三）利用 WPS 制作嵌套组合饼图

制作嵌套组合饼图

步骤 1：准备数据。插入数据透视表，将“产品等级”和“活跃等级”字段列放到行区域，“姓名”字段拖入列并选择计数，如图 4-9 所示。

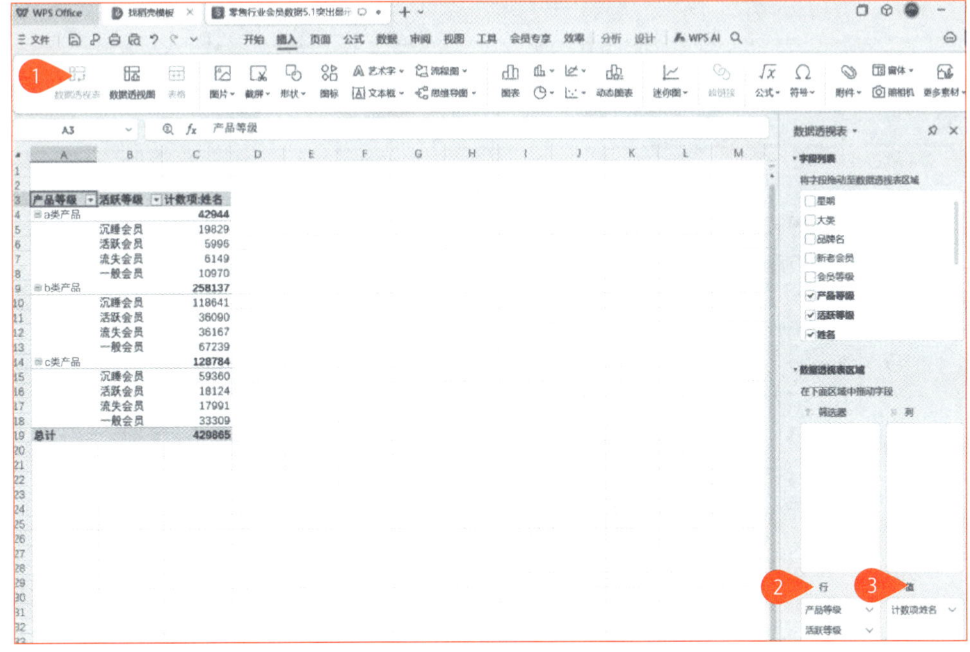

图 4-9　数据透视表设置

步骤 2：复制数据透视表数据，并整理为一个二维表，如表 4-1 所示。

表 4-1　不同类别产品的活跃等级会员数　　单位：人

产品类别	活跃等级	活跃类别	合计
a 类产品	沉睡会员	19 829	42 944
	活跃会员	5 996	
	流失会员	6 149	
	一般会员	10 970	
b 类产品	沉睡会员	118 641	258 137
	活跃会员	36 090	
	流失会员	36 167	
	一般会员	67 239	
c 类产品	沉睡会员	59 360	128 784
	活跃会员	18 124	
	流失会员	17 991	
	一般会员	33 309	

步骤 3：选择数据区域，单击“插入”，选择“二维饼图”，得到图 4-10 所示饼图。

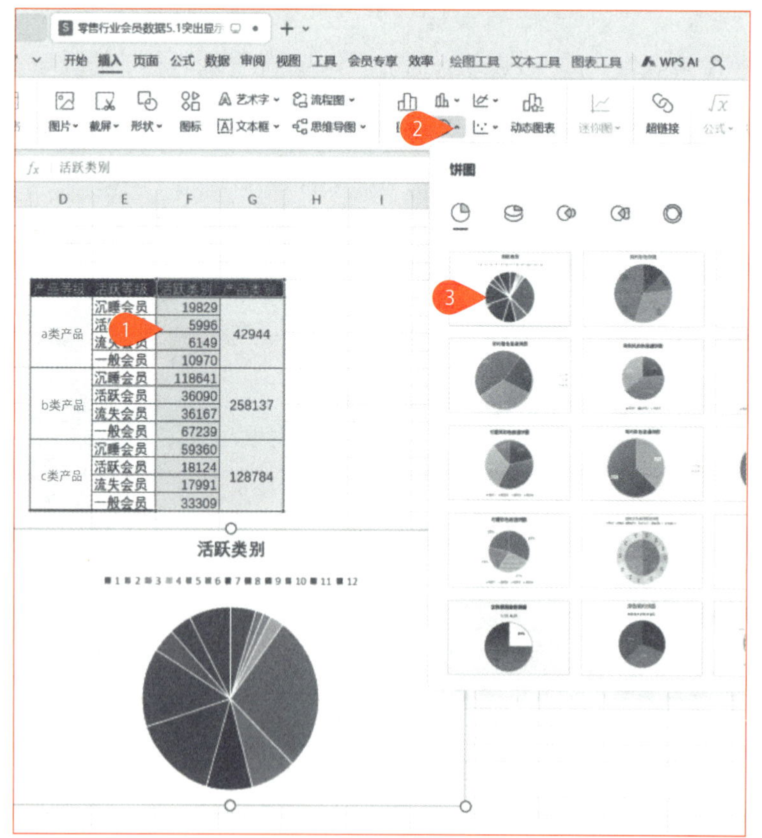

图 4-10　插入饼图

步骤 4：选中饼图，依次单击“图表工具”—“更改类型”，选择“组合图”，将“活跃类别”的饼图改成“圆环图”，勾选“次坐标轴”，如图 4-11 所示。

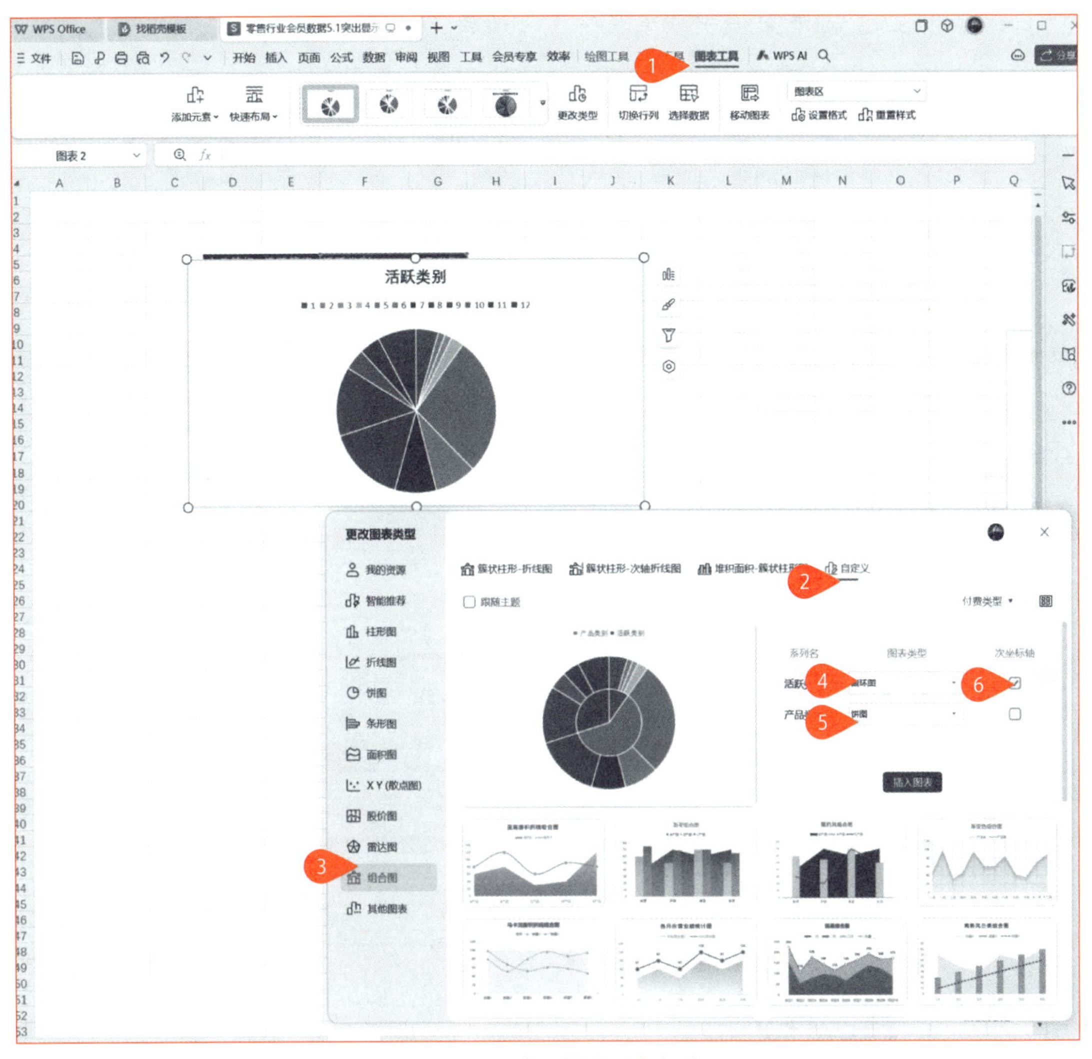

图 4-11　更改图片类型为组合图

步骤 5：单击“圆环图”，将圆环内径值调至 65%，如图 4-12 所示。

步骤 6：要突出双层饼图的层次感，改变一下饼图的填充效果就可以达到。分别选中“圆环图”和“饼图”，将它们的阴影效果均设置为“内部—右上角”，“圆环图”阴影设置参数如图 4-13 所示，“饼图”阴影设置参数如图 4-14 所示。

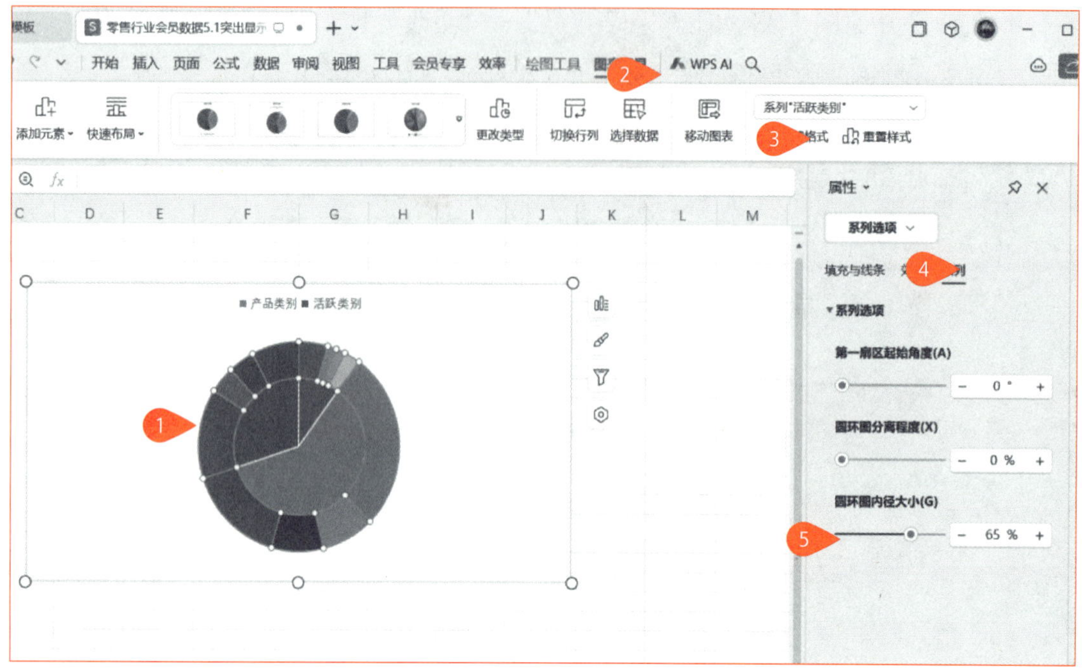

图 4-12　圆环图设置

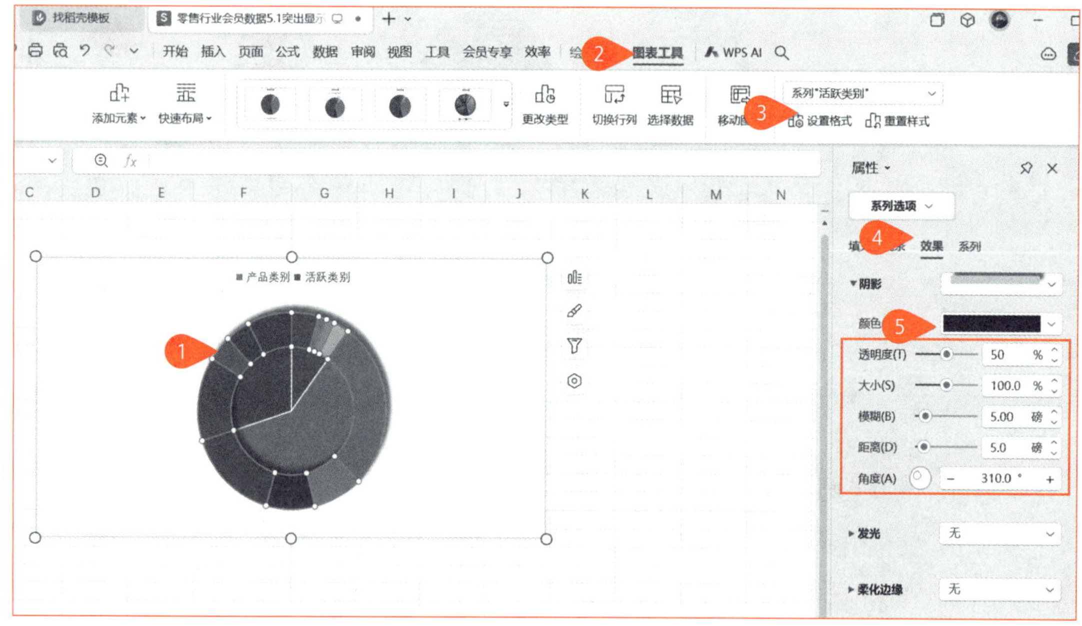

图 4-13　“圆环图”阴影设置

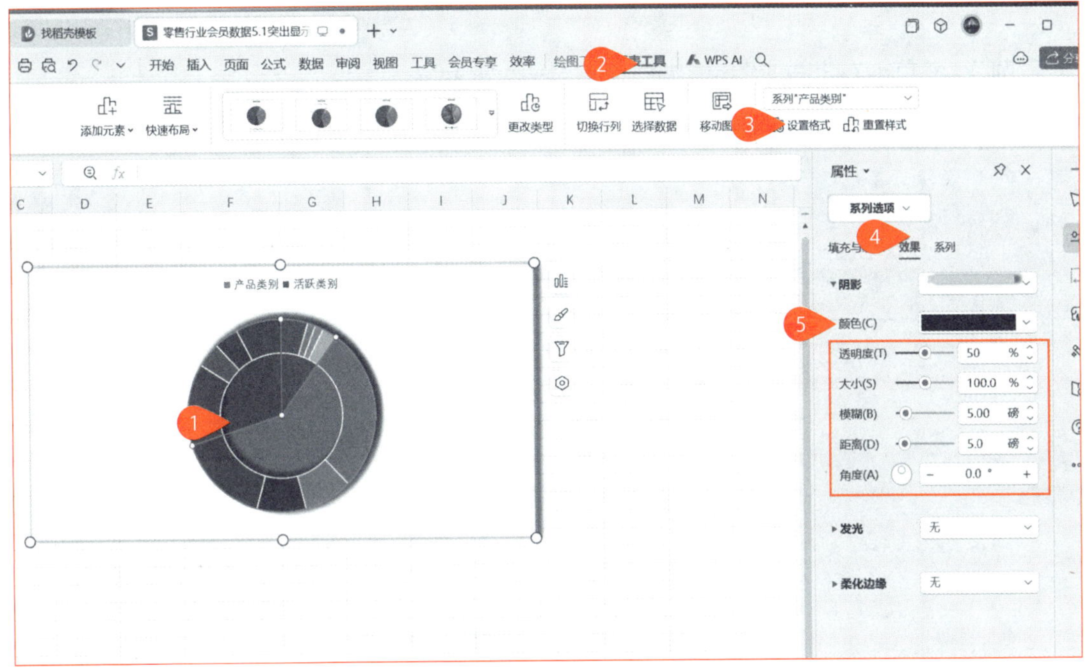

图 4-14 “饼图”阴影设置

步骤 7：选中饼图后用鼠标单击右键，在弹出菜单列表中选中“选择数据”，如图 4-15 所示。

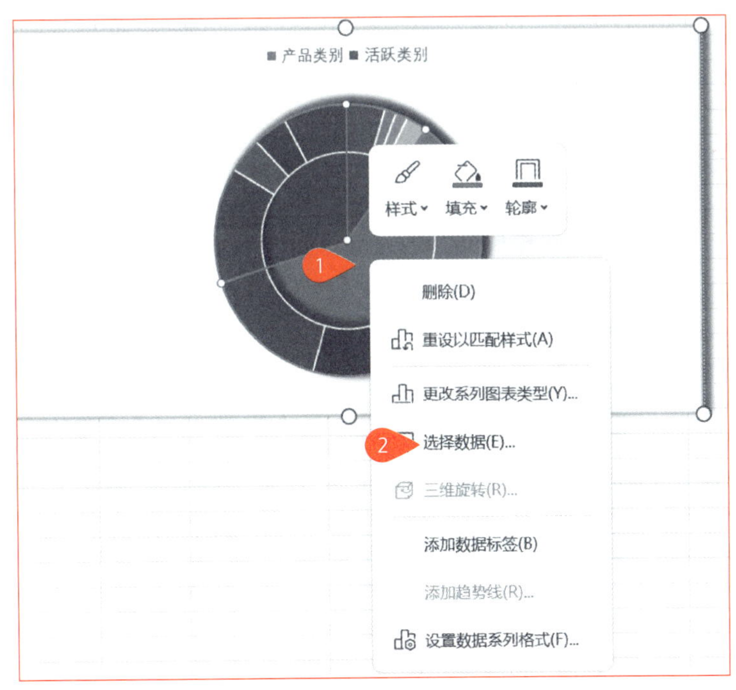

图 4-15 “选择数据”设置

步骤 8：在弹出的“编辑数据源”的窗体内，分别选中“产品类别”和“活跃类别”，并单击右上角的编辑图标，如图 4-16 所示。

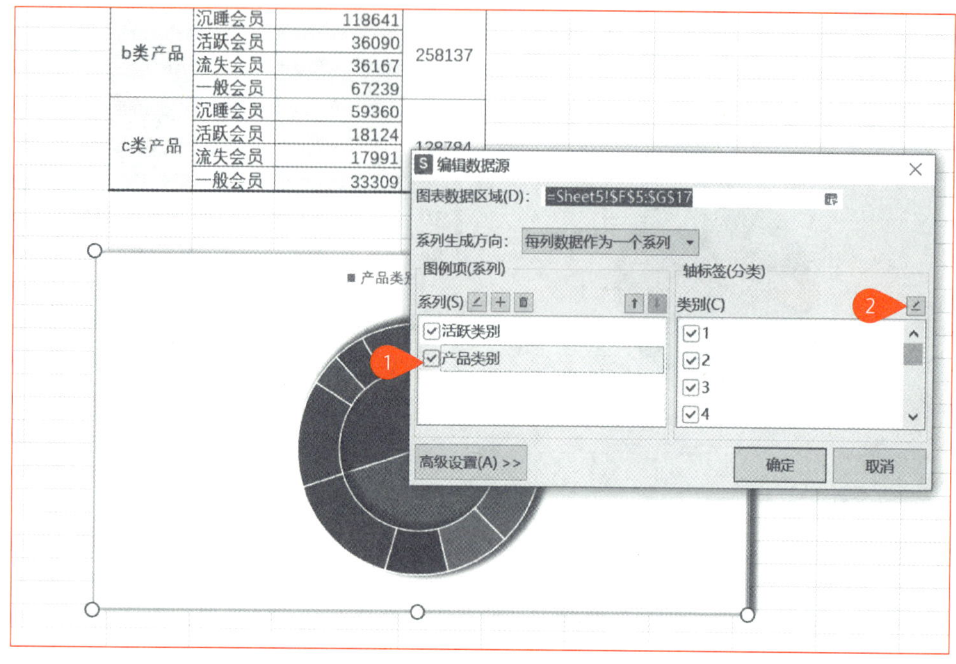

图 4-16 “编辑数据源”设置

步骤 9：在弹出的“轴标签”窗体中，分别选中“产品等级”列和“活跃等级”列，如图 4-17 所示。

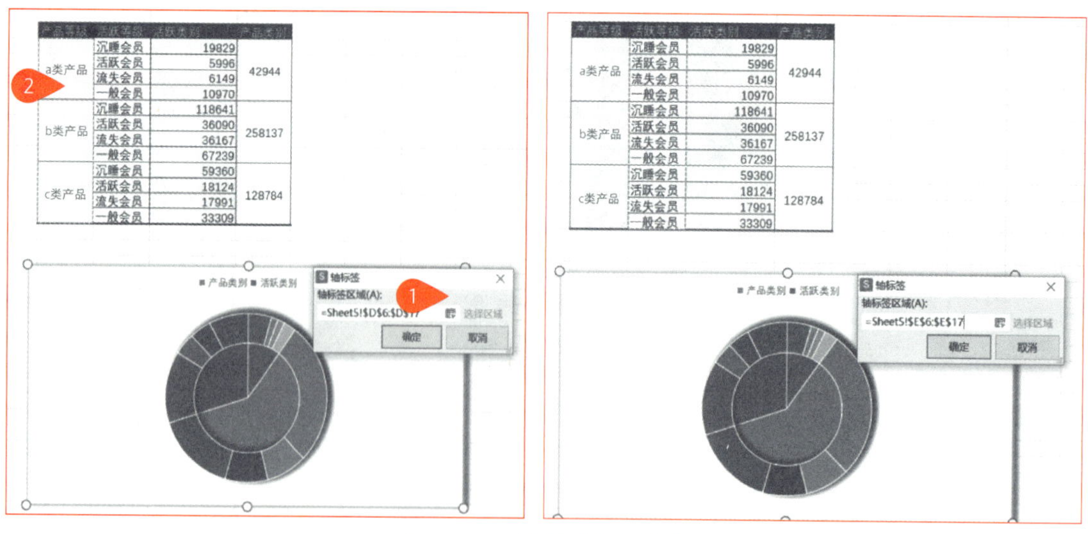

图 4-17 选择“轴标签”

完成“轴标签”区域选择后，回到“编辑数据源”窗体中，“类别”名称可以正确地在类别区域显示，如图 4-18 所示。

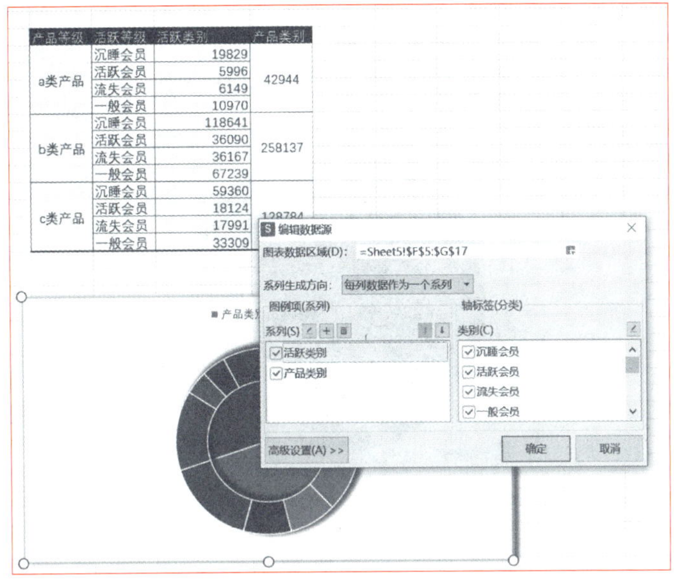

产品等级	活跃等级	活跃类别	产品类别
a类产品	沉睡会员	19829	42944
	活跃会员	5996	
	流失会员	6149	
	一般会员	10970	
b类产品	沉睡会员	118641	258137
	活跃会员	36090	
	流失会员	36167	
	一般会员	67239	
c类产品	沉睡会员	59360	128784
	活跃会员	18124	
	流失会员	17991	
	一般会员	33309	

图 4-18　完成“类别”名称的选择

步骤 10：单击内层“饼图”添加“数据标签”，然后单击“更多选项”，在“标签”页面中显示“类别名称”“百分比”，分隔符选“分行符”，显示效果如图 4-19 所示。

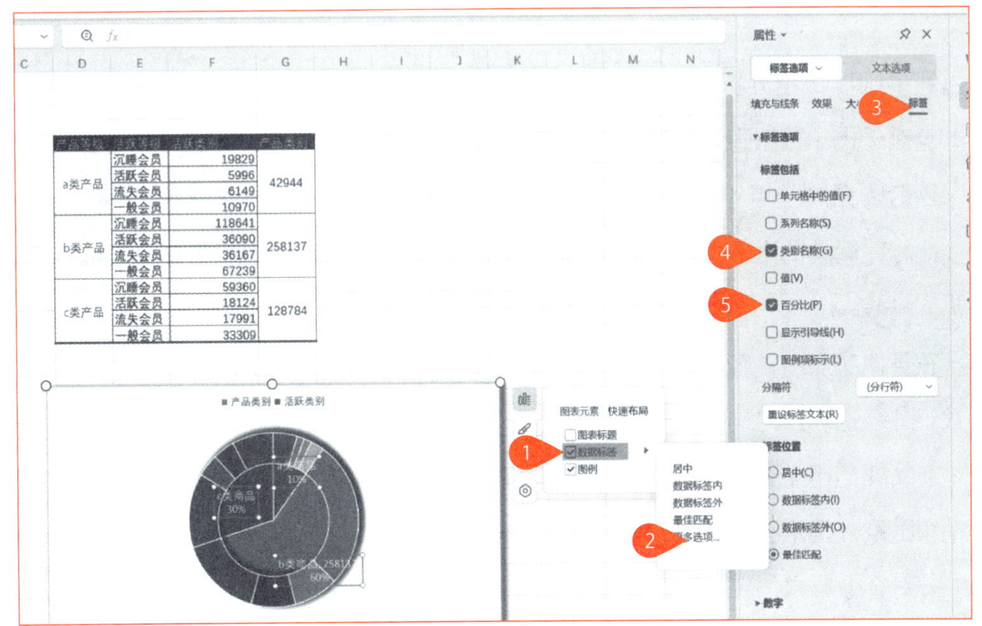

图 4-19　“饼图”的“数据标签”设置

步骤 11：同理完成外层“圆环图”的“数据标签”设置，为了重点展现 B 类产品的活跃等级分布，只保需保留 b 类产品的活跃等级的类别标签，最终效果如图 4-20 所示。

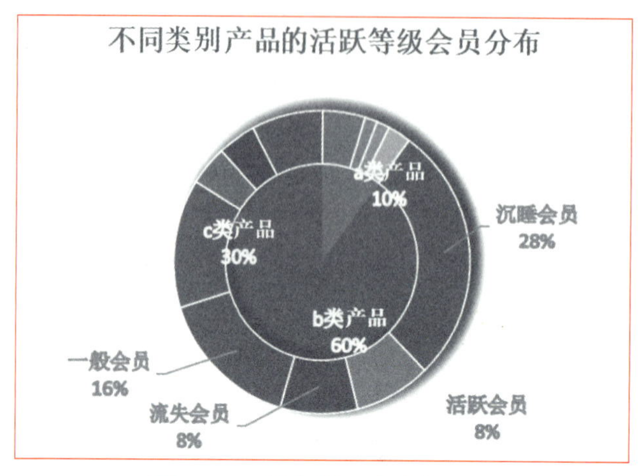

图 4-20　嵌套饼图完成效果图

任务二　展现差异对比

在多维度数据分析范畴，展示构成比例与强调各组成部分间的差异对比同等重要，这对于揭示数据隐含的特异模式及发展趋势尤为关键。

以跨国公司全球销售业绩审视为例，涵盖地域与产品线的广泛对比分析不可或缺。此时，简单的比例分析可能不足以满足深度剖析要求，强调差异化及关联性成为必需。

在具体实施中，客户忠诚度随时间演变的分析可通过堆积面积图展示，以不同色彩代表各级别客户的购买量累积趋势，直观反映变化动态。对于用户偏好的描绘，特别是在品牌与产品类别销售占比分析上，树状图可发挥效用，它能够清晰展现各类别的销售比重，揭示品牌偏好及产品类别的消费趋向。

针对企业需求，应用如堆积面积图揭示时间序列下的忠诚度变化，或借助树状图呈现品牌及产品类别销售结构，均为有效提升数据分析洞察力的手段，能够助力企业精准识别业绩差异，指导营销策略优化。

一、客户忠诚度分析——堆积面积图

（一）应用场景

1. 电商客户忠诚度分析

客户忠诚度作为企业持续性发展的支柱之一，其动态分析对于洞察市场态势至关重要。在电商数据分析时，采用堆积面积图对客户忠诚度的时间序列变化进行多层次展现，为理解忠诚度结构及其演进路径提供了直观途径。

（1）客户分级购买行为累积探索。该分析通过追踪不同等级客户随时间推移的购买量累积，使企业能直观把握客户忠诚度提升或下降的轨迹。堆积面积图清晰勾勒出的高价值客户群体的消费趋势，为营销策略的定向调整与强化客户黏性提供了数据支撑。

（2）购买行为与忠诚级别相关性剖析。深入分析各忠诚层级客户购买累积模式，帮助企业精确识别客户偏好，据此定制个性化服务与优惠政策，有效提升客户的满意度与忠诚度水平。

2. 通用业务场景

堆积面积图的效用跨越了行业界限，展现了在多种业务环境下的适应性和价值。

（1）市场动态解析。堆积面积图能够清晰展现出产品或服务随时间的市场份额变迁，例如，追踪特定手机品牌多年来的市场占有率走势，为市场趋势预测提供依据。

（2）资产配置概览。在财务管理中，堆积面积图展示了不同资产随时间增值的累计视图，便于投资者直观监控其股票、债券组合的价值波动，优化资产配置策略。

（3）绩效监测与优化。该图同样适用于组织内部绩效监控，如跟踪销售团队的周期性业绩累积，为管理层的策略调整和资源分配提供数据支持。

（二）堆积面积图介绍

堆积面积图作为数据可视化领域的一种高级表达形式，旨在揭示多个分类变量在时间轴上或按顺序累积发展的复杂格局。与标准面积图相比，其独特之处在于将各分类的面积逐层叠加，于同一视觉平面内既展现了个体占比，又综合体现了总体动态，为多维度分析提供了紧凑而高效的展现手段（见图 4–21）。

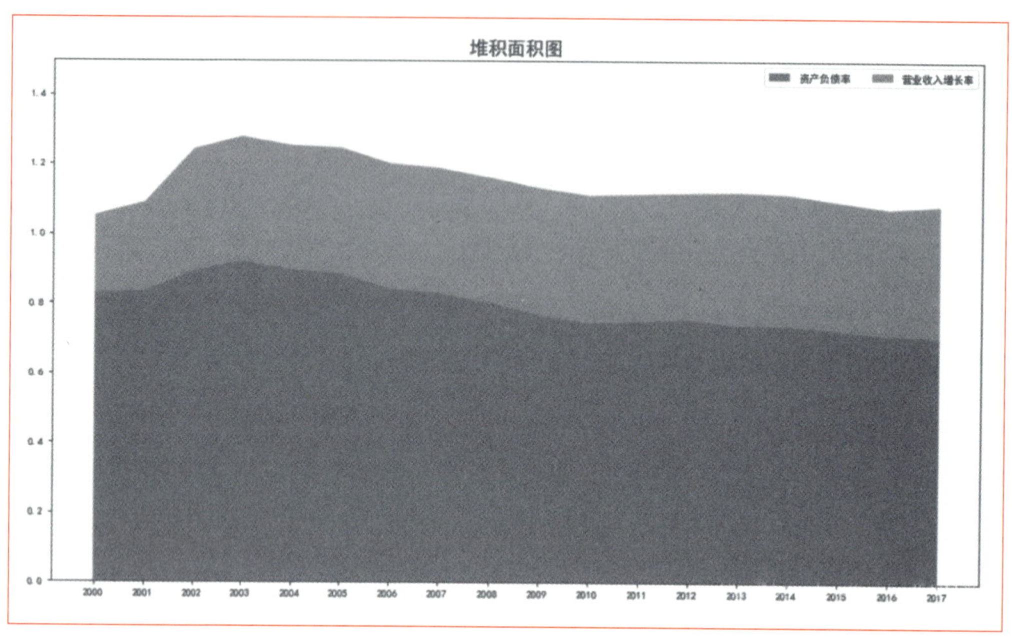

图 4–21 堆积面积图示例

（三）特点和优势

（1）多维数据展示。该图形尤其擅长处理复合型数据集，能够在单一界面下同时报告多个系列的累进趋势，尤为适用于分析由多个部分组成的系统或过程的演变。

（2）时间序列的深度透视与比较。通过强调不同时间段内各构成要素的累积差异，堆积面积图成为分析长期趋势和周期性模式的有力工具，促进用户对时间序列数据深入且直观的理解。

（3）可读性与理解性强。相较于分散展示的单一系列面积图，堆积面积图通过集成式设计显著提高了信息密度与直观性，使得数据更加集中且易于被理解。

（4）占比与总量的直观传达。此图形不仅能够展示各个组成部分所占的比例，还能有效突显整体规模的增减，实现了数据在宏观与微观层面的双重解读。

（四）制作要点

（1）注重精准标注与色彩编码。确保每个区域均有清晰标识和说明，利用差异化的色彩方案强化视觉差异，使观众能够迅速识别并关联不同数据序列。

（2）避免过度复杂。在确保数据全面性的基础上精选关键类别展示，避免信息过载，追求图形的简约美学与信息的有效传达。

（3）强调比例的严谨性与视觉和谐。严格遵循数据比例，保证图形面积精确反映实际占比，同时注重色彩与形态的和谐统一，提升图形的整体审美。

（4）采用用户导向的设计思维。依据目标受众的知识背景和需求，定制图形的复杂度和辅助说明，确保最终成果既专业又易于目标群体接受。

（五）利用 WPS 制作堆积面积图

为了观察不同会员等级在一周的占比变化情况，可以用堆积面积图进行快速展现。

步骤 1：构建星期—会员等级数据透视表，如图 4-22 所示。

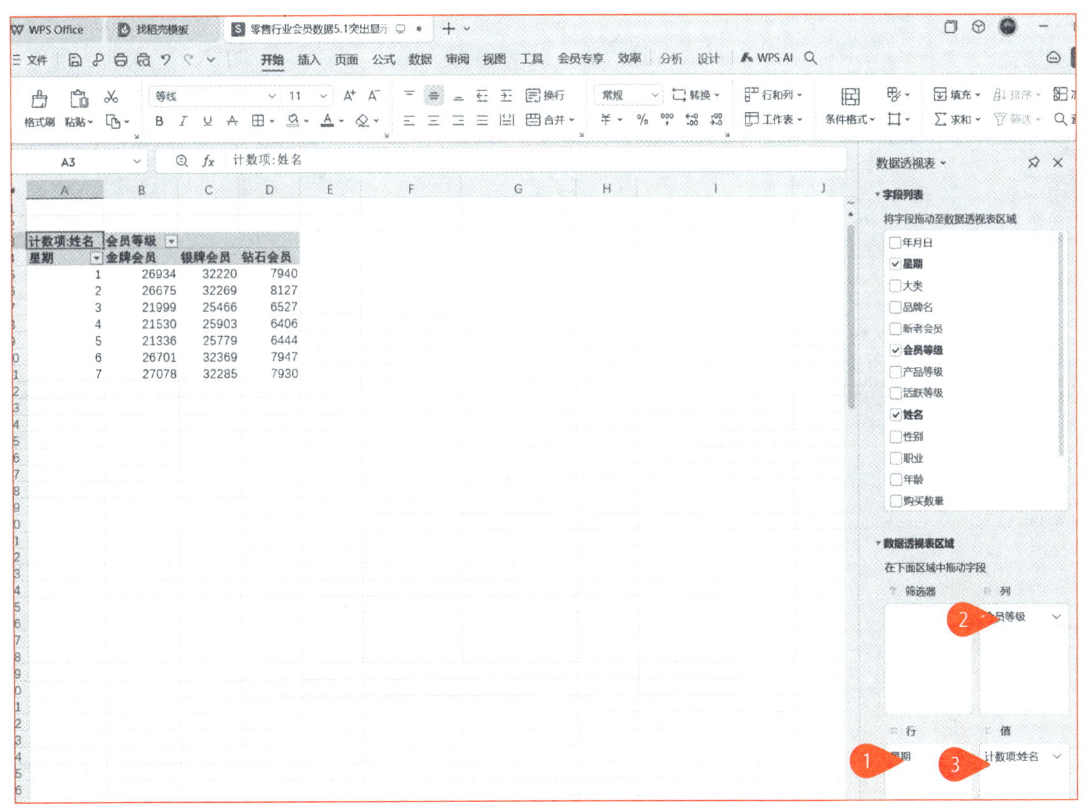

图 4-22 星期—会员数据透视表设置

步骤 2：插入百分比堆积面积图，如图 4–23 所示。

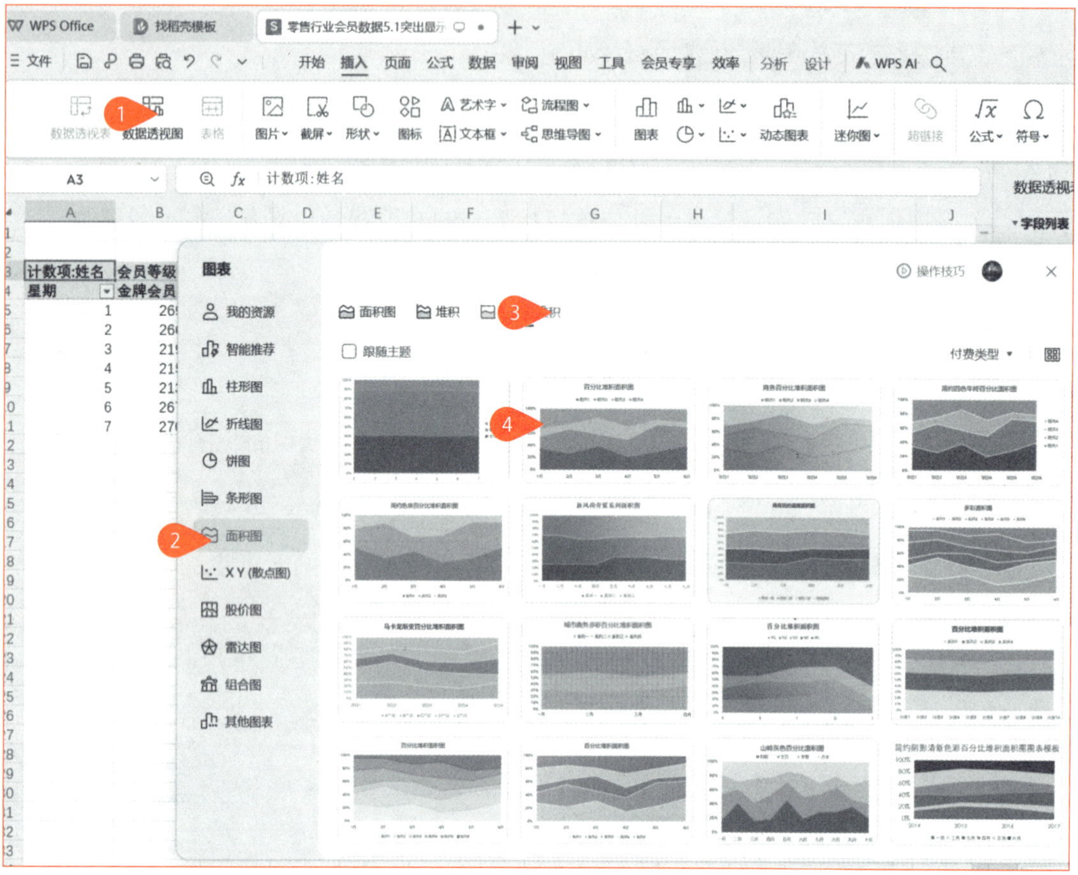

图 4–23　插入百分比堆积面积图

步骤 3：修改百分比堆积面积图的标题，从图 4–24 堆积面积图中可以观察到，三种不同的会员等级在一周内的变动不大。

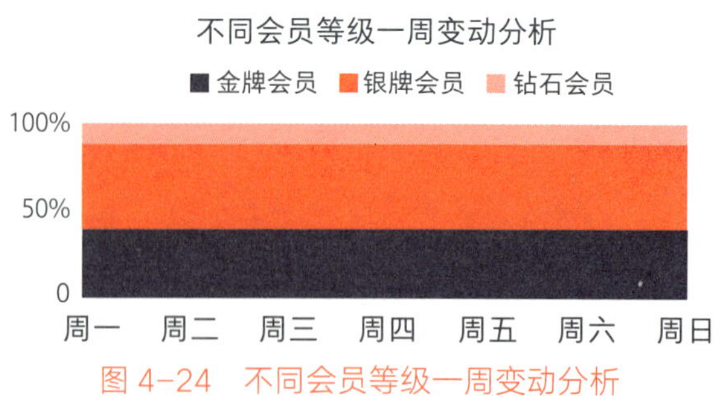

图 4–24　不同会员等级一周变动分析

二、用户画像—树状图

（一）应用场景

1. 电商客户数据分析应用场景

树状图作为一种灵活的数据可视化手段，在构建用户画像过程中发挥着桥梁作用，它不仅能够深度挖掘电商客户的行为习惯和偏好，还在组织管理、产品展示、项目规划等多个领域展现出高效的信息组织与传达能力。通过直观展现复杂数据结构，树状图能够助力企业精准定位市场、优化决策流程、提升运营效率，是跨领域数据分析和策略制定不可或缺的工具。在电商客户数据分析业务需求场景下，可以从以下两个维度分析树状图的适用性。

（1）产品偏好分析。利用树状图的层级结构展现用户购买行为的多样性，从产品类别、品牌到价格区间逐级细化，揭示消费者的偏好模式。

（2）用户群体划分。通过多维度属性（如年龄、职业、收入）区分用户群体，形成细分市场，为精准营销策略提供依据。

2. 通用应用场景

树状图不仅适用于用户画像分析，还有其他业务领域的应用。

（1）组织结构分析。以树状图形式直观展现企业内部的层级关系和部门架构，增强组织透明度和沟通效率。

（2）产品分类展示。使用树状图可以对产品进行层次分明的分类展示，简化导航路径，提升用户体验。

（3）项目管理优化。利用树状图可以展示项目结构，包括任务分解、子任务关联等，有利于团队协作和进度追踪。

（二）树状图介绍

树状图（见图 4-25）作为一种直观的数据可视化图形，擅长描绘层次分明的关系网，如企业组织架构、产品层级、文件系统等。在这幅信息图谱中，每一个节点象征着独立的实体，而边线则巧妙地连接这些实体，编织出错综复杂的关系网络。

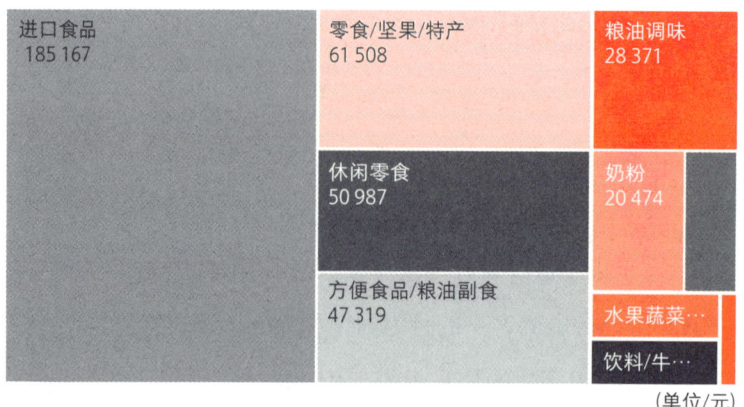

图 4-25　树状图示例

1. 特点和优势

（1）层次结构的直观性。树状图以清晰的分层展现方式，让观众一目了然地捕捉到信息的层次与结构，无论是顶层概览还是底层细节，均可轻松掌握。

（2）信息的逻辑组织。树状图凭借树状结构的有序排列，信息被逻辑性地分类与编排，便于高效检索与深入分析，使复杂数据变得井井有条。

（3）灵活性与扩展性。树状图的结构便于调整与扩展，无论是新增节点、修改连接还是层次重构，都能迅速适应数据的变化，保持图形的实时性与准确性。

2. 制作要点

（1）注重节点的精确标识。确保每一节点附有明确的标签与注释，便于读者迅速识别与记忆，减少解读负担。

（2）强调结构布局合理。精心布置节点与层次，使其结构既不显得拥挤也不过分稀疏，确保视觉流的自然流畅与信息的清晰传达。

（3）留意颜色和形状区分。运用色彩与形状的多样性来标记不同的层级或类别，增强视觉层次，使得信息区分度更高，记忆点更鲜明。

（三）用 WPS 制作树状图

为了研究不同职业用户的占比情况，可以用树状图进行分析。

步骤 1：插入数据透视表，将“职业”字段拖入“行”区域，将“姓名”拖入“值”区域，如图 4-26 所示。

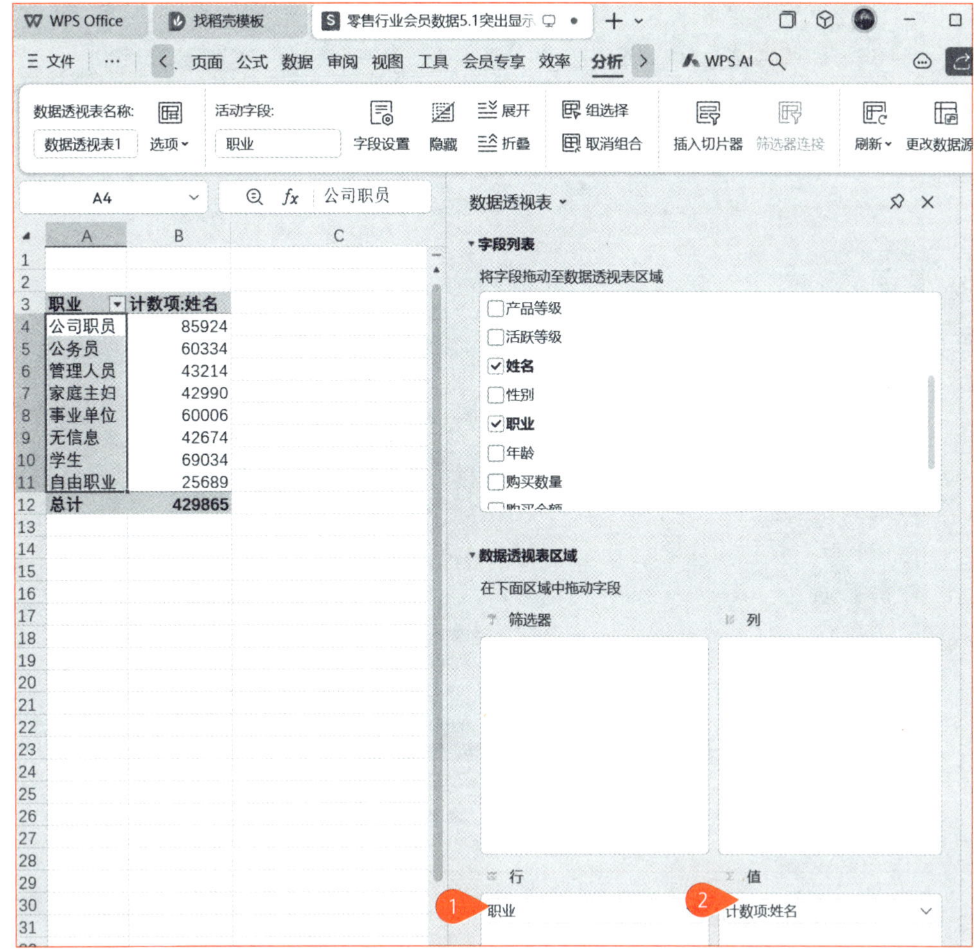

图 4-26 职业—用户数据透视表

步骤 2：选中“职业”和“计数项姓名”这两列的数据后，单击插入“图表”按钮，在弹出的菜单栏中选择“其他图表”，然后单击“查看动态图表”，如图 4-27 所示。

步骤 3：在“动态图表”页面选择“树状图”，选择其中一个色系的树状图，如图 4-28 所示。

步骤 4：选中“树状图”的“对象美化”，在“对象美化”窗体，根据需求完成颜色、标签、布局等的调整，如图 4-29 所示。

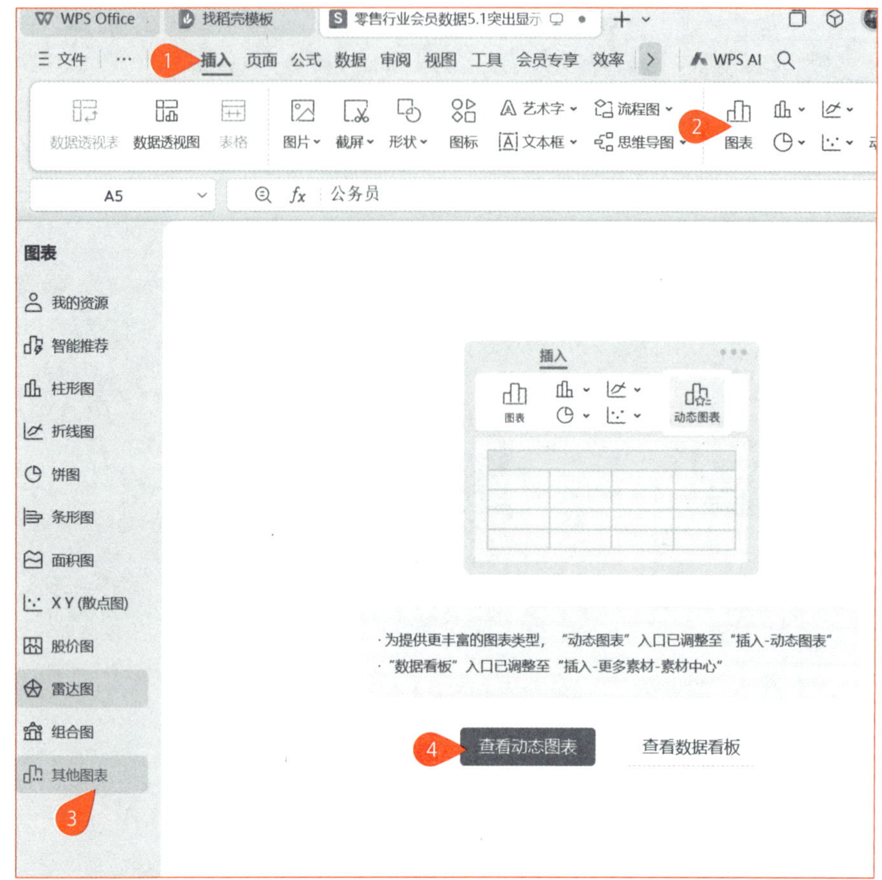

图 4-27　插入动态图表

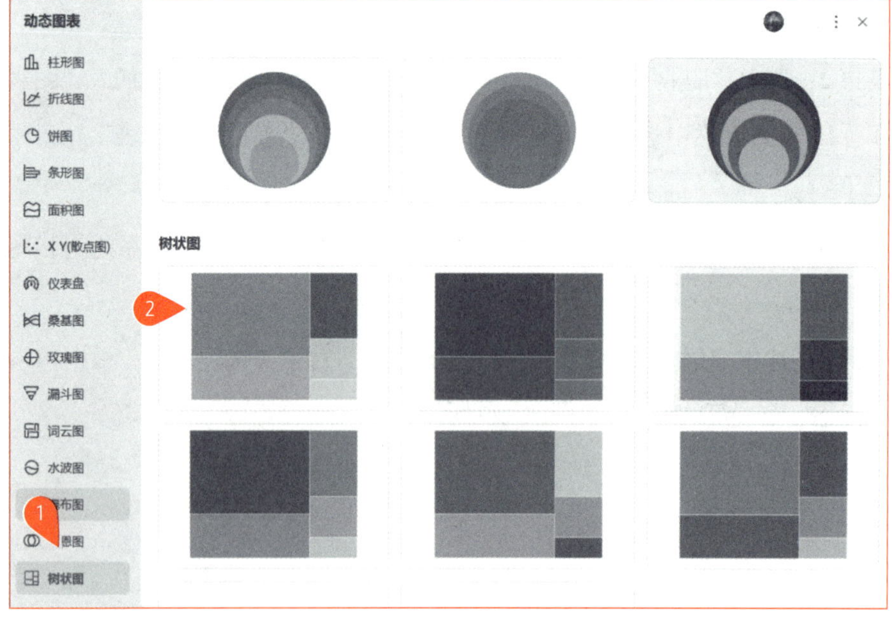

图 4-28　插入树状图

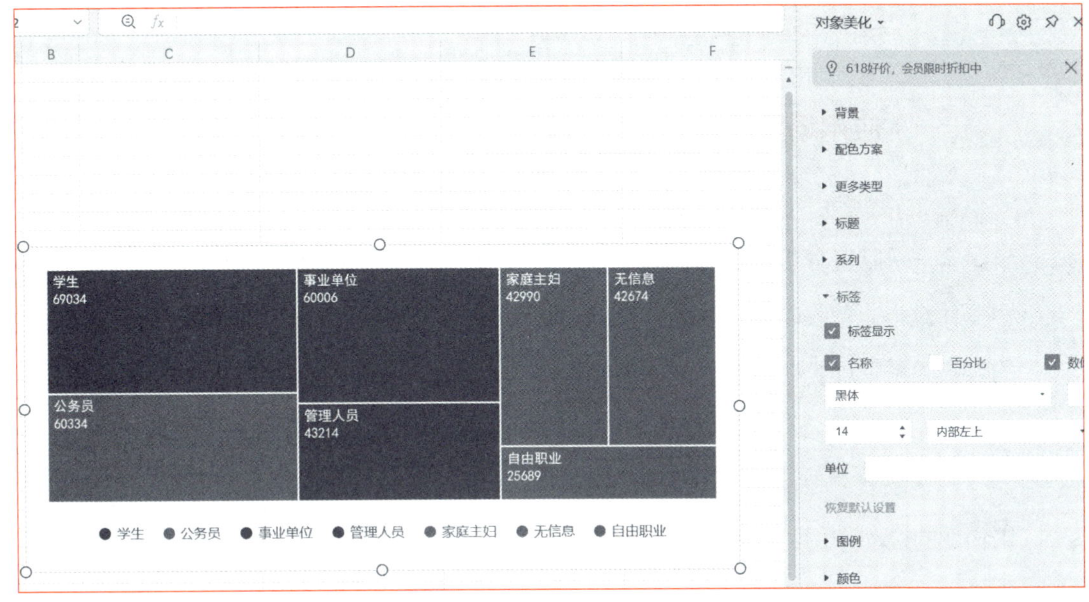

图 4-29　树状图的“对象美化”设置

任务三　展现累计过程

在数据可视化实践范畴中，展示累积过程是项核心任务，其价值在于既能表达单一数据随时间演变的趋势，又能体现各类别间累加效应的全貌。这对于追踪和可视化跨时期、多群体的累积行为模式尤其关键，尤其是在进行客户分析时。

以电商平台会员消费行为分析为例，企业了解各会员等级的购买累积趋势及各类商品销售的汇总情况极为重要。在此情境下，有效揭示累积过程成为理解市场行为动态的基本要求。

实际操作上，利用瀑布图展示不同商品分类或品牌月度销售额的累积变动，能够直接找出销售增减的关键影响因素。而针对会员活跃度与消费力的分析，则可通过实时仪表盘监控各活跃等级会员的累积消费总和，以便迅速把握二者之间的相关性，为决策提供高效洞察。

一、客户贡献度分析——瀑布图

（一）应用场景

1. 电商客户贡献度分析

客户贡献度分析是评估企业销售业绩与增长潜力的关键方法。洞悉个别客户或客户群体对企业营收的具体贡献，有助于制定更加精细化的市场营销策略，进行更有效的客户关系管理。在电商客户数据分析实例中，瀑布图成为深入剖析客户贡献度的有效工具：

（1）主要贡献者辨识。借助瀑布图，企业能够直观地识别主要客户或群体对总销售额的拉动作用，并据此优化资源配置与客户维护策略。

（2）销售波动解析。瀑布图能清晰揭示销售量波动的动因，如特定时期的大额订单或促销活动的影响，助力企业精准预测销售趋势，为未来规划提供依据。

2. 通用业务场景

瀑布图以其直观性和灵活性，在众多业务领域展现出广泛应用价值：

（1）财务管理。通过解析各产品线、地域或客户群对企业净收益的贡献，财务部门得以清晰掌握收入构成，为资金配置提供科学依据。

（2）产品销售监控。用于追踪产品季度或年度销售增长率，识别推动销售增长的关键要素，指导产品策略的适时调整。

（3）项目监控与管理。帮助项目经理系统分析项目成本、风险及收益的动态累积，及时识别潜在问题，保障项目顺畅执行。

（二）瀑布图介绍

瀑布图（Waterfall Plot）（见图 4–30），具有自上而下的流畅效果，也被称为阶梯图（Cascade Chart）或桥图（Bridge Chart）。这种图形采取绝对值和相对值相结合的方式，能直观地反映数据的增减变化，反映数据在不同时期或受不同因素影响下的结果，适用于表达数个特定数值之间的数量变化关系，多用于经营分析和财务分析。

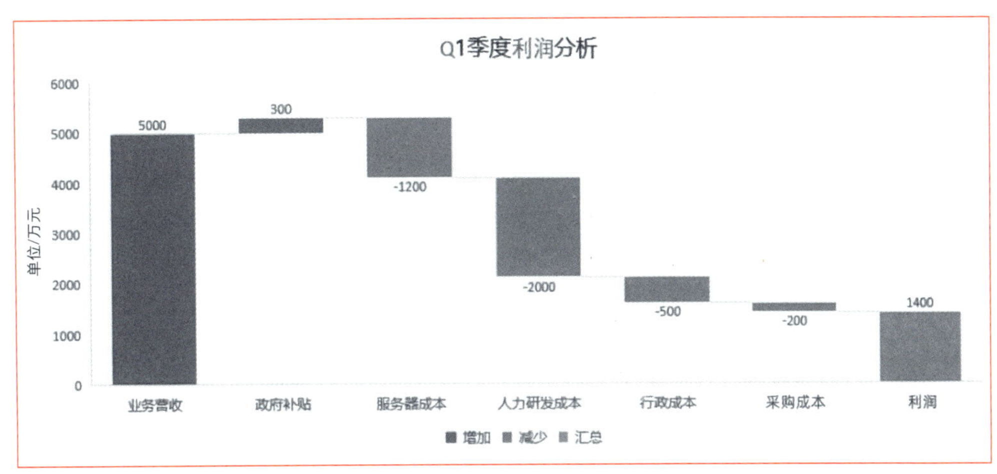

图 4-30　瀑布图示例

1. 特点和优势

（1）直观连续性。以连续排列的柱状元素反映数值的逐步变迁，使得观众能够轻松把握总体趋势走向。

（2）颜色区分正负。通过色彩编码区分正值（如收入增加、成本节约）与负值（如支出、损失），强化增减动态。

（3）复杂简化。将多层次的数据变动简化为一目了然的图像，提升信息处理效率。

2. 制作要点

（1）注重精确标注。确保每根柱体附带清晰的标签和数值，翔实记录每个变化环节。

（2）强调视觉优化。柱体排列有序，正负数色差鲜明，整体设计简洁明了，利于观众快速抓取信息。

（3）遵循简约原则。精选关键数据点，防止过度填充图表内容，维持图表的直观性和易理解性。

（三）用 WPS 制作瀑布图

为了解不同活跃等级用户的消费金额的占比情况，可以用瀑布图进行直观的分析。

制作瀑布图

步骤 1：插入数据透视表，将“活跃等级”字段拖入“行”区域，将“购买金额”拖入“值”区域，如图 4-31 所示。

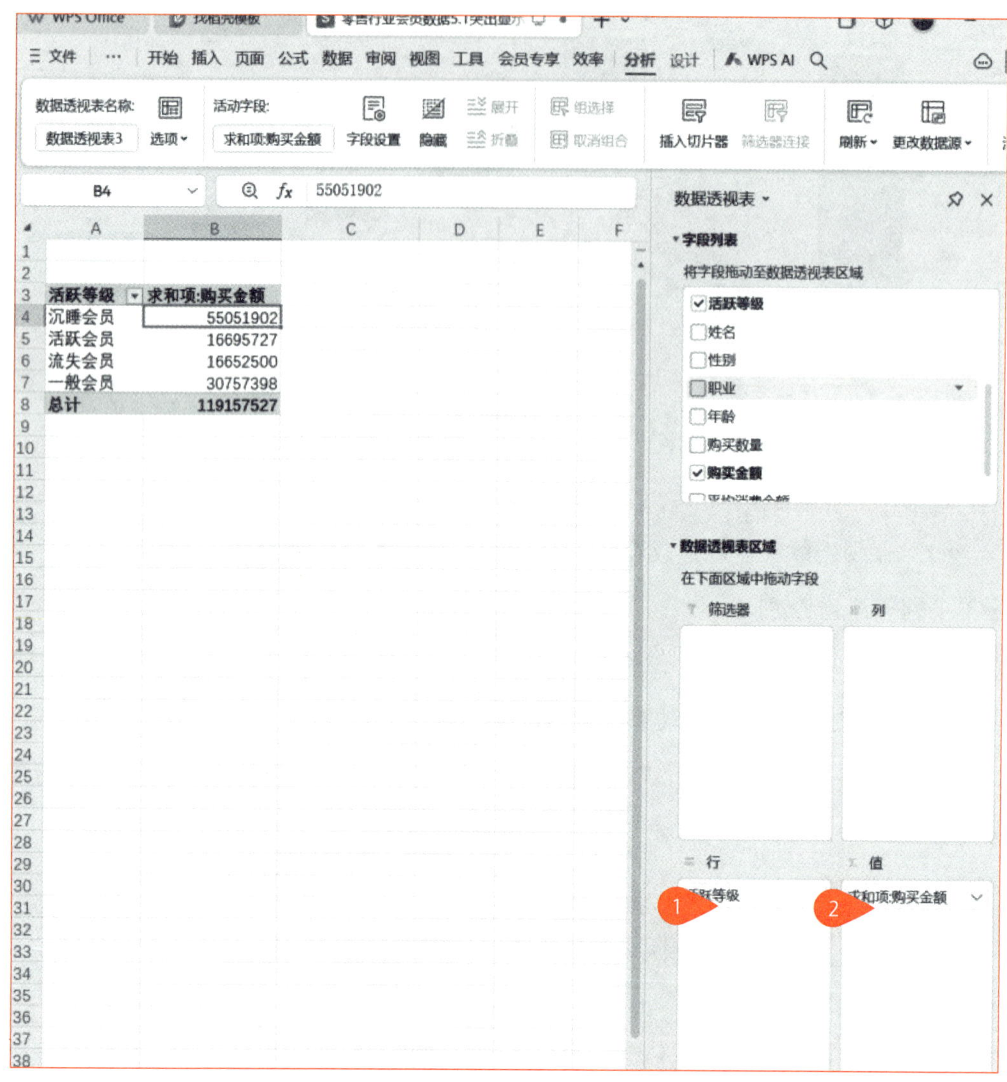

图 4-31 “活跃等级—购买金额”数据透视表

步骤 2：单击“值”区域的向下箭头，在弹出菜单栏中选中“值字段设置”，在“值字段设置”的窗体中选择左下角的“数字格式”，在“单元格格式”窗口中选择“特殊”，在“类别”中找到“单位：万元”后单击“确定”，这样把“购买金额列”的数据改为万元单位，如图 4-32 所示。

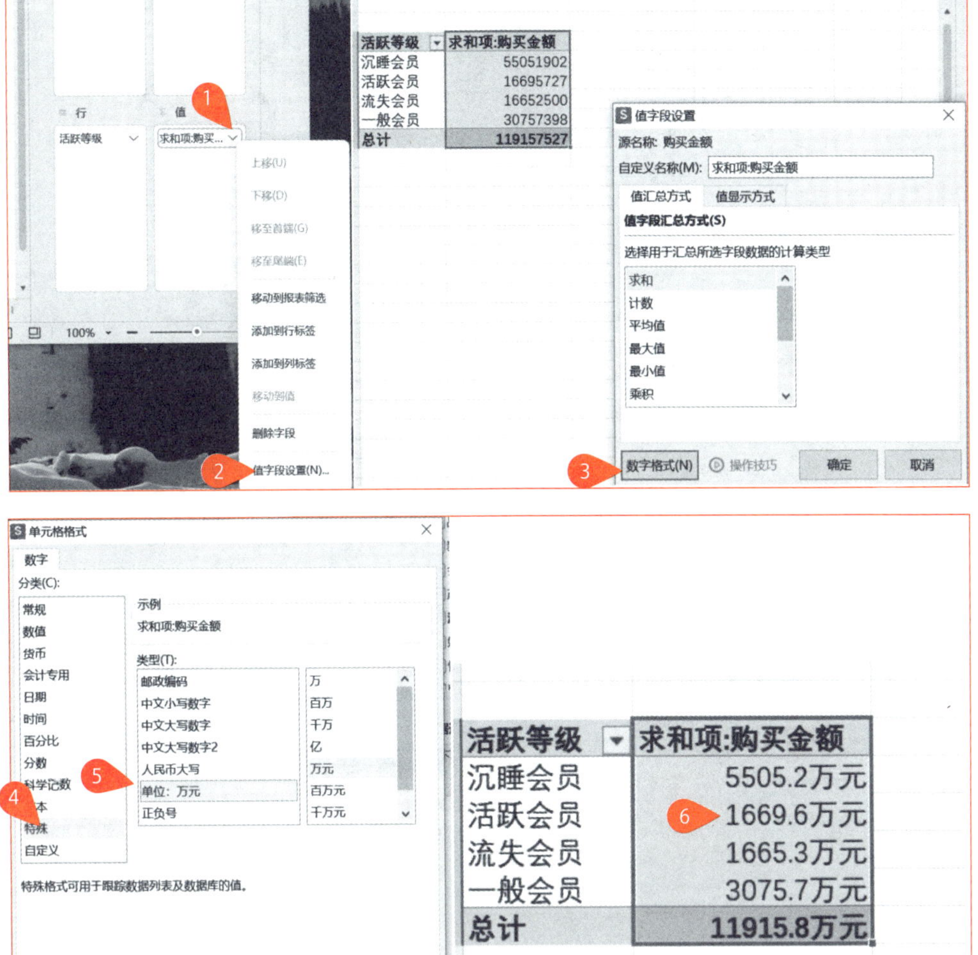

图 4-32　设置数字格式

步骤 3：选中整个数据透视表，单击插入“图表”按钮，在弹出的菜单栏中选择“其他图表”，然后单击“查看动态图表”，如图 4-33 所示。

步骤 4：在“动态图表”页面选择“瀑布图”，选择其中一个色系的瀑布图，如图 4-34 所示。

步骤 5：在瀑布图中，对“对象美化”进行设置，增加标题项，去掉图例，最后生成的瀑布图如图 4-35 所示。

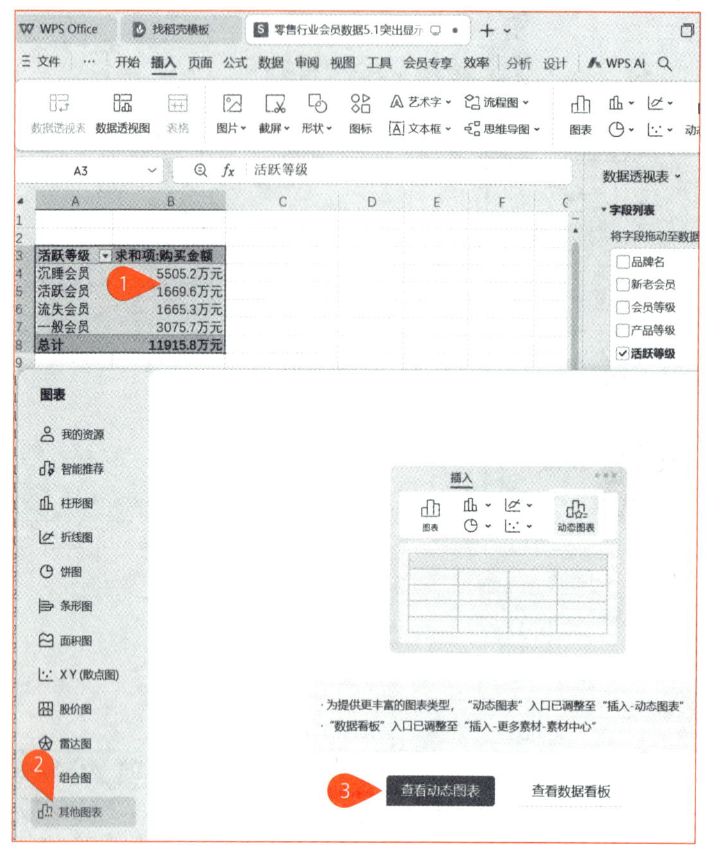

图 4-33　插入动态图表

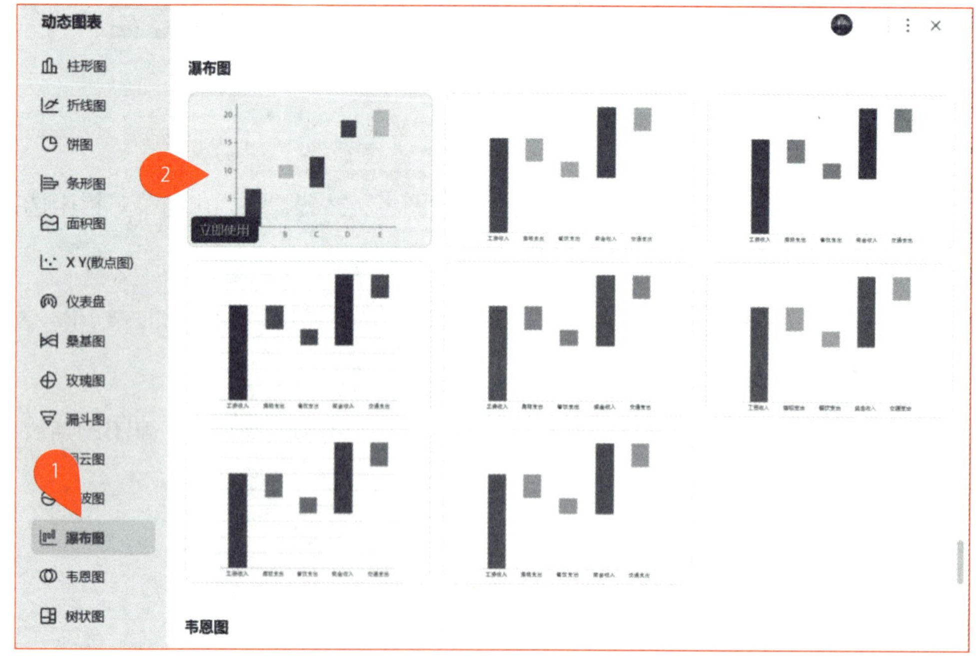

图 4-34　插入瀑布图

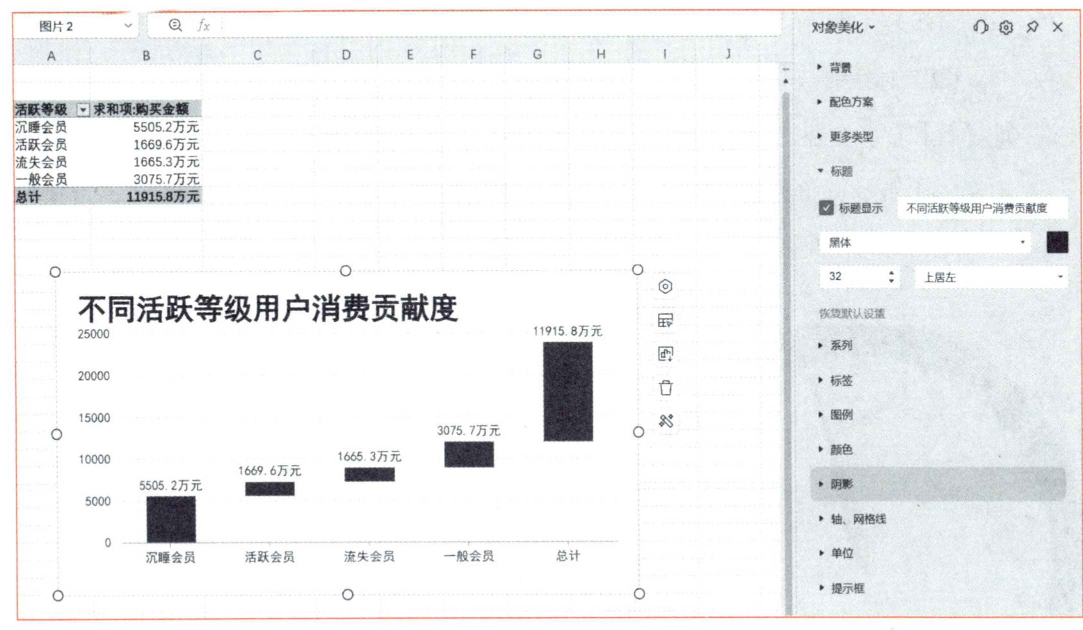

图 4-35 瀑布图的对象美化设置

二、会员活跃度分析——仪表盘

（一）应用场景

1. 电商会员活跃度分析的应用场景

会员活跃度是企业维系与会员互动和推动销售增长的重要参考指标。了解不同活跃等级会员的行为模式和参与度，有助于企业精确调整营销策略和提高客户满意度。在电商客户数据分析中，可以使用仪表盘来深入分析会员的活跃度。

（1）活跃度等级分析。用仪表盘图展示特定会员的累计购买金额与预期目标之间的对比，这有助于企业直观地了解会员的贡献率和潜在价值。

（2）性别、年龄和职业维度的活跃分析。用仪表盘图展示不同性别、年龄、职业的会员在不同活跃等级上的分布和贡献率。例如，显示某个年龄段的会员累计购买金额，帮助企业了解哪个年龄段的会员更活跃。

2. 常用业务场景

仪表盘图作为一种综合展示的可视化工具，在许多业务领域中有广泛应用。

（1）运营监控分析。企业可以通过仪表盘监控实时的运营数据，例如网站访问量、订单转化率等，实时了解业务状态，迅速作出响应。

（2）财务绩效分析。企业管理层可以通过仪表盘展示各部门的财务绩效，更好地了解和管理企业的财务状况。

（3）市场竞争分析。通过展示与竞争对手的市场份额、品牌知名度等关键指标的对比，助力企业精准定位和策略调整。

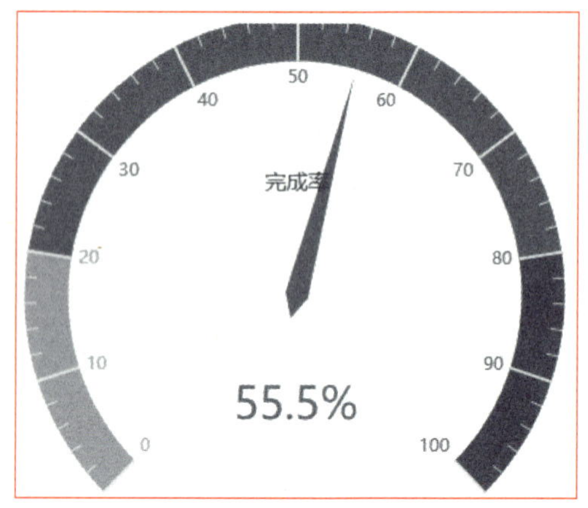

图 4-36　仪表盘图示例

（二）仪表盘图介绍

仪表盘图（见图 4-36），也被称为速度计图，是一种圆形图，用于显示一个或多个关键绩效指标（KPI）的进度或状态。它通常包含一个或多个指针，指示当前值与目标值之间的对比。仪表盘图有助于快速识别业务目标的达成情况及潜在的风险和问题。

1. 特点和优势

（1）实时监控。仪表盘图能够实时反映关键数据的变化，有助于及时发现和处理问题。

（2）可定制展示。可以根据不同的业务需求定制展示内容，强调关键指标。

（3）一目了然。通过图形和图表的方式展示数据，让信息更直观易懂。

（4）支持决策。将复杂数据简化呈现，为管理层提供及时准确的决策支持。

（5）灵活互动。用户可以通过仪表盘图交互式地查看和分析数据，提高分析效率。

2. 制作要点

（1）选择关键指标。明确制作仪表盘图的目的，并选择与之相关的关键性能指标。

（2）布局合理。确保仪表盘图的布局清晰、有逻辑，方便用户快速找到所需信息。

（3）颜色和图形选择。使用恰当的颜色和图形，使数据的展示更生动直观。

（4）保持简洁。避免过多的装饰和冗余信息，使仪表盘简洁易读。

制作仪表盘图

（三）用 WPS 制作仪表盘图

步骤 1：插入数据透视表，将“活跃等级”字段拖入“行”区域，将“购买金额”拖入“值”区域，如图 4-37 所示。

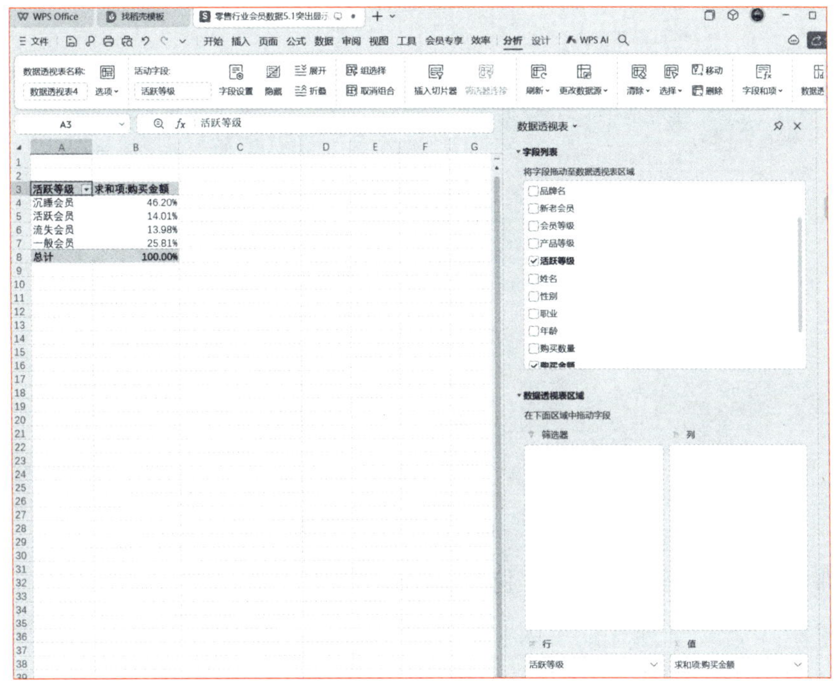

图 4-37 “活跃等级—购买金额”数据透视表

步骤 2：单击“值”区域的向下箭头，在弹出菜单栏中选中“值字段设置”，在“值字段设置”的窗体中选择的“值显示方式”页签，在“值显示方式”的下拉列表中选择“列汇总的百分比”后单击“确定”，这样把“购买金额列”的数据改为百分比，如图 4-38 所示。

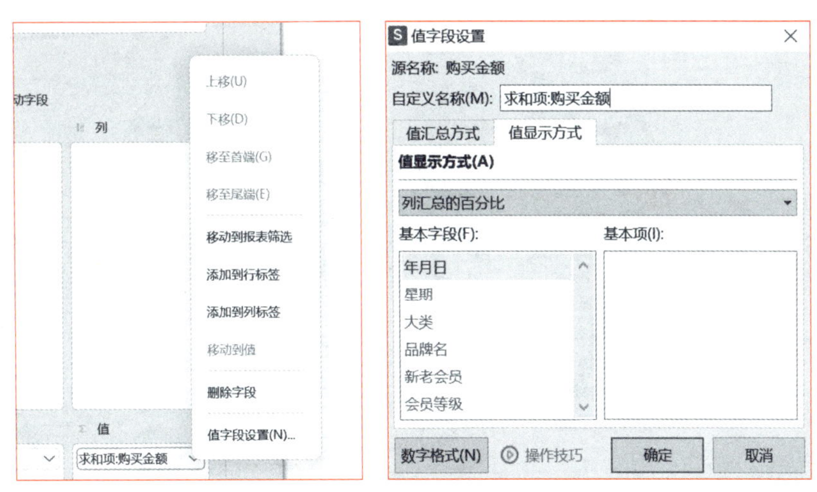

图 4-38 更改值显示方式

步骤 3：复制整个数据透视表到新的工作区，将数据透视表更改为普通数据表格方式，如图 4-39 所示。

活跃等级	求和项:购买金额
沉睡会员	46.20%
活跃会员	14.01%
流失会员	13.98%
一般会员	25.81%
总计	100.00%

活跃等级	求和项:购买金额
沉睡会员	46%
活跃会员	14%
流失会员	14%
一般会员	26%
总计	100%

图 4-39　复制数据透视表

步骤 4：选中复制的表格中，包含总计行的数据表，单击“插入”，在工具栏中单击“图表”按钮，在弹出的窗体中选择“饼图”—“圆环图”，如图 4-40 所示。

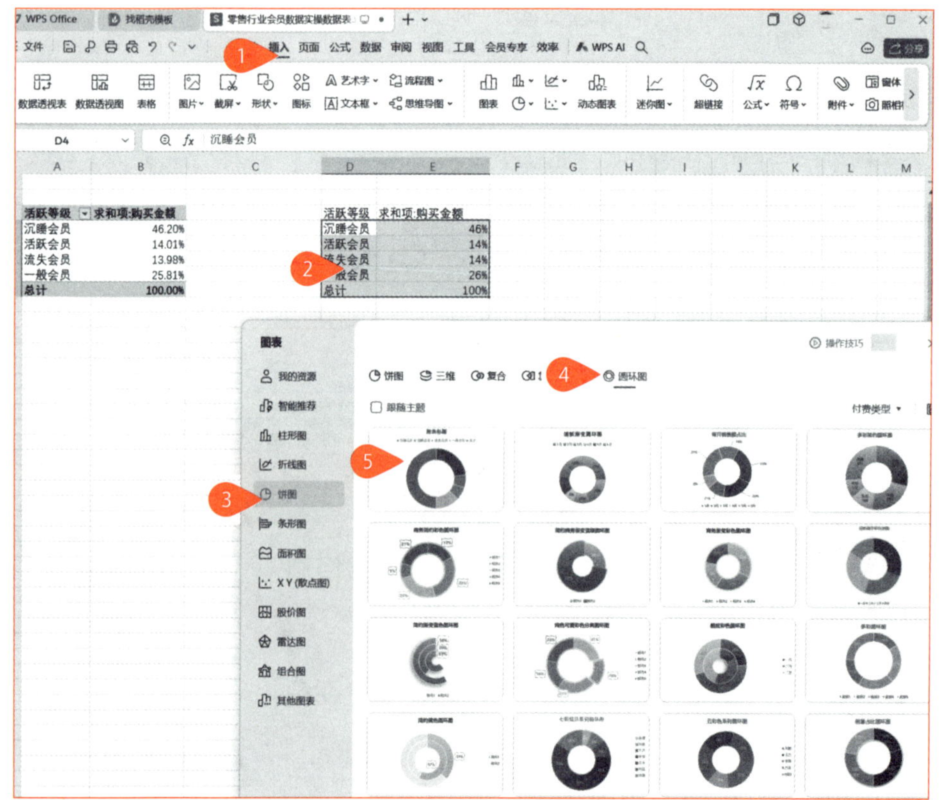

图 4-40　插入圆环图

步骤 5：在形成的圆环图中，修改标题，去掉图例，单击最右边的圆环部分，首先在“系列选项”页面的“填充”区域选择“无”，在“线条”区域选择“无填充”，转到“系列”设置页面，将“第一扇区起始角度”修改为“270°”，这样就完成了仪表盘图的仪表部分的设计，如图 4-41 所示。

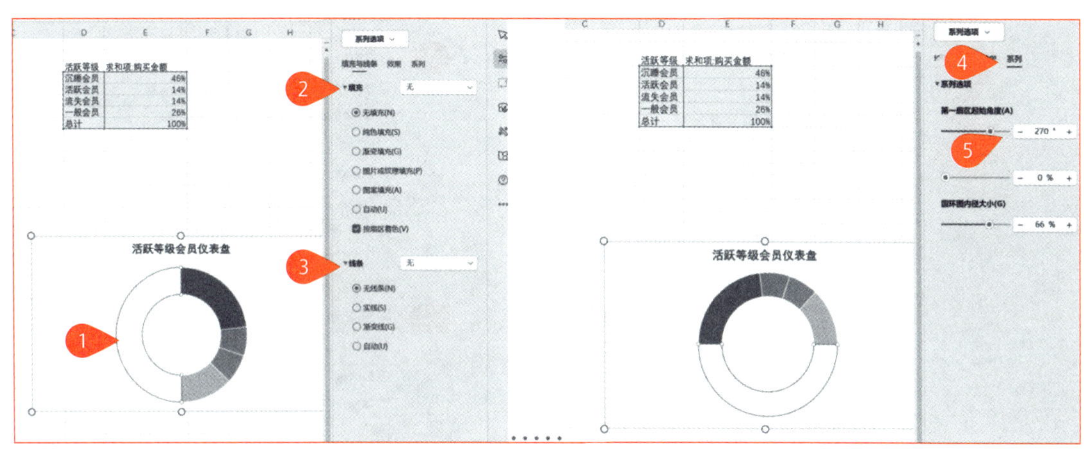

图 4-41　仪表盘图系列选项设置

步骤 6：为了形成仪表盘图的指针，需要制作一个三行辅助数据表，辅助数据表中需要有一行数据为 1%，合计需为 1，之后选中这个辅助数据表，插入饼图，如图 4-42 所示。

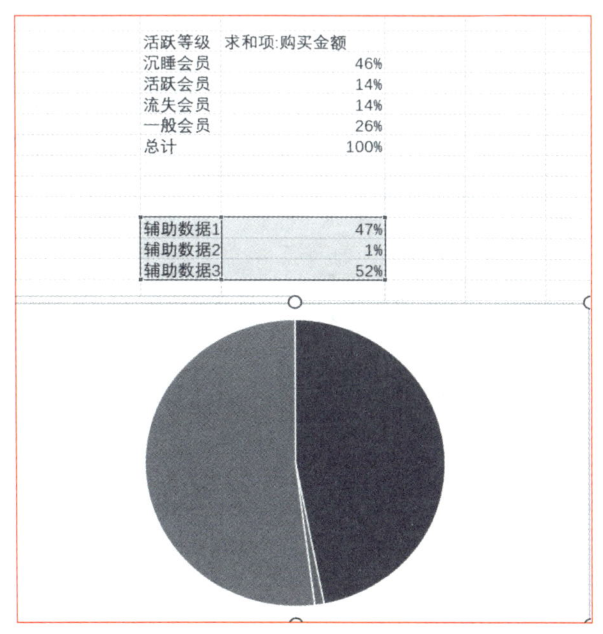

图 4-42　插入辅助数据表饼图

步骤 7：分别选中饼图的灰色和蓝色区域，在“系列选项”页面的“填充”区域选择“无填充”，在“线条”区域选择“无线条”，如图 4-43 所示。

图 4-43　修改饼图不同扇形区域的填充选项

步骤 8：选中最小的 1% 扇形区域，将填充区域选择“纯色填充”，颜色选择一个和仪表盘图颜色对比强的填充色系，线条选择“无线条”，如图 4-44 所示。

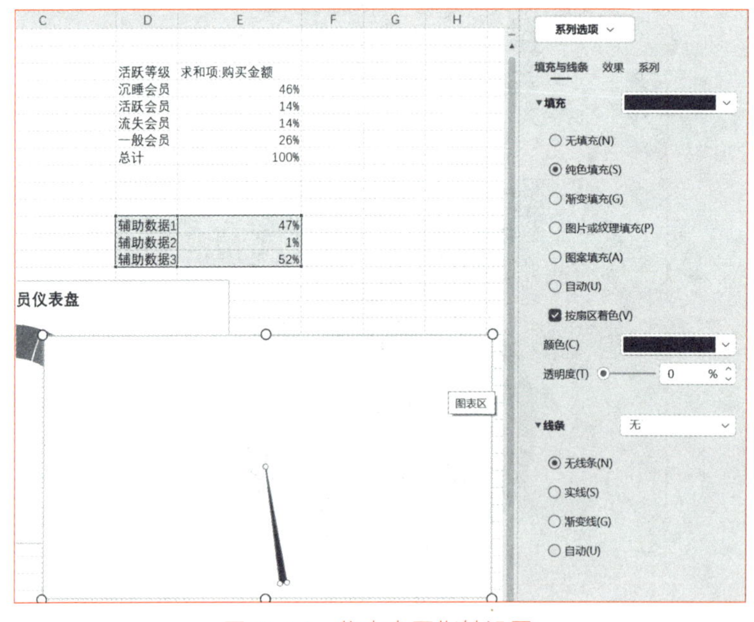

图 4-44　仪表盘图指针设置

步骤 9：选择饼图的外框，在填充区域选择“无填充”，线条区域选择“无线条”，让饼图变成透明，将两个图表组合到一起，最终完成仪表盘图设计，如图 4-45 所示。

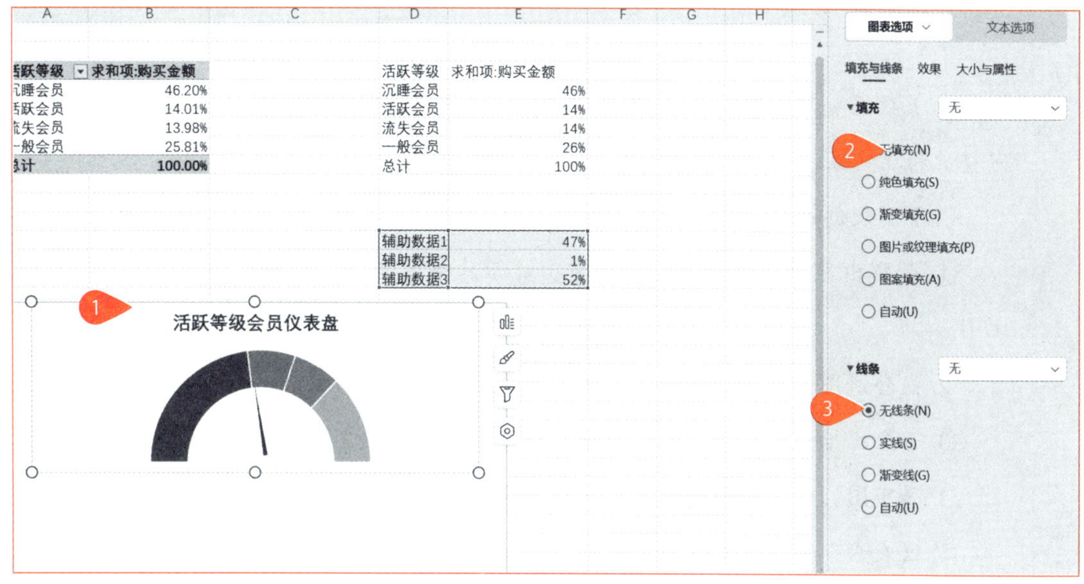

图 4-45 仪表盘图组合

综合实训 农产品电商数据可视化项目

一、实训目标

（1）利用带突出显示的饼图展示各品类农产品在总销售额中的占比，帮助理解各品类对整体销售的贡献。

（2）利用嵌套组合饼图展示各品类农产品内部不同品牌的销售占比，进一步加深对销售数据的理解。

（3）利用百分比堆积面积图展示不同销售渠道（如线上、线下、第三方平台等）的销售比例，帮助了解各渠道的贡献率。

（4）利用瀑布图展示不同销售渠道的销售增减情况，帮助理解各渠道的销售变化情况。

（5）利用仪表盘展示各品类农产品的销售目标完成情况，帮助监控销售进度。

二、实训内容

（1）数据整理：将农产品电商相关销售数据整理到 WPS 或 Excel 中，确保数据完整性和准确性。

（2）图表创建：

① 带突出显示的饼图：创建带突出显示的饼图展示不同品类农产品的销售构成比例。

② 嵌套饼图：创建嵌套饼图展示不同品类农产品中各品牌的销售比例。

③ 百分比堆积面积图：创建百分比堆积面积图展示不同销售渠道的销售比例。

④ 瀑布图：创建瀑布图展示不同销售渠道的销售增减情况。

⑤ 仪表盘：创建仪表盘展示各品类农产品的销售目标完成情况。

三、实训步骤

（1）对创建的各类图表进行分析，提炼关键数据和结论。

（2）解读图表结果，识别农产品电商高质量发展中的关键因素和改进点。

四、实训成果

根据图表分析结果，撰写一份详细的分析报告，报告应包含图表截图、数据解读和相应的改进建议。分析报告应结构清晰，逻辑严谨，能够帮助企业快速了解电商运营现状及改进方向。

知识与技能训练

一、单选题

1. 带突出显示的饼图和嵌套饼图主要用于展示（　　）。

A. 时间序列数据　　B. 占比数据

C. 流程数据　　D. 关系数据

2. 在制作带突出显示的饼图时，以下（　　）操作可以增强图表的视觉效果。

A. 使用数据标签　　B. 更改图表类型

C. 添加数据透视表　　D. 更改图表颜色

3. 面积图与百分比堆积面积图的主要区别在于（　　）。

A. 数据的来源　　B. 图表的颜色

C. 数据累积方式　　D. 图表的形状

4. 瀑布图主要用于展示（　　）类型的数据变化。

A. 长期趋势　　B. 分布频率

C. 数据增减过程　　D. 数据关系

5. 在 WPS 软件中插入数据透视图的第一步是（　　）。

A. 设置数据标签　　B. 选择图表类型

C. 插入数据透视表　　D. 编辑数据源

二、多选题

1. 以下（　　　）适用于展示时间序列数据的变化。

A. 饼图　　B. 面积图

C. 百分比堆积面积图　　D. 瀑布图

2. 使用嵌套组合饼图时需要注意的制作要点包括（　　　）。

A. 注重清晰标注与视觉引导　　B. 注重层次与美学设计

C. 使用大量颜色和图形　　D. 注重简洁与精确性调控

3. 仪表盘图表适用于展示（　　　　）。

A. 关键业务指标　　B. 非结构化数据

C. 实时监控数据　　D. 历史事件数据

4. 制作带突出显示的饼图时应注意（　　　　）。

A. 明确标识　　B. 使用过多的色彩和形状

C. 保持美学平衡　　D. 确保数据的真实性

三、判断题

1. 瀑布图可以有效展示产品类别的市场占有率。（　　）

2. 在制作嵌套饼图时，每一级的数据必须使用不同的颜色。（　　）

3. 仪表盘图适用于展示实时监控的关键数据。（　　）

4. 在瀑布图中，正值和负值通常使用不同的颜色进行区分。（　　）

5. 堆积面积图能够同时展示多类别数据在时间序列上的变化趋势和累积效应。（　　）

项目五

时间序列数据可视化

学习目标

素养目标

- 培养批判性思维，能够识别图表的有效性，评估数据趋势和异常，理解可视化表达的局限性和可能出现的误解
- 提高技术适应性，能够灵活应用技术，使用不同的可视化工具适应各种场景，有效挖掘数据

知识目标

- 掌握时间序列数据的主要特点，包括时间相关性、趋势性、季节性、周期性，以及时间序列数据在不同领域中的应用
- 掌握时间序列数据的统计方法，如趋势预测、异常检测、波动分析、分类、周期性分析等

技能目标

- 能够实际操作 Tableau、Excel 等工具，并运用这些工具进行可视化图形制作，如创建折线图、面积图、甘特图、可历图、动态变化图等
- 能够运用时序分析技能识别时间序列数据的模式、趋势，并进行预测、异常检测等

思维导图

学习计划

- 素养提升计划

- 知识学习计划

- 技能训练计划

项目引入

时间序列数据可以帮助人们理解数据的模式、趋势和季节性变化。在许多领域（如金融）、天气预报、生物科学和工程学中，时间序列数据可视化是非常有用的。时间序列数据具有以下几个主要特点：

（1）时间相关性。时间序列数据中的观察值是按照时间顺序排列的，相邻观察值之间通常存在相关性。过去的观察值通常可以提供对未来观察值一定程度的预测能力。

（2）趋势性。时间序列数据通常具有趋势性，即在长期内呈现出一种持续变化的趋势。趋势可以是上升、下降或者平稳的。

（3）季节性。时间序列数据可能存在季节性，即在特定时间周期内，呈现周期性变动。这种周期性可以是每日、每周、每月或每年等。

（4）周期性。时间序列数据可能受到周期性的影响，即在较长周期内出现重复的模式。这种周期性可能不规则且持续时间较长。

时间序列数据分析可以应用于许多领域和任务，包括但不限于以下几个方面：

（1）预测。通过分析时间序列数据中的趋势、季节性和周期性，可以进行未来观测值的预测。这可以在销售预测、股票价格预测、天气预测等领域中发挥重要作用。

（2）异常检测。时间序列数据可以用于检测异常事件。通过建立对正常模式的基线，可以识别出与正常模式不符的观测值，从而发现潜在的异常情况。

（3）时序分析。通过对时间序列数据的统计分析，可以获得对数据的洞察力，计算出数据的平均值、方差、相关性、周期性等，做这些分析可以帮助人们了解数据的特征和变化模式。

（4）时间序列分类。时间序列数据可以用于分类任务，例如，根据时间序列数据中的模式和趋势，将数据分为不同的类别，这种分类可以应用于信号处理、生物医学、金融等领域。

（5）决策支持。时间序列数据可以为决策过程提供有价值的信息。通过分析时间序列数据，人们可以了解某个决策的影响及其可能的结果，从而为决策制定提供支持。

任务一 简单时间序列数据可视化

一、GDP 数据增长——折线图

（一）应用场景

以 GDP 数据为例，可以首先考虑从以下几个方面利用这些数据：

（1）分析经济增长趋势。通过对 GDP 数据进行时间序列分析，可以了解一个国家或地区的经济增长趋势，包括长期趋势、周期性波动和季节性变化。这有助于评估经济的健康状况和发展潜力。

（2）比较国家（地区）间的经济表现。通过比较不同国家（地区）的 GDP 数据，可以了解各国经济的相对优势和劣势。这对于制定贸易政策、投资决策和全球市场竞争分析非常重要。

（3）评估政策影响。GDP 数据可以用来评估不同政策对经济的影响。例如，通过对 GDP 数据的分析，可以判断货币政策、财政政策和产业政策等对经济增长、就业和通胀的影响程度。

（4）预测经济走势。通过对历史 GDP 数据的分析，可以建立经济预测模型，用于预测未来的经济走势。这对于决策者、投资者和企业规划非常有价值。

（5）监测经济风险。GDP 数据可以用于监测经济风险和不稳定因素。通过对 GDP 数据的实时分析，可以及时发现经济下行趋势、金融危机和经济衰退的迹象。

（二）折线图介绍

1. 折线图的类型

折线图适用于展示数据随时间或其他连续变量而变化的趋势。通过将数据点连接起来形成线条，可以清晰地展示数据的变化趋势，包括上升、下降、平稳或波动等。当数据点明显偏离正常趋势时，折线图能够突出这些异常值，使观众能够快速识别并进一步分析其原因。折线图可以分为以下几种类型：

（1）带数据标记的折线图。折线图用于显示随时间或有序类别而变化的趋势，可能显示数据点以表示单个数据值，也可能不显示这些数据点。在有很多数据点而且它们的显示顺序很重要时，带数据标记的折线图尤其有用；如果有很多类别或者数值是近似的，则应该使用不带数据标记的折线图。

（2）堆积折线图。堆积折线图用于显示每个数值所占比例随时间或有序类别而变化的趋势，可以显示数据点以表示单个数据值，也可以不显示这些数据点。如果有很多类别或者数值是近似的，则应该使用无数据点堆积折线图。

（3）分比堆积折线图。百分比堆积折线图用于显示每个数值所占百分比随时间或有序类别而变化的趋势，可以显示数据点以表示单个数据值，也可以不显示这些数据点。如果有很多类别或者数值是近似的，则应该使用无数据点百分比堆积折线图。

（4）三维折线图。三维折线图将每一行或列的数据显示为三维标记。三维折线图具有可修改的水平轴、垂直轴和深度轴。

2. 制作要点

（1）清晰的曲折变化。折线图的优势是可以用较小的空间展示大量的数据，但是线条设置得过细会让读者分神，导致对信息难以辨别；而线条设置得过粗会让读者难以分清波峰与波谷间的数据点，甚至错过重要的数据信息。

（2）准确表达变化趋势。通常来说，制作折线图是为了更好地显示数据的变化趋势。但如果使用设置错误的 y 轴刻度而生成近似水平的折线，就无法实现表达变化趋势的目的，而夸张的折线也不能真实地反应数据，两者都会对读者产生严重误导。

（3）合适的位置与粗细度。选择合适的 y 轴刻度，以便使折线高度在整张图表的中间或 2/3 处，并且零基线要比其他网格线设置得更粗一点。折线的粗细度也要恰当，这样既可以与网格线形成鲜明对比，又可以清晰地展示数据变化。

（4）不要超过 4 条折线。在同一张折线图内，如果交叉点并不是特别多的话，那么选择不超过 4 组相互区别的数据系列。折线条数不要超过 4 条，不是越多越好，制作多线图的目的是将不同的数据进行比较和对比，如果绘制太多的折线，会让图形变得十分杂乱，也就达不到制作图形的目的。

（5）避免远距离标注。如果图例与折线分离的话，读者需要分散精力，不断在折线与图例之间来回参考，影响阅读体验。

（6）直接在折线上做标注。图例并不是一定要在图表角落里放置文本框来展现，更好的办法是直接标注，让读者快速分辨不同折线，这样做可以更高效地将注意力聚焦在比较图形及数据上。

（三）折线图制作

2019—2023 年，中国经济在高基数的基础上稳步增长，国内生产总值从 98.65 万亿元增长至 126 万亿元，年均增长 6.3%。

步骤 1：获取数据。涉及 GDP 的数据可以直接在国家统计局网站直接下载，如图 5-1 所示。

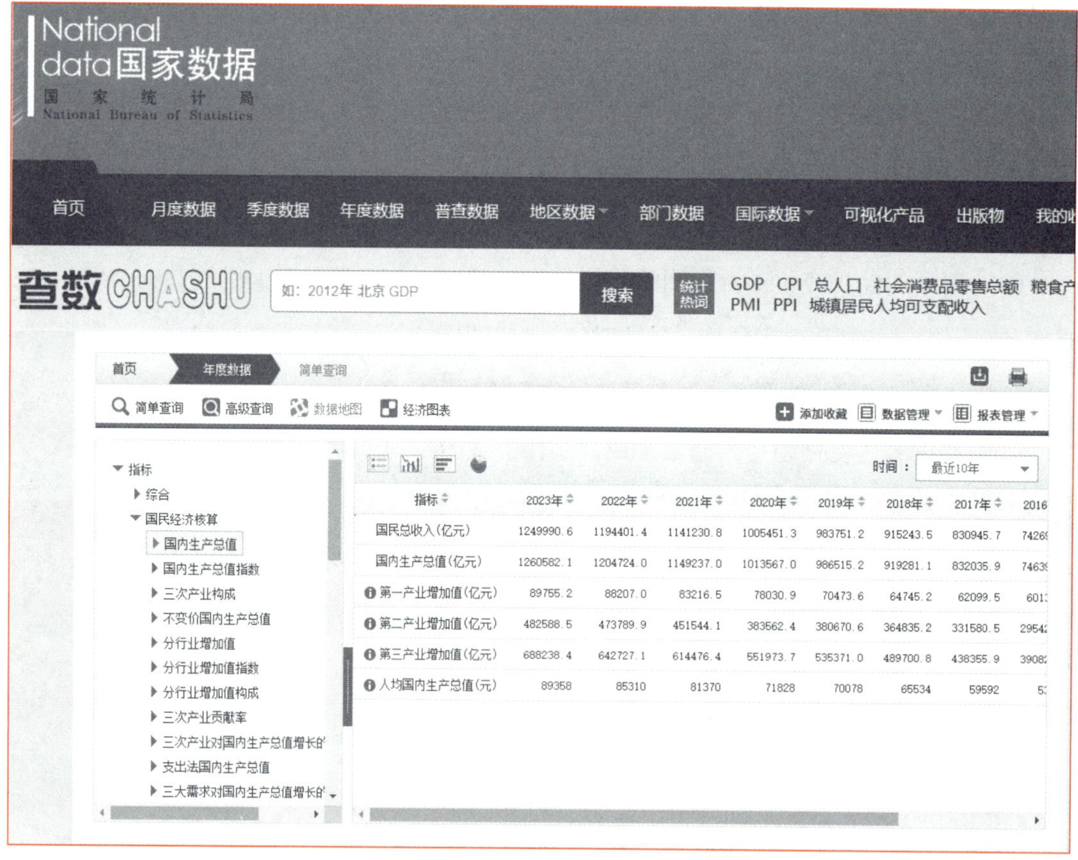

指标	2023年	2022年	2021年	2020年	2019年	2018年	2017年	2016
国民总收入(亿元)	1249990.6	1194401.4	1141230.8	1005451.3	983751.2	915243.5	830945.7	7426
国内生产总值(亿元)	1260582.1	1204724.0	1149237.0	1013567.0	986515.2	919281.1	832035.9	7463
第一产业增加值(亿元)	89755.2	88207.0	83216.5	78030.9	70473.6	64745.2	62099.5	601
第二产业增加值(亿元)	482588.5	473789.9	451544.1	383562.4	380670.6	364835.2	331580.5	2954
第三产业增加值(亿元)	688238.4	642727.1	614476.4	551973.7	535371.0	489700.8	438355.9	3908
人均国内生产总值(元)	89358	85310	81370	71828	70078	65534	59592	5

图 5-1　国家统计局数据

步骤 2：在 Excel 中选取年份、国民生产总值两项指标，建立新的工作表，新增 GDP 年增长率指标，计算方式是 GDP 年增长率 =（后一年的经济指标 − 前一年的经济指标）/ 前一年的经济指标 ×100%。计算结果如图 5-2 所示。

	A	B	C
1	指标	国内生产总值(亿元)	GDP增长率
2	2019年	986515.2	
3	2020年	1013567	2.74%
4	2021年	1149237	13.39%
5	2022年	1204724	4.83%
6	2023年	1260582.1	4.64%

图 5-2 计算 GDP 年增长率

步骤 3：全选表格数据区域 A1：C6，在菜单栏选择“插入—推荐的图表—所有图表—组合”，选择“簇状柱形图—折线图”，勾选 GDP 年增长率次坐标轴。如图 5-3 所示。

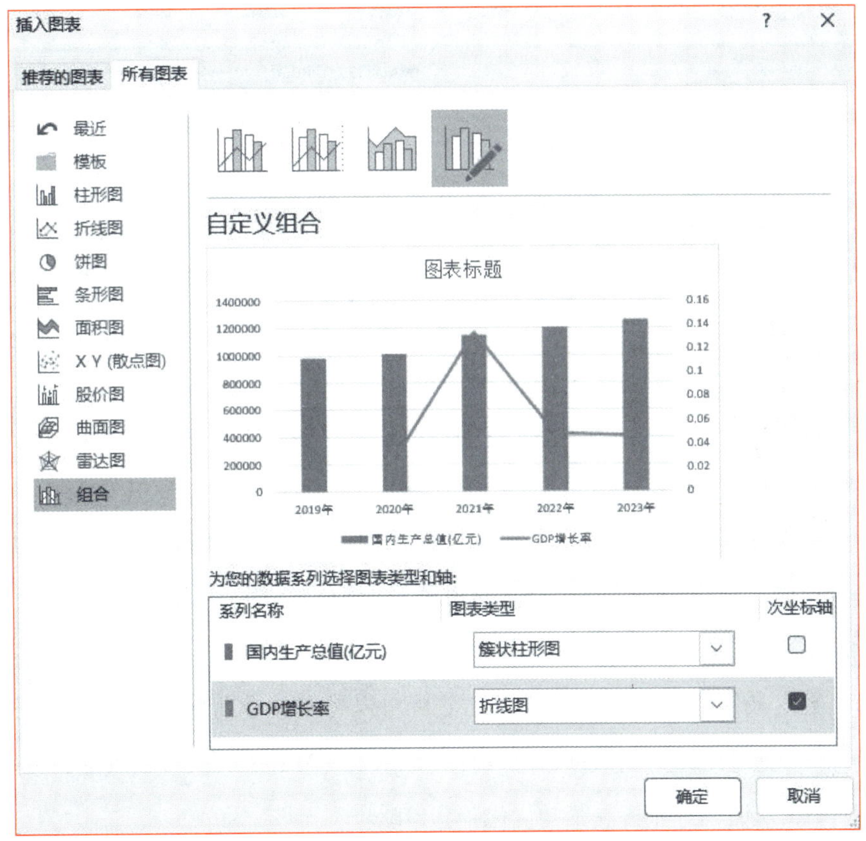

图 5-3 新建折线图

步骤 4：设置图标题为“国家 2019—2023 年 GDP 年增长趋势图”，用鼠标右击折线图，添加折线图数据标签。用鼠标右击次坐标轴刻度，设置坐标轴格式，根据数据情况设置合适的最大值，如图 5-4 所示。

这时候，簇状柱形图和折线图的组合图形的绘制完成，如图 5-5 所示。

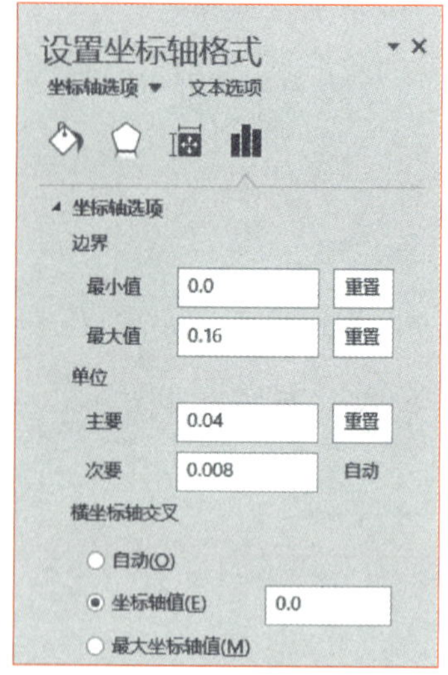

图 5-4　设置坐标轴格式

图 5-5　GDP 年增长趋势图

二、销售趋势对比——面积图

（一）应用场景

销售趋势对比是一种常用的数据分析方法，旨在比较不同时间段、产品、地区或其他变量之间的销售趋势，其业务需求场景如下：

（1）发现差异和趋势。通过对比不同时间段或变量的销售数据，可以发现销售的差异和趋势。例如，可以比较不同季度或年份的销售额，或比较不同产品的销售量，从而了解销售的变化和趋势。

（2）确定最佳绩效。销售趋势对比分析可以帮助企业确定最佳绩效的时间段、地区或产品。通过比较销售数据，可以找出销售表现最好的时间段或地区，或找到最畅销的产品，从而指导业务决策并优化销售策略。

销售趋势对比数据分析通常采用可视化图表或图形来展示分析结果，如折线图、柱状图、面积图等。这种可视化展示方式可以更直观地呈现销售趋势的对比，使分析结果更易于理解和沟通。

（二）面积图介绍

面积图（Stacked Column Chart），又称区域图，其原理与折线图类似。面积图描绘了数量随时间变化的程度。但与折线图不同的是，面积图可以直观地表示数量的大小。把点连接成折线，轴和这条折线之间的区域通常用颜色或阴影强调以提高可读性。在大多数情况下，面积图比较两个或多个类别。

1. 面积图结构

面积图的结构如图 5–6 所示。

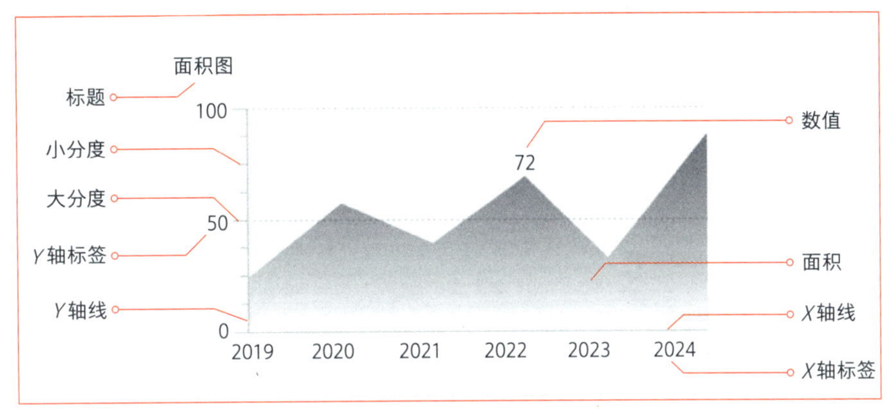

图 5–6　面积图的结构

2. 面积图分类

面积图分可为二维面积图、堆积面积图、百分比堆积面积图。它们在数据展示和解读上有一些区别。

（1）二维面积图。二维面积图（见图 5–7）是最基本的面积图形式，每个数据系列都有自己的填充区域，通过面积的大小来表示数据的数值。每个数据系列的面积累加起来，形成整个图表的填充区域。二维面积图适用于比较不同变量或类别之间的趋势和波动。

（2）堆积面积图。堆积面积图是在二维面积图的基础上进行了改进，每个数据系列的填充区域累加起来，形成一个整体的填充区域。堆积面积图可以更直观地展示总体和部分之间的关系，每个部分的贡献可以通过填充区域的高度来表示。堆积面积图适用于展示总体和各个部分的变化趋势和占比关系，本书在项目四已经详细介绍。

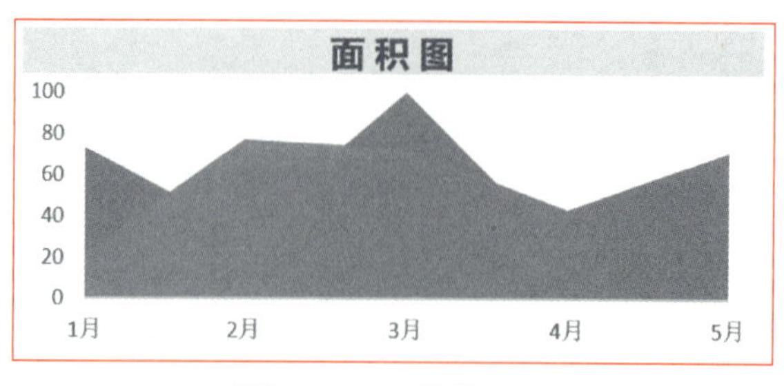

图 5-7　二维面积图

（3）百分比堆积面积图。百分比堆积面积图（见图 5-8）是在堆积面积图的基础上进行改进，将每个数据系列的填充区域转化为百分比表示。每个数据系列填充区域的高度表示该系列在整体中的百分比。百分比堆积面积图适用于展示各个部分在总体中的占比关系，可以更好地比较不同变量或类别之间的百分比差异。

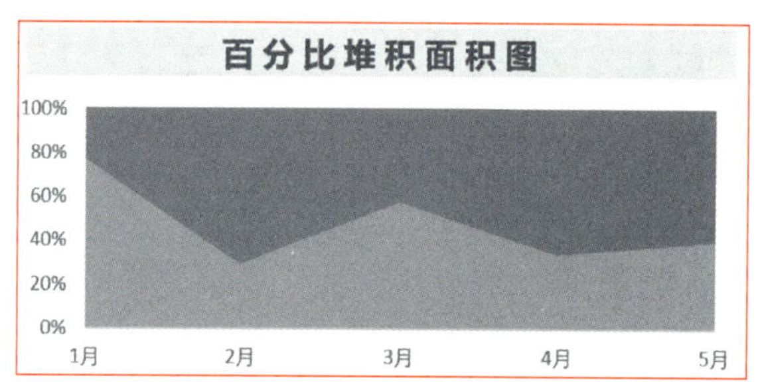

图 5-8　百分比堆积面积图

总的来说，二维面积图用于比较不同变量或类别的趋势和波动，堆积面积图用于展示总体和部分之间的数量关系，百分比堆积面积图用于比较不同变量或类别的百分比差异。选择使用哪种面积图取决于数据的性质和展示目的。

3. 制作要点

（1）简洁明了。制作面积图时要避免过多的装饰和复杂的图形，确保图形的重点和信息易于理解和解读。

（2）数据精准。在制作面积图时要确保数据的准确性和可靠性，避免数据的差错和前后不一致，以免导致信息出现歧义或误导观众。

（3）坐标轴和刻度准确。在制作面积图时，要确保坐标轴和刻度的准确性和一致性。坐标轴的标签和刻度要清晰可读，并提供必要的单位和注释。

（4）颜色选择适当。在制作面积图时，要选择适当的颜色方案，可以使用简洁明亮的颜色，以突出图形的重点和信息。

（三）制作面积图

连接项目五 Tableau “实例—超市” 数据源，在按住 Ctrl 键的同时选中 “订单日期”“销售额” 字段，单击 “智能推荐” 选项卡。在 “智能推荐” 选项卡中选择 “连续面积图”，如图 5-9 所示。

制作面积图

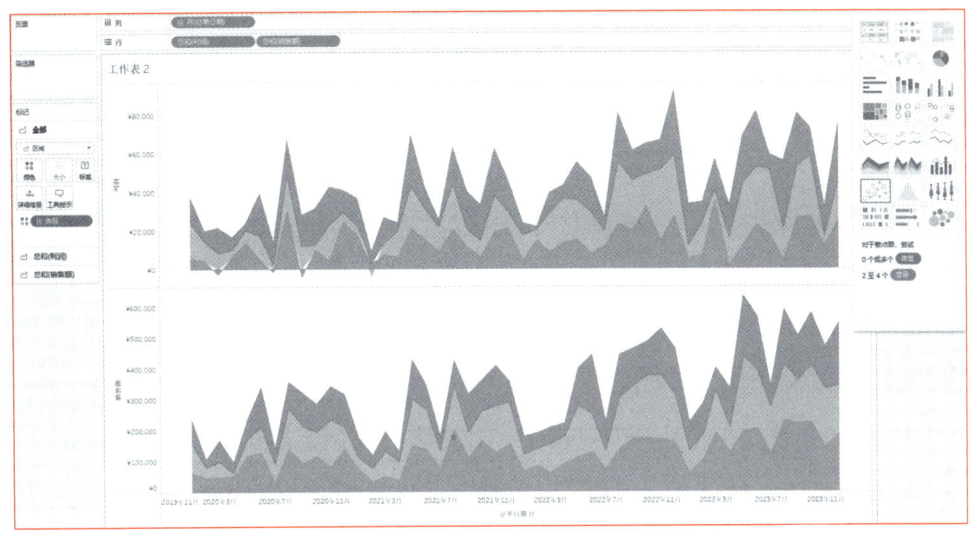

图 5-9　选择 “连续面积图”

如果选择 “离散面积图”，Tableau 则会自动把 “季度” 字段提取出来，如图 5-10 所示。

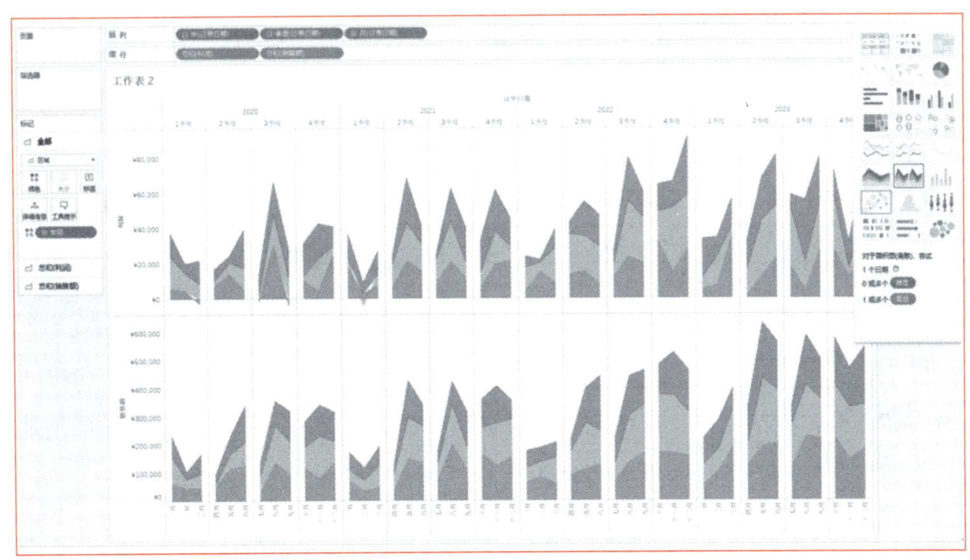

图 5-10　选择 “离散面积图”

任务二　组合时间序列数据可视化

一、随着连续日期延伸——甘特图

（一）应用场景

甘特图在许多业务场景下都非常有用。以下是一些常见的应用场景：

（1）项目管理。甘特图是项目管理中最常见的工具之一。它可以用于规划、安排和跟踪项目中的任务、里程碑和资源分配。甘特图可以帮助项目经理和团队成员可视化项目进展，确保项目按时完成。

（2）产品开发。在产品开发过程中，甘特图可以用于展示各个功能或模块的开发进度和依赖关系。团队成员可以通过甘特图了解项目的整体时间安排，并及时调整资源分配和任务优先级。

（3）建筑工程。甘特图在建筑工程项目中也很常见。它可以用于规划和安排各个施工任务的时间和资源，帮助项目团队实时跟踪项目进展，协调各个施工环节，确保项目按时交付。

（4）事件策划。甘特图可以用于策划和组织各类活动或事件，如会议、展览等。通过甘特图，策划人员可以清楚地了解每个活动的时间安排和依赖关系，确保活动顺利进行。

（5）营销活动。对于营销团队来说，甘特图可以用于规划和安排各种市场推广活动的时间和资源，可以帮助团队成员了解活动的进度和时间节点，确保活动按计划进行。

（6）产品发布。在产品发布过程中，甘特图可以用于规划和安排各个发布任务的时间和资源，包括测试、审核、上线等环节。通过甘特图，团队成员可以清楚地了解整个发布过程中的时间安排和依赖关系。

（二）甘特图介绍

甘特图又被称为横道图、条状图（Barchart），以提出者亨利·劳伦斯·甘特（Henry Laurence Gantt）的名字命名。甘特图（见图 5-11）以图示通过活动列表和时间刻度表示出特定项目的顺序与持续时间。在甘特图中，横轴表示时间，纵轴表示项目，线条表示期间计划和实际完成情况。甘特图直观地表明了计划进度情况，显示了进展与目标的对比，便于管理者弄清项目的剩余任务，评估工作进度。

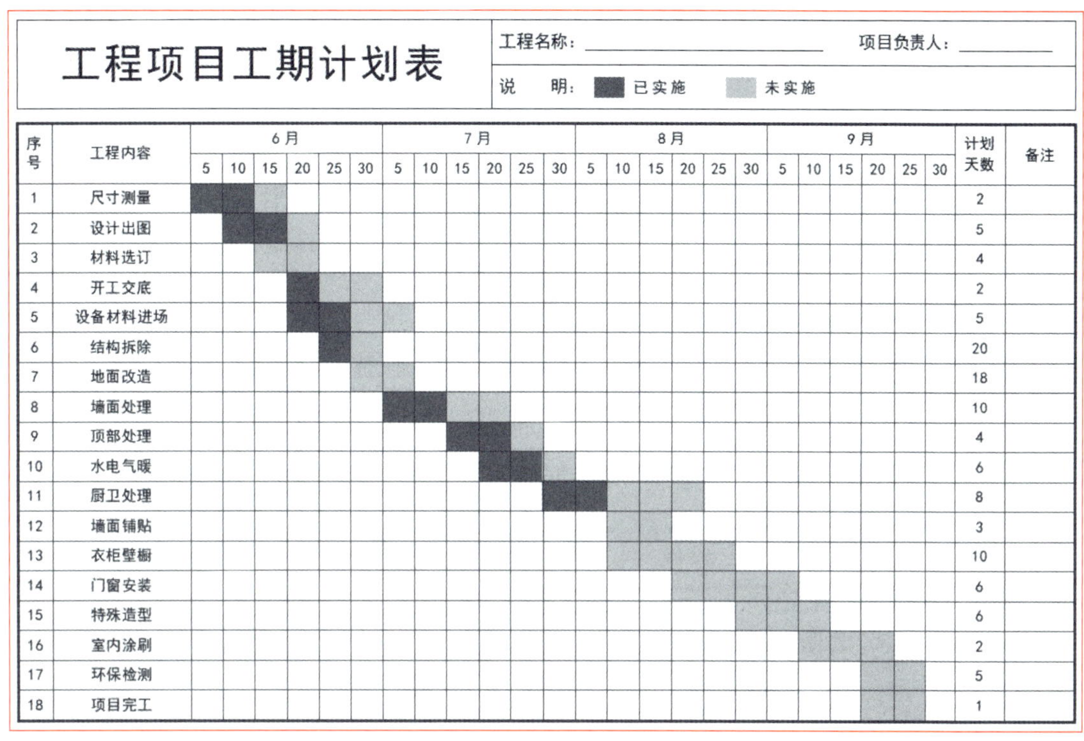

工程项目工期计划表

工程名称：＿＿＿＿ 项目负责人：＿＿＿＿

说 明：已实施 未实施

序号	工程内容	6月						7月						8月						9月						计划天数	备注
		5	10	15	20	25	30	5	10	15	20	25	30	5	10	15	20	25	30	5	10	15	20	25	30		
1	尺寸测量																									2	
2	设计出图																									5	
3	材料选订																									4	
4	开工交底																									2	
5	设备材料进场																									5	
6	结构拆除																									20	
7	地面改造																									18	
8	墙面处理																									10	
9	顶部处理																									4	
10	水电气暖																									6	
11	厨卫处理																									8	
12	墙面铺贴																									3	
13	衣柜壁橱																									10	
14	门窗安装																									6	
15	特殊造型																									6	
16	室内涂刷																									2	
17	环保检测																									5	
18	项目完工																									1	

图 5-11 甘特图示例

从一张甘特图中，可以看出以下信息：

（1）任务时间安排。甘特图以时间为横轴，展示了各个任务或活动的开始和结束时间。通过甘特图，观众可以清楚地看到每个任务的起止时间，以及任务之间的时间间隔。

（2）任务持续时间。在甘特图中，每个任务或活动的长度代表了其持续的时间。长的任务表示持续时间长，而短的任务表示持续时间短。

（3）任务依赖关系。甘特图通过任务之间的连接线或箭头，展示了任务之间的依赖关系。箭头指向的任务必须在前一个任务完成后才能开始。

（4）任务进度。通过甘特图中的柱形图或条形图，观众可以看到每个任务的完成进度。完成部分通常用不同的颜色或阴影来表示，以区分未完成的部分。

（5）里程碑或关键节点。甘特图中的特殊标记点，通常表示重要的里程碑或关键节点，这些点标识了项目的重要时间点或事件。

（6）资源分配。甘特图可以显示任务所需的资源分配情况。通过柱形图或条形图的宽度，观众可以了解每个任务所需的资源量。

（7）提前和延迟。通过甘特图，观众可以了解任务是否提前或延迟。如果任务的起止时间与预期不符，观众可以看出任务是否提前或延迟。

（三）制作甘特图

这里使用“甘特图数据”，用甘特图来展示每一个项目，计划完成日期与实际未完成日期间的差别。

步骤 1：创建甘特图。按住 Ctrl 键，选择维度区的“项目名称”“计划开始日期”，选择“智能显示”中的“甘特图”，即可完成甘特图的初步创建。

步骤 2：选择精确日期。初步完成的甘特图是对年度的汇总，而用户需要的是每一个订单日的情况，因此要将“实际开始日期”细化到“天”。在操作上，在“列”功能区的“实际开始日期”字段上，通过弹出菜单选择“天”。

步骤 3：添加维度字段。“阶段”字段表在“行”功能区“项目名称”的左边，将度量字段“实际用天”，添加到标记功能区“大小”上，如图 5-12 所示。

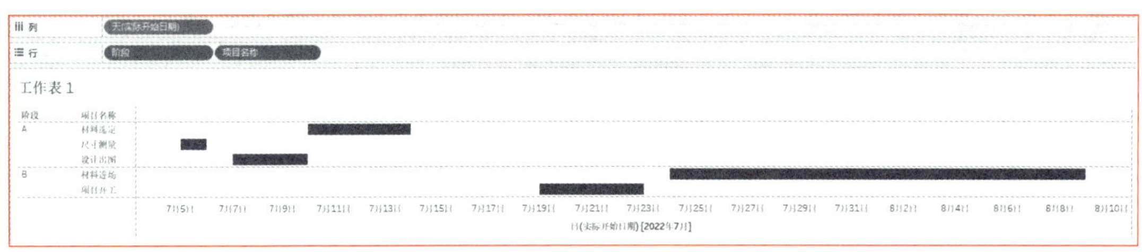

图 5-12　添加维度字段 1

步骤 4：将维度字段“计划开始日期”“计划完成日期”“实际完成日期”，添加到标记功能区“详细信息”上，分别在菜单选择“天”，如图 5-13 所示。

步骤 5：单击左上角“分析”工具栏，选择“自定义”中“参考区间”，将其拖拽到图表区域。单击“单元格”，如图 5-14 所示。

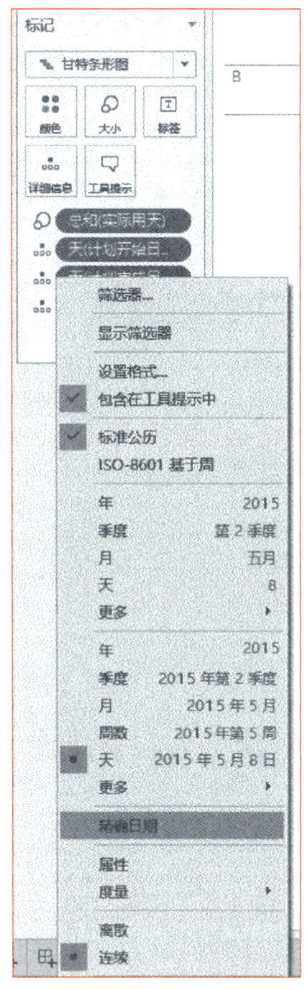

图 5-13　添加维度字段 2

图 5-14　添加单元格

设置区间开始值为“计划开始日期—最小值”，区间结束值为“计划完成日期—最小值”，单击“确定”，如图 5-15 所示。

将维度数据中“负责人”，拖拽到“标记”功能中“颜色”，此时可以观察到不同负责人的项目实际完成情况与计划完成情况，发现“材料选定”“设计出图”“材料进场”三个项目未在计划完成日期内结束，出现了延期现象；“项目开工”项目未能在计划开始日期实施，导致项目出现了延期现象。甘特图完成情况见图 5-16。

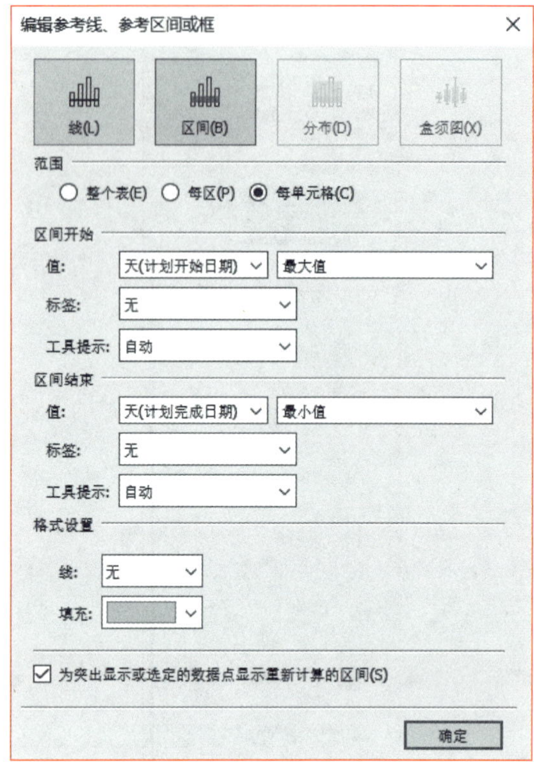

图 5-15　设置区间

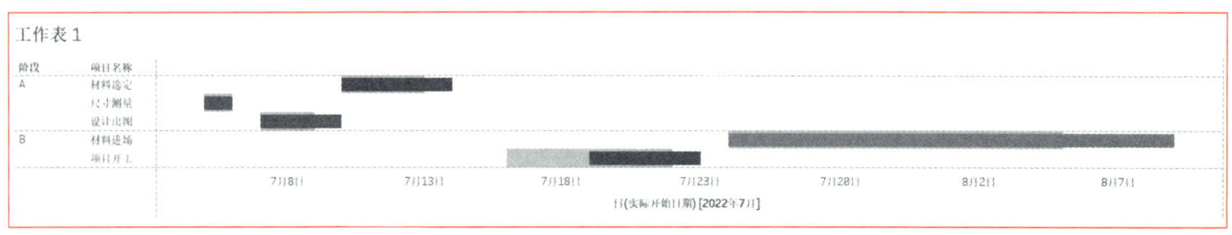

图 5-16　甘特图完成情况

二、价格波动分析——K 线图

（一）应用场景

股票交易用户通常使用 K 线图（见图 5-17）作为技术分析工具的一部分。投资者可以通过 K 线图来分析股票价格的走势，识别买入和卖出的时机。金融研究机构和分析师在编写投资研究报告时，通常会使用股票蜡烛图来支持他们的观点和预测。这些报告可以提供对股票价格未来走势的分析和建议。

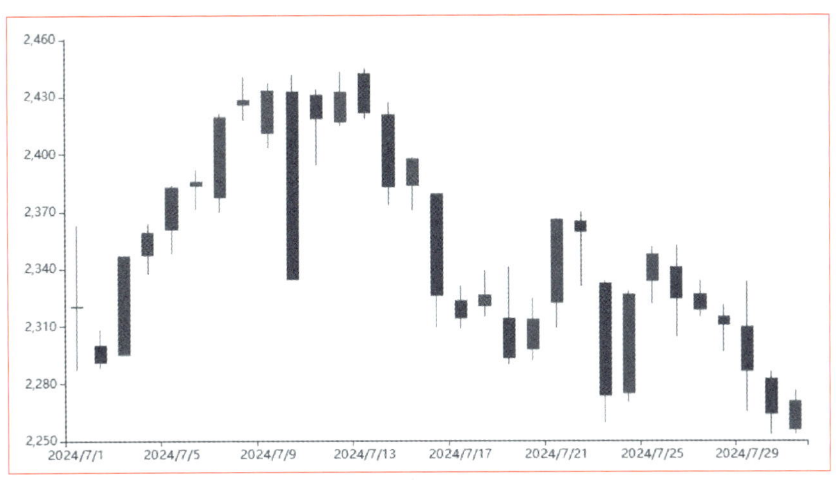

图 5-17　K 线图示例

（二）K 线图介绍

K 线图（Candlestick Charts）又称蜡烛图、阴阳线、棒线、红黑线等。它是以每个分析周期的开盘价、最高价、最低价和收盘价绘制而成的。K 线图的结构如图 5-18 所示。

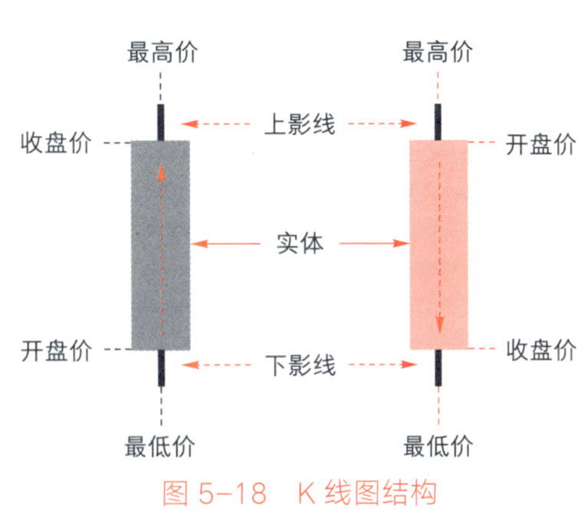

图 5-18　K 线图结构

看涨烛台（K 线）的开盘价低于收盘价，看跌烛台则相反。看涨反转蜡烛图形态意味着买家目前掌控市场，但是并不是说应该立马做多，而是应该结合其他形态或工具来找到高盈利性交易。

任务三　高阶时间序列数据可视化

一、产品在不同时段的业绩对比——日历图

（一）应用场景

假设有一家网店，想要比较不同月份的销售业绩，可以使用日历图来展示每个月

份的销售额对比。在日历图中，每个月份将被表示为一个独立的方格，方格的颜色或大小可以表示销售额的多少。较多的销售额可以用深色或大尺寸的方格表示，而较少的销售额可以用浅色或小尺寸的方格表示。

通过日历图，观众可以直观地看到不同月份的销售业绩。例如，深色或大尺寸的方格可能表示繁忙的销售月份，而浅色或小尺寸的方格可能表示销售额较少的月份。此外，还可以在日历图中添加其他信息，如每天的订单量、平均订单金额等，以更详细地了解每个月份的业绩情况。通过比较不同月份的日历图，可以快速看出销售业绩的季节性变化、增长趋势或下降趋势。这可以帮助企业制定营销策略、调整库存和供应链，以便于更好地满足市场需求。

（二）日历图介绍

日历图不仅可以展示每个月的数据，而且可以钻取周、月、季度或年的数据。另外，每个格子中还可以着色，显示当天的序列以及对应的数值。通过顶部的按钮，还可以进行钻取或者调整时间范围，也可以选择相应的显示内容。如图 5–19 所示。

图 5–19　日历图

用户可以按时间维度对日历图进行分组，按年、季度、月、天分组后的日历图的数据可视化效果如图 5–20 所示。这个设置对于固定的一些场景使用非常有帮助，展示的场景也十分丰富。

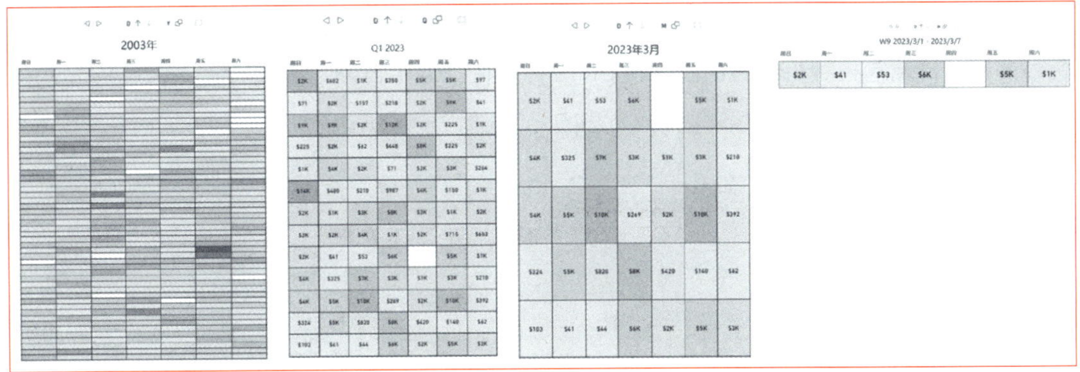

图 5-20　按时间维度分组

用户还可以用日历图来标记法定节假日、公司特殊假期或重要纪念日。在日历图中，可以使用不同的颜色或图标来表示这些特殊日子，以便人们可以轻松识别和规划自己的时间。这有助于人们合理安排工作和休息，提高生活和工作的平衡。

（三）制作日历图

制作利润率日历图

步骤 1：连接数据。打开 Tableau Desktop，单击“数据”。选择“连接”，选择“示例—超市”，单击“确定”。

将“订单日期”字段拖到列上，确保它被设置为连续日期，而不是离散，用鼠标右击先选择“更多”，再选择“工作日”，如图 5-21 所示。

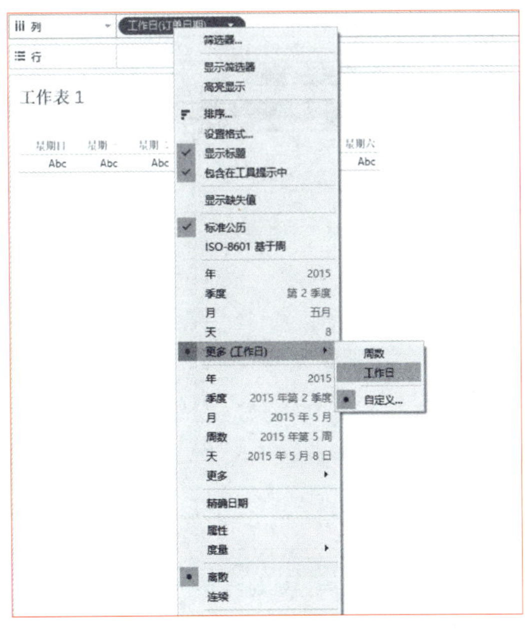

图 5-21　连接数据

步骤 2：设置日期。将“订单日期”拉到行，右击鼠标先选择“年”，再次将“订单日期”拉到行，右击鼠标选择“月”。将“订单日期”拉到行，右击鼠标先选择“更多（周数）”，再选择“周数”，如图 5-22 所示。

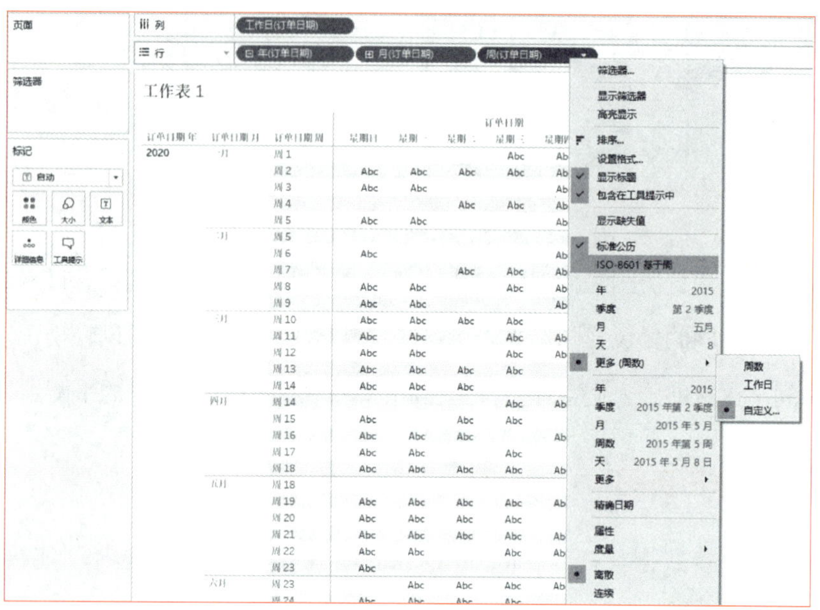

图 5-22　设置日期 1

订单日期拉入筛选器，先选择“年 / 月”（见图 5-23），再单击“下一步”，默认先选择一个月，比如选择“2020 年 7 月”，如图 5-24 所示。

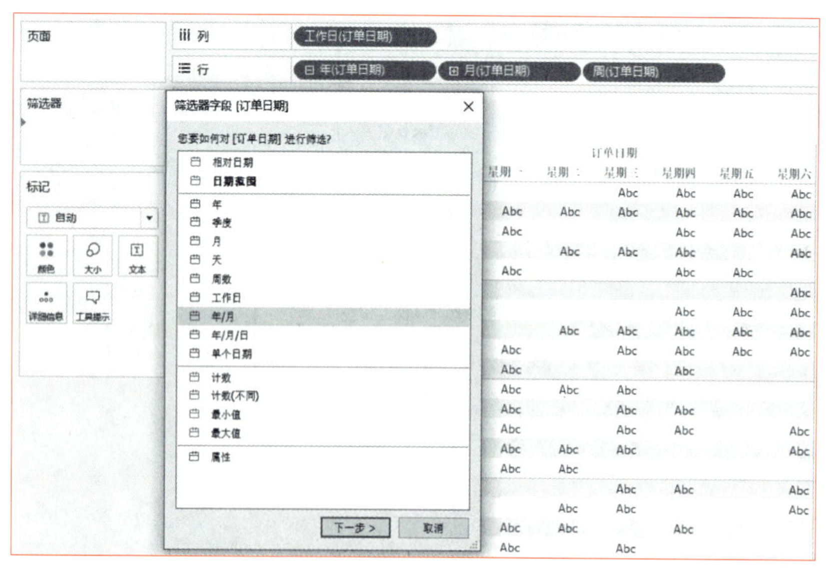

图 5-23　选择“年 / 月”

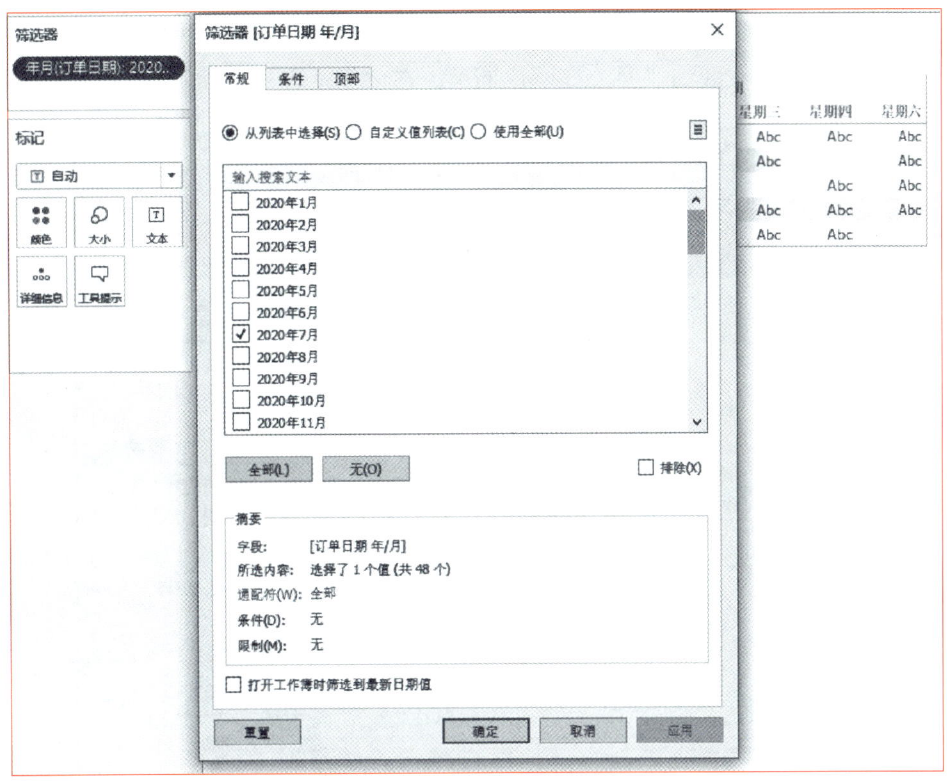

图 5-24 设置日期 2

步骤 3：设置日历图内容。将“利润”和“利润率”拉入文本中，将“订单日期”也拉入文本中，选择“天”，如图 5-25 所示。

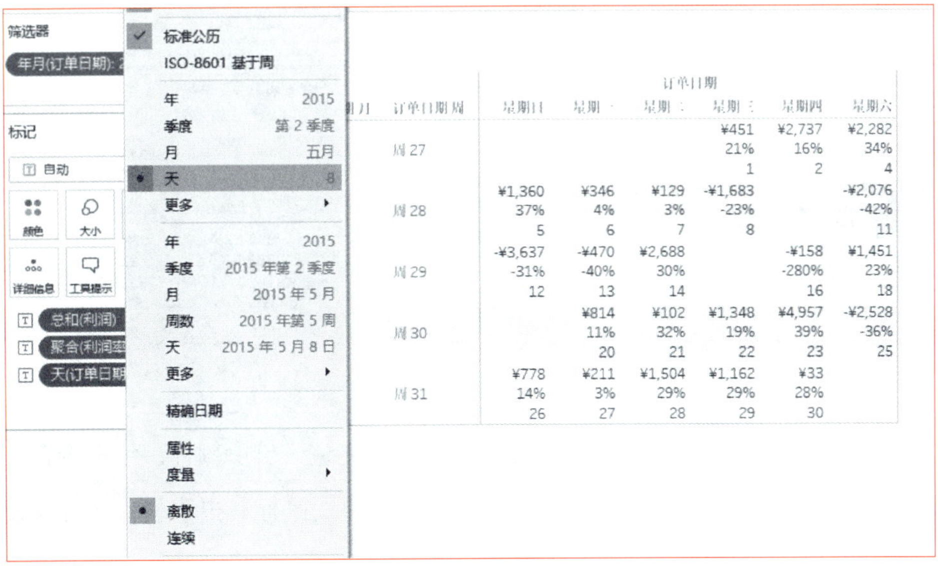

图 5-25 设置日历图内容

选择“行”中的“年(订单日期)”字段，右击鼠标取消“显示标题”前面的“√”，使用相同操作取消“月(订单日期)”，在“周(订单日期)”中“显示标题”前面的“√”，得到的结果如图5-26所示。

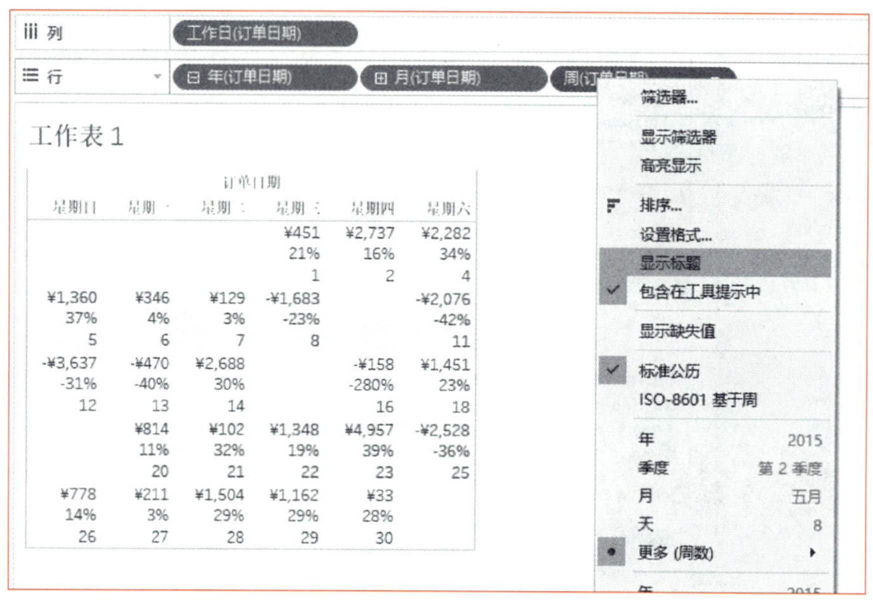

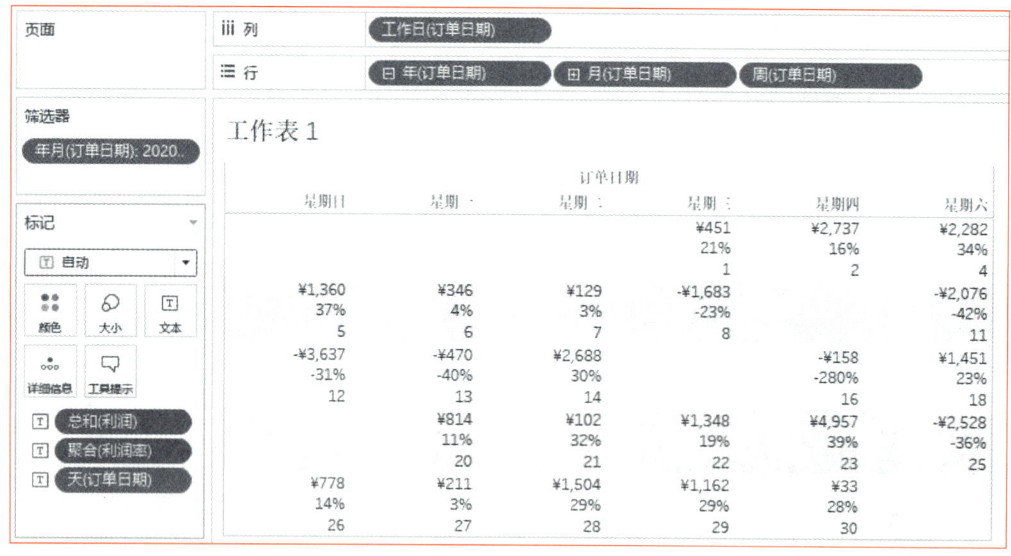

图5-26 显示日历图

步骤4：调整日历图。调整图形格式，添加填充色，自填颜色，线框颜色。也可以根据个人喜好调整，具体方式如图5-27所示，用鼠标右击表格，选择“设置格式”。

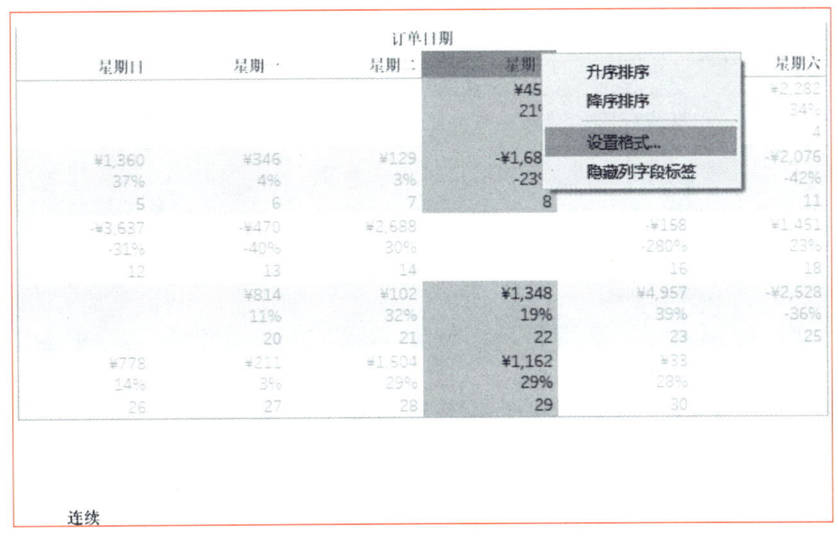

图 5-27　设置格式

格式设置效果如图 5-28 所示。

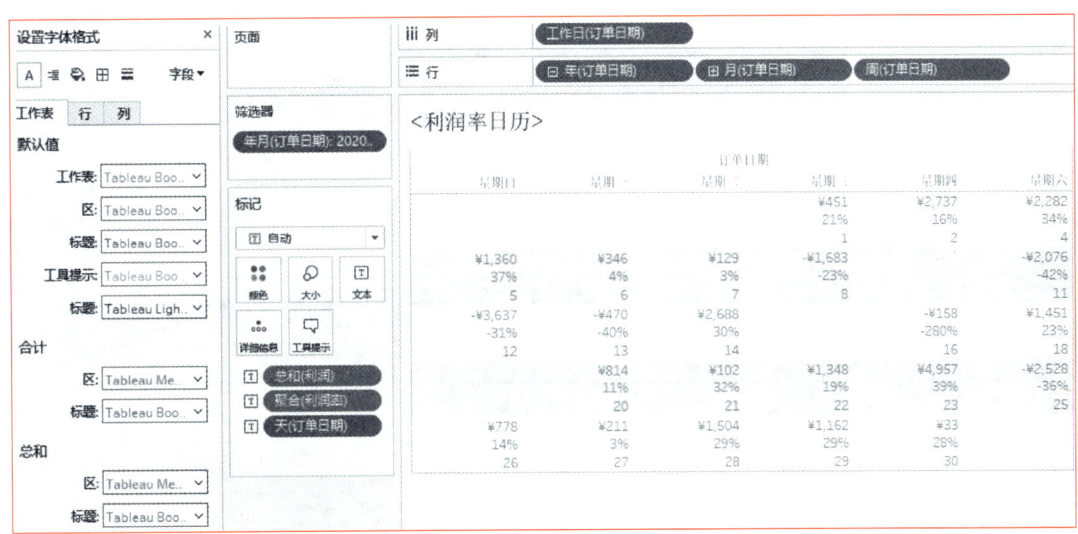

图 5-28　格式设置效果

设置利润率颜色，并根据正负添加涨跌符号；把利润率拉到颜色上面，并且编辑颜色，选择 2 色阶，选择“红色—绿色发散”，“中心”选择 0，如图 5-29 所示。

选择“文本”，编辑标签，在前面加上“利润率”“利润”文字（见图 5-30），并且设置成居中对齐，如图 5-31 所示。

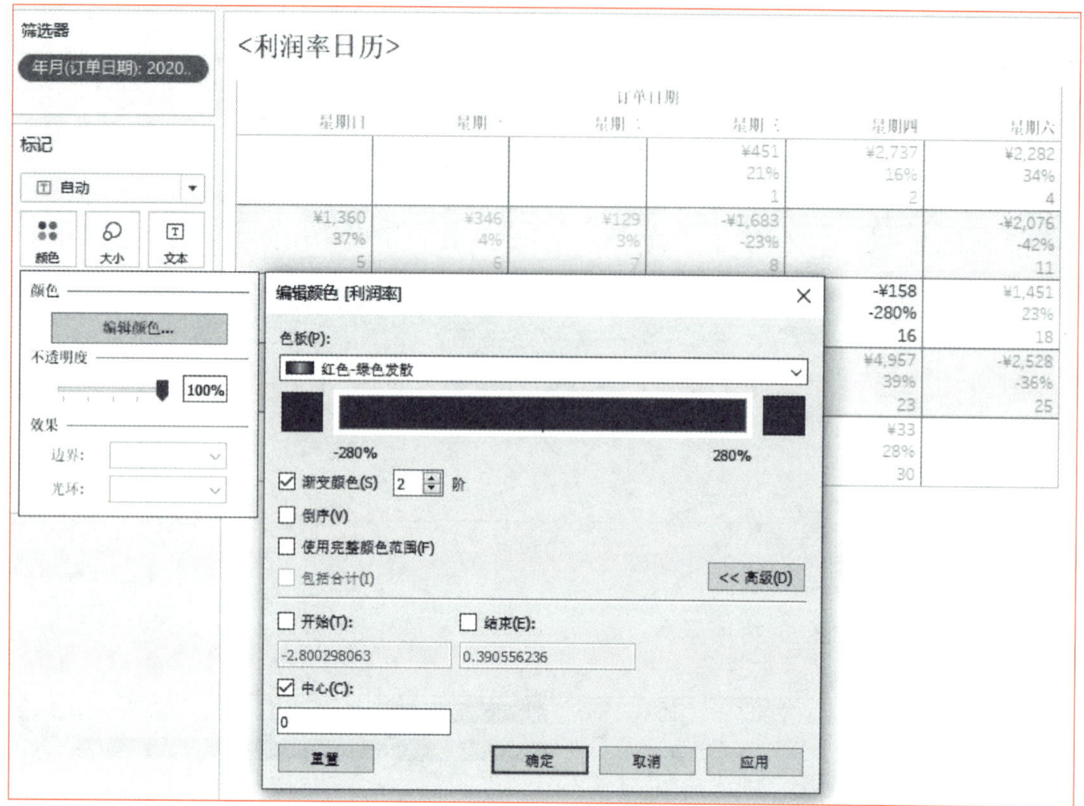

图 5-29　设置利润率颜色

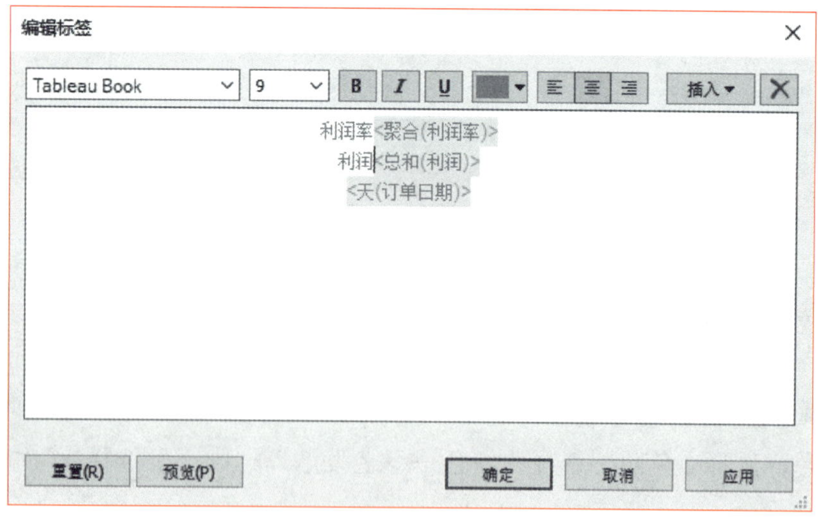

图 5-30　编辑标签

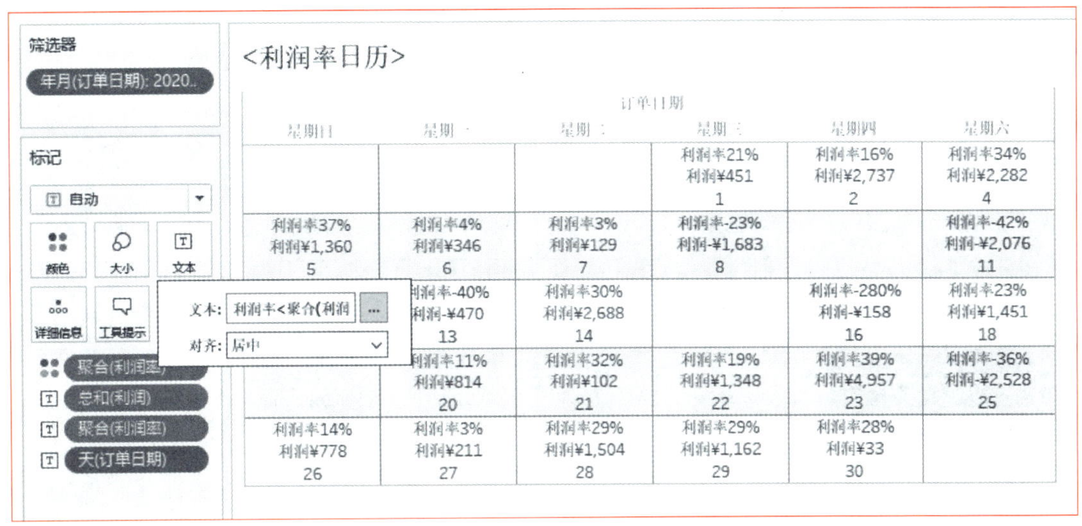

图 5-31　设置居中对齐

在标记区选中“聚合（利润率）”度量值，右击鼠标设置格式，在数字格式中选择自定义，如下图所录入：0.0% ↑；-0.0% ↓（在输入法中输入“上”，就会出现向上的箭头；输入“下”，就会出现向下的箭头），如图 5-32 所示。

图 5-32　设置度量值格式

日历图制作完成，通过筛选不同的年、月份，可以切换不同的利润日历图，如图 5-33 所示。

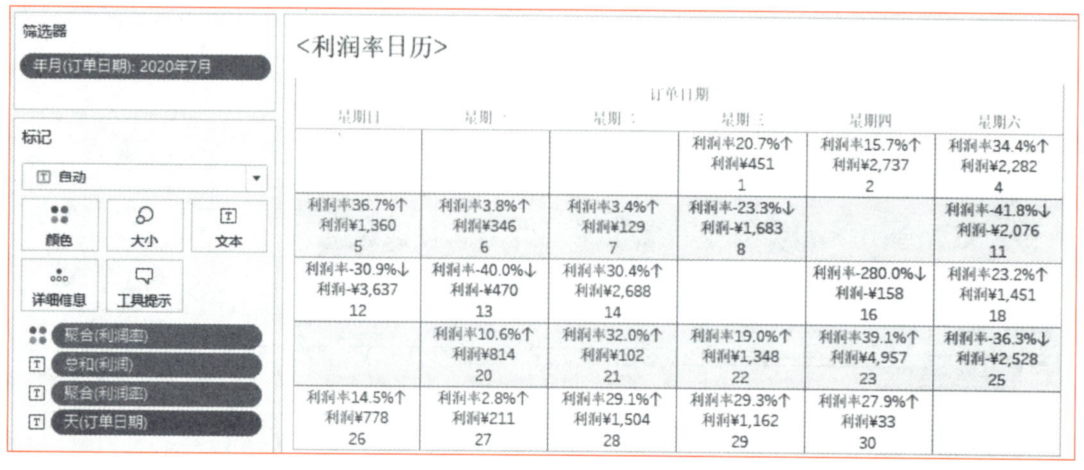

图 5-33　日历图完成效果

二、显示一年内每天的销售数据——螺旋图

（一）应用场景

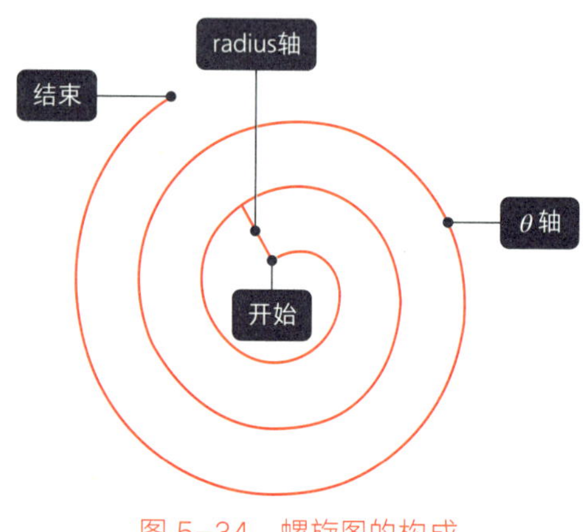

图 5-34　螺旋图的构成

螺旋图可以显示一年内每天的销售数据，帮助销售团队分析季节性销售趋势。通过观察螺旋图的模式和变化，可以确定销售高峰和低谷的时间段，这有助于制定更准确的销售策略并预测销售趋势，例如，在销售旺季增加库存或加大市场推广力度。螺旋图的构成如图 5-34 所示。螺旋图的适用场景如表 5-1 所示。

表 5-1　螺旋图适用场景

适合的数据	一个时间数据字段，一个连续字段
功能	观察数据周期和变化趋势
数据与图形的映射	时间数据字段映射到旋转角度 θ 轴，连续字段映射到线圈间距 radius 轴
适合的数据条数	100 条以上

（二）螺旋图简介

螺旋图（Spiral Chart），基于阿基米德螺旋坐标系，常用于绘制随时间变化的数据，从螺旋的中心开始向外绘制。

螺旋图有两大优点：① 绘制大量数据。螺旋图节省空间，可用于显示大时间段数据的变化趋势；② 绘制周期性数据。螺旋图每一圈的刻度差相同，当每一圈的刻度差是数据周期的倍数时，能够直观地表达数据的周期性。

（三）制作螺旋图

步骤 1：连接数据。打开 Tableau Desktop，连接“示例—超市”和“模型 1”数据源。将“模型”数据源中的“sheet1”表放在“示例—超市”数据源的“订单”表右侧，如图 5-35 所示。

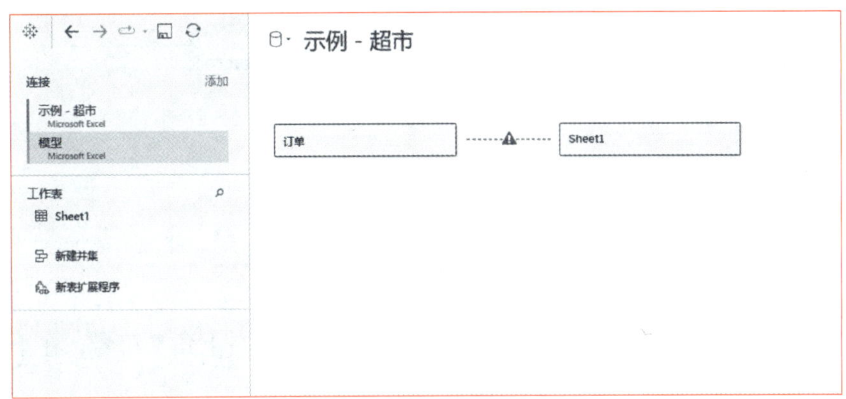

图 5-35　连接数据

因为这两个表没有共同的字段，所以需要编辑联接计算，设置为：1=1，如图 5-36 和图 5-37 所示。

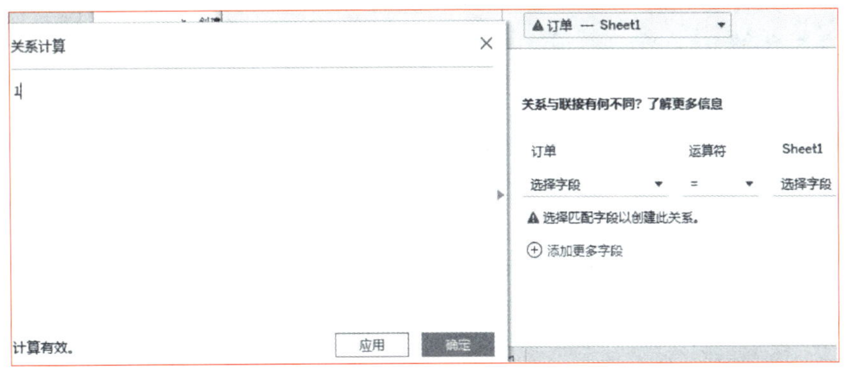

图 5-36　编辑联接计算 1

图 5-37　编辑联接计算 2

步骤 2：创建参数。新建工作表，单击“数据”窗格右上角▼符号，在下拉菜单中选择“创建参数”，创建名称“尺寸”，如图 5-38 所示。

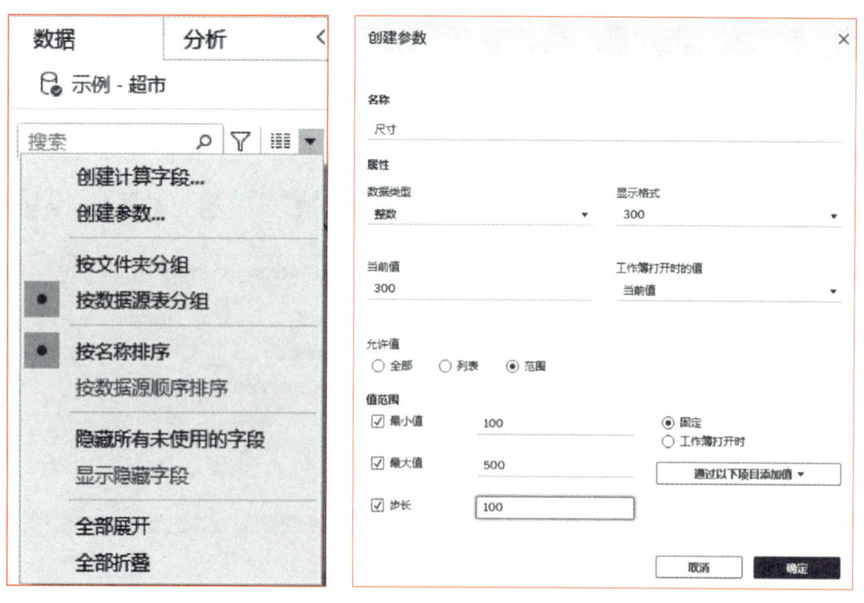

图 5-38　创建参数

编辑参数：间距，如图 5-39 所示。

编辑参数 [间距]

名称

间距

属性

数据类型 整数

显示格式 3

当前值 3

工作簿打开时的值 当前值

允许值 ○ 全部 ○ 列表 ◉ 范围

值范围

☑ 最小值 1

☑ 最大值 5

☑ 步长 1

◉ 固定

○ 工作簿打开时

通过以下项目添加值 ▾

取消 确定

图 5-39　编辑参数

步骤 3：创建计算字段

单击“数据”窗格右上角▼符号，在下拉菜单中选择“创建计算字段”。

创建计算字段：index，键入函数：(INDEX()-1)*[间距]，如图 5-40 所示。

创建计算字段“LX_ 销售额”，键入函数：WINDOW_MAX(SUM([销售额]))/2，如图 5-41 所示。

图 5-40　键入函数

图 5-41　创建计算字段 1

创建计算字段“LX_ 最大销售额”，键入函数：WINDOW_MAX（SUM（[销售额]））/2，如图 5-42 所示。

创建计算字段“LX_ 百分比”，键入函数：[LX_ 销售额]/[LX_ 最大销售额]*[尺寸]，如图 5-43 所示。

图 5-42　创建计算字段 2

图 5-43　创建计算字段 3

创建计算字段“LX_ 位置”，键入函数：WINDOW_MAX（MAX（[Position]）），如图 5-44 所示。

创建计算字段“LX_起始”键入函数：[LX_ 位置]+10+（[index]/100），如图 5-45 所示。

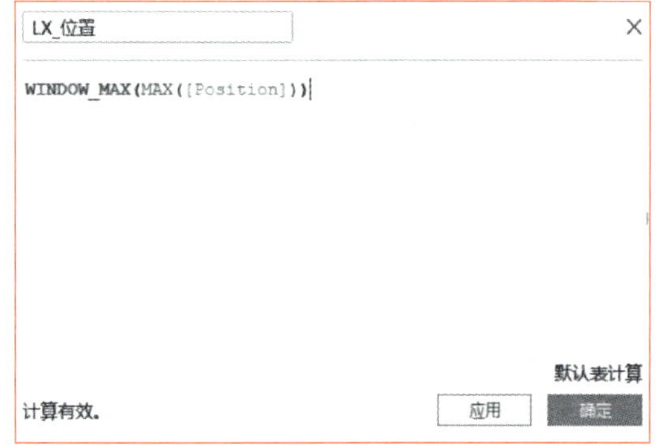

图 5-44　创建计算字段 4

图 5-45　创建计算字段 5

创建计算字段“X”，键入函数：SIN（RADIANS（[index]））（（[LX_ 位置][LX_ 百分比]）+[LX_ 起始]），如图 5-46 所示。

创建计算字段“Y”，键入函数：COS（RADIANS（[index]））（（[LX_ 位置][LX_ 百分比]）+[LX_ 起始]），如图 5-47 所示。

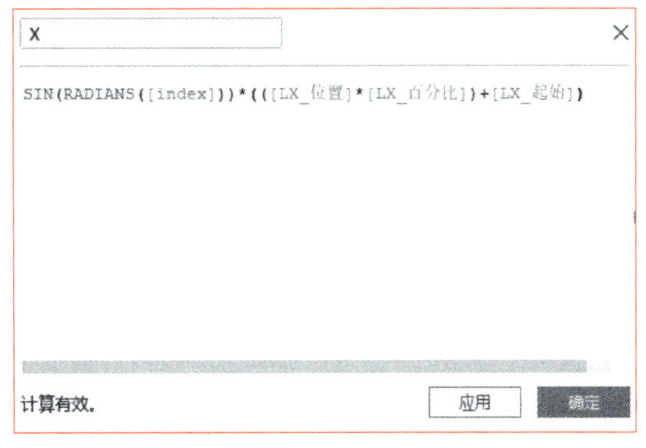

图 5-46　创建计算字段 6

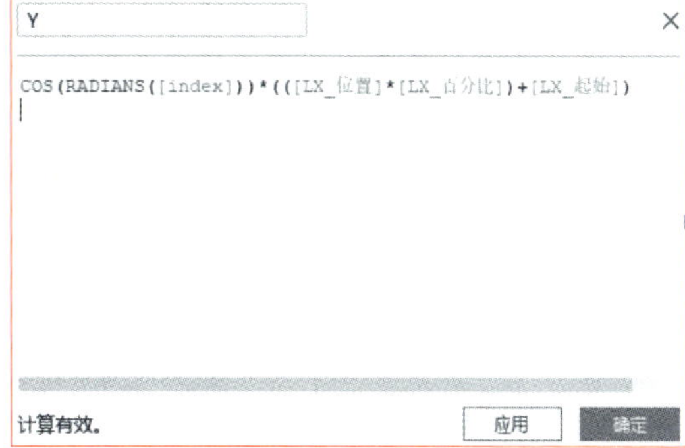

图 5-47　创建计算字段 7

步骤 4：创建视图。将计算字段“*X*”拖放至列，将计算字段“*Y*”拖放至行，如图 5-48 所示。

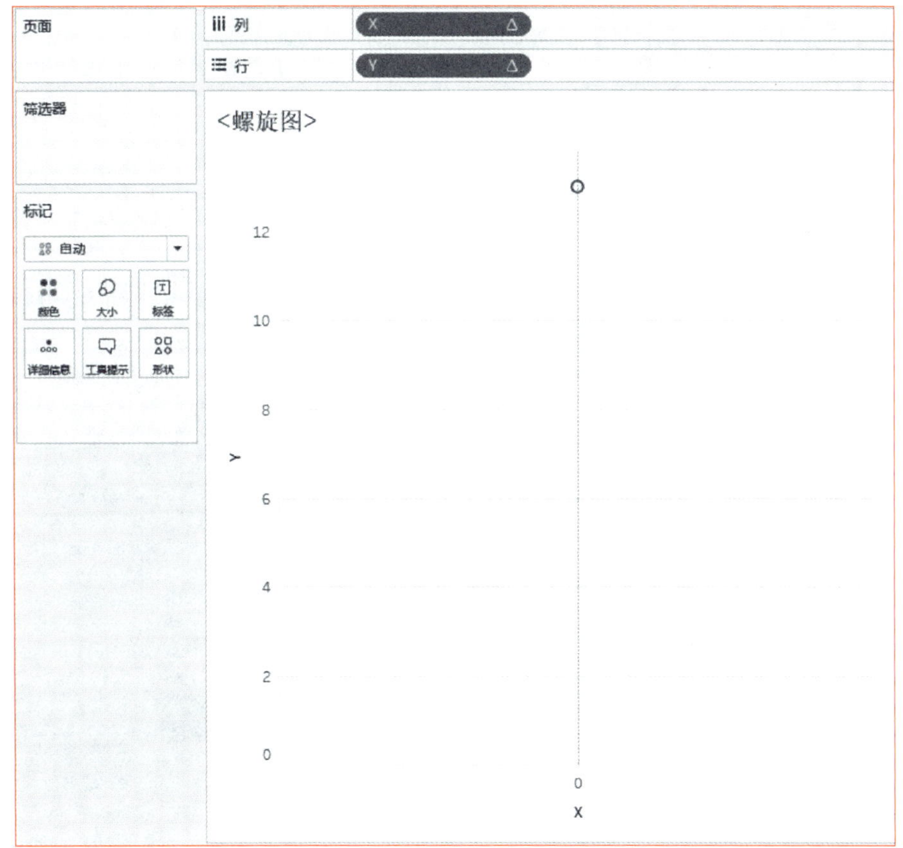

图 5-48　创建视图

将“订单日期”拖放至“标记”卡的详细信息中，将标记类型改为“线”，然后将“总和（Position）”拖放至“标记”选项卡的路径中，见图 5-49。

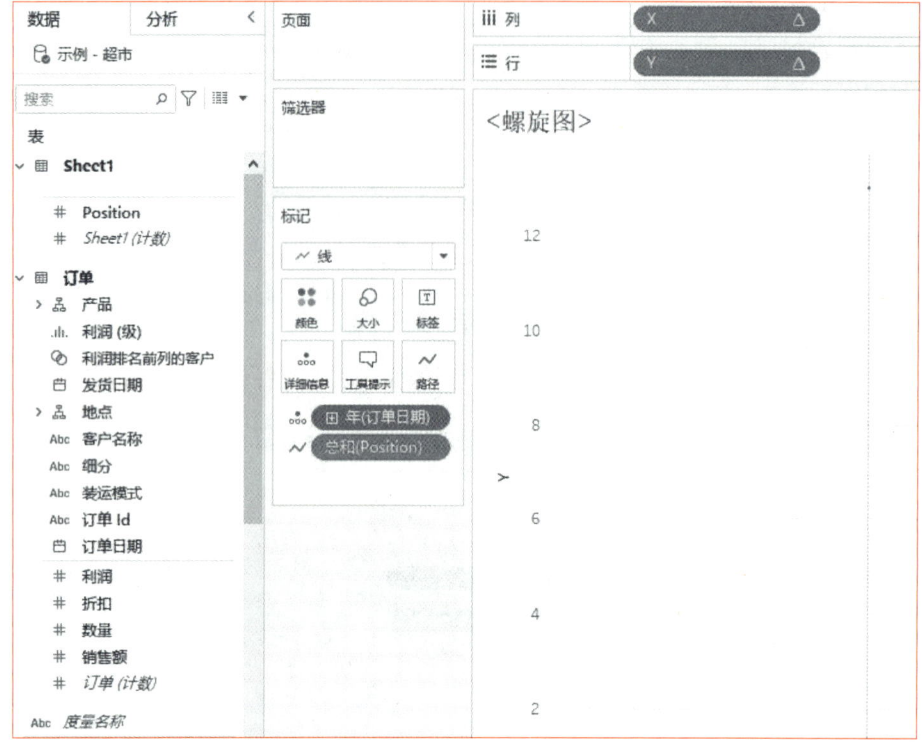

图 5-49 设置“标记”卡 1

右击“标记”卡上的“订单日期”字段，下拉菜单选择“精确日期”；再右击下方的“Positon”胶囊，下拉菜单选择“维度”，如图 5-50 所示。

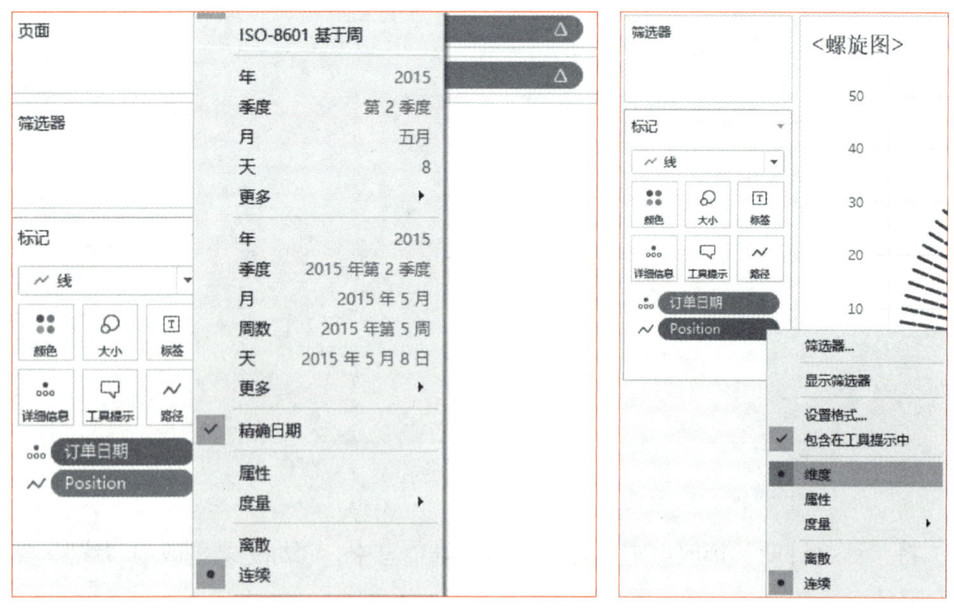

图 5-50 设置“标记”卡 2

右击“列”上的“*X*”字段，下拉菜单选择“计算依据—订单日期”；右击行上的“*Y*”胶囊，下拉菜单选择“计算依据—订单日期”。此时，螺旋图的基本样子就出来了，如图 5-51 所示。

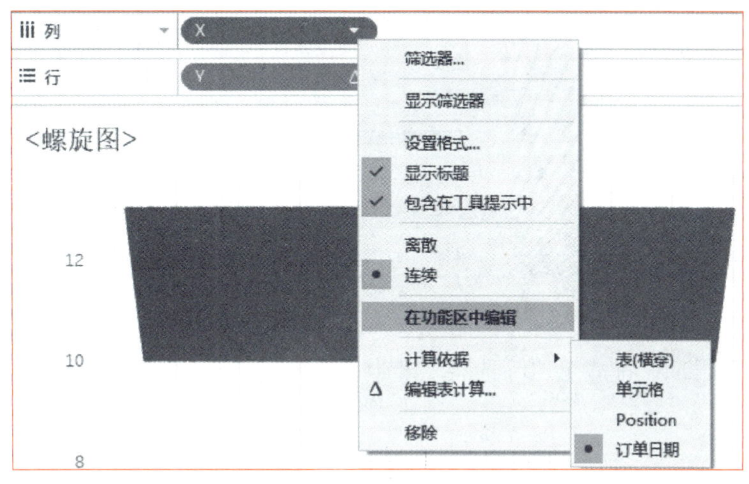

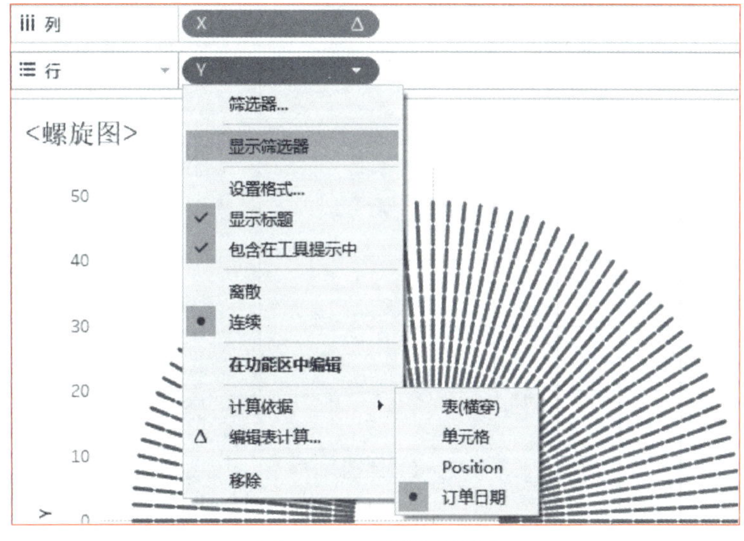

图 5-51　螺旋图效果

步骤 5：编辑表计算。右击“列”上的“*X*”字段，下拉菜单选择“编辑表计算”，如图 5-52 所示。

在表计算对话框中，嵌套计算选为“嵌套计算（LX_ 销售额）”，计算依据选为：表（横穿），如图 5-53 所示。

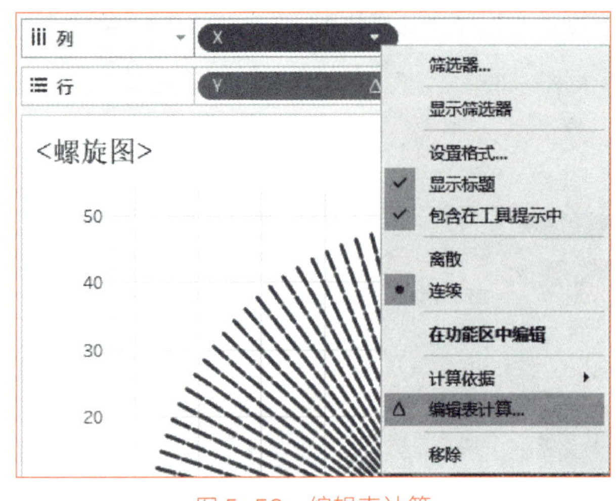

图 5-52　编辑表计算

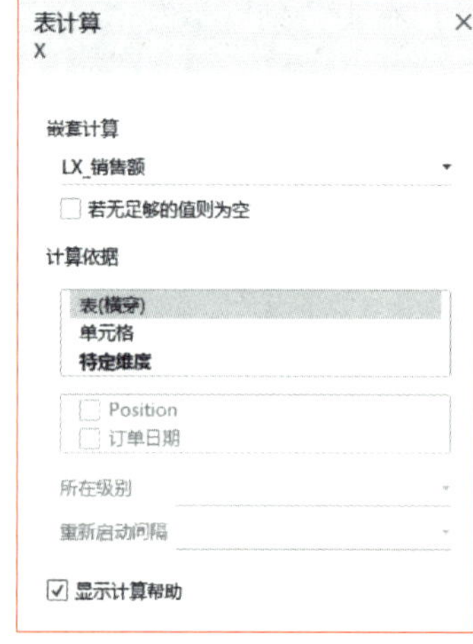

图 5-53　表计算对话框

将“订单日期”拖放至“筛选器”卡中，选择特定的年份，下一步选取 2024 年，如图 5-54 所示。

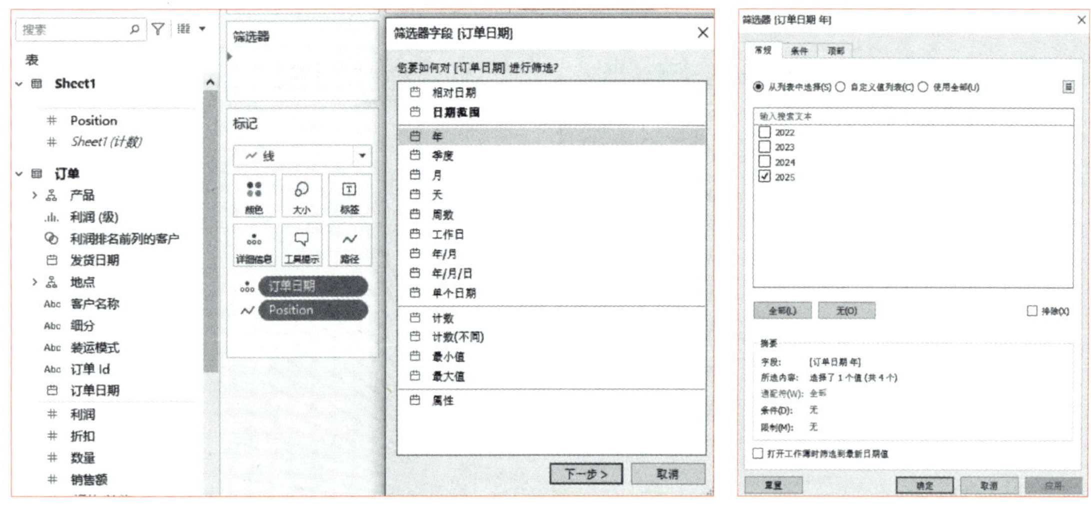

图 5-54　筛选器对话框

为了更加直观地查看销售额的情况，再将“LX_销售额”拖放至“标记”卡的颜色中，并按需设置颜色，如图 5-55 所示。

如此，时间螺旋图制作完成，图表呈现当年每一天的数据情况，可以将鼠标停留在任一柱形上，查看对应天的销售额，如图 5-56 所示。

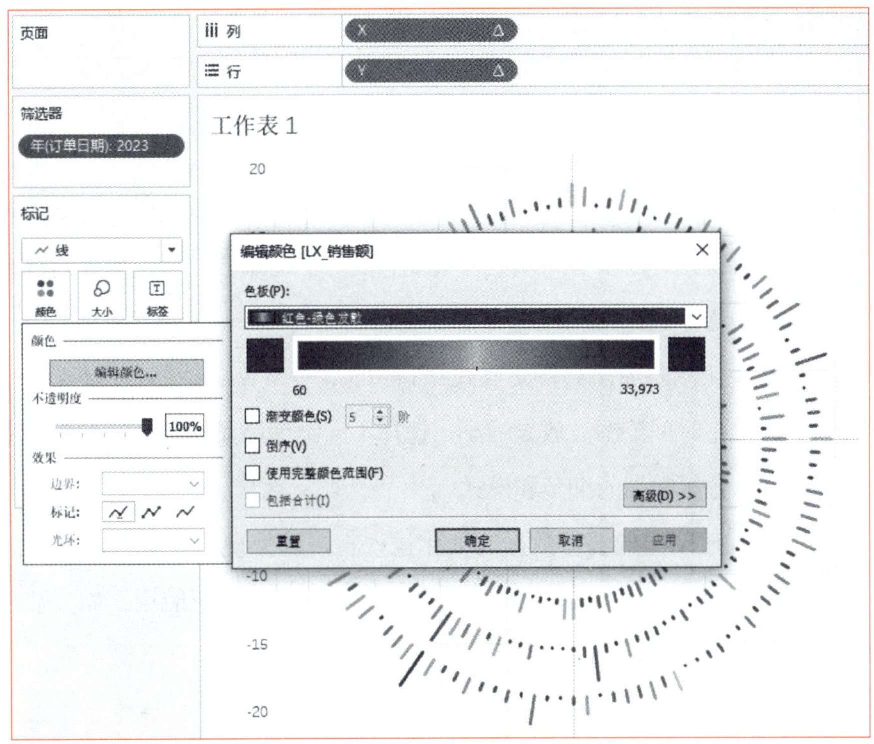

图 5-55　设置颜色

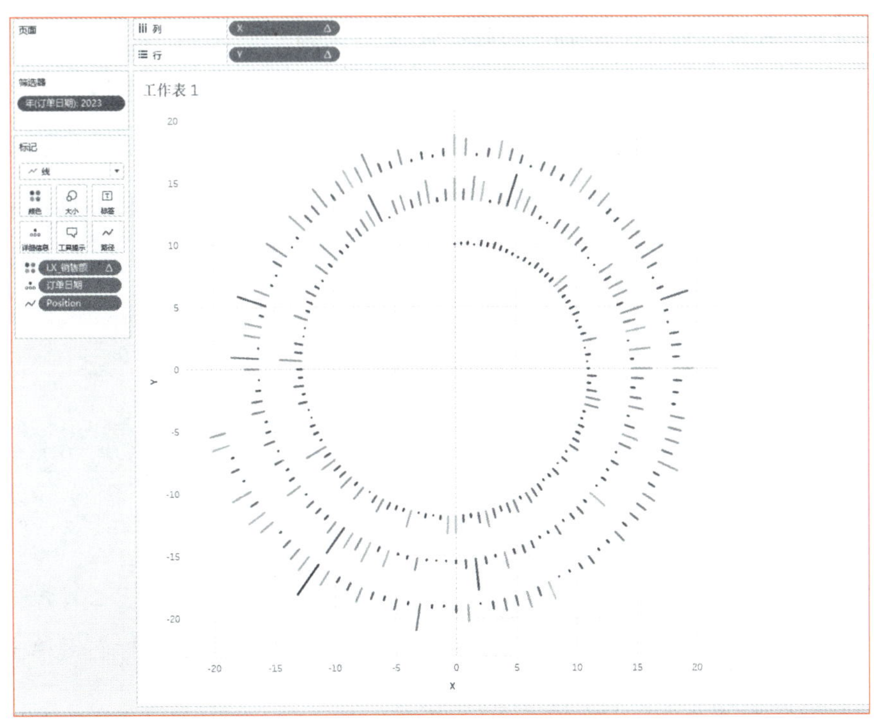

图 5-56　螺旋图完成效果

三、时间动态可视化——动态条形图

（一）应用场景

与静态图表不同，时间动态可视化图表能够以动画或交互方式展示数据随时间的变化。通过动态可视化，观察者可以更直观地感受数据的演变过程，捕捉到数据的快速变化、波动或趋势。

时间动态可视化图表通常具备交互式控制功能，使观察者能够自由地探索数据。观察者可以通过调整时间范围、放大缩小、选择不同维度等操作，自定义自己感兴趣的数据视图，深入分析数据的细节和模式。

时间动态可视化图表能够将数据的变化过程直观地呈现给观察者，帮助他们理解数据的演变趋势、发现规律和趋势。它在许多领域中都有广泛应用，如金融市场分析、气候变化研究、交通流量监测等。

（二）动态条形图介绍

动态条形图是一种非常实用的可视化图，它可以帮助用户更加清晰地展示数据的变化趋势。它通常用于展示时间序列数据，比如某种产品的销售量。通过动态条形图，观察者可以看到数据的变化趋势，并且可以通过不同颜色的条形图来表示不同的数据类别。此外，动态条形图还可以通过添加动画效果来吸引读者的注意力，使得数据更加生动有趣。动态条形图多用于一段时间的数据变化，并用播放的形式展现对比。例如，一段时间内的销售排名变化。

动态条形图的优点：可视化效果好，可基于时间轴进行动态播放；缺点：只适用于一段时间的数据变化，使用场景单一。

（三）制作动态条形图

步骤 1：连接数据。打开 Tableau Desktop，单击“数据”。

选择“更多”，选择“分省年度数据（1992—2024 国民生产总值）_ 分省年度数据 .csv”，单击“确定”。将维度字段“时间”拖拽至“页面”，用鼠标右键单击“年（时间）”，选择连续的“年”，如图 5-57 所示。

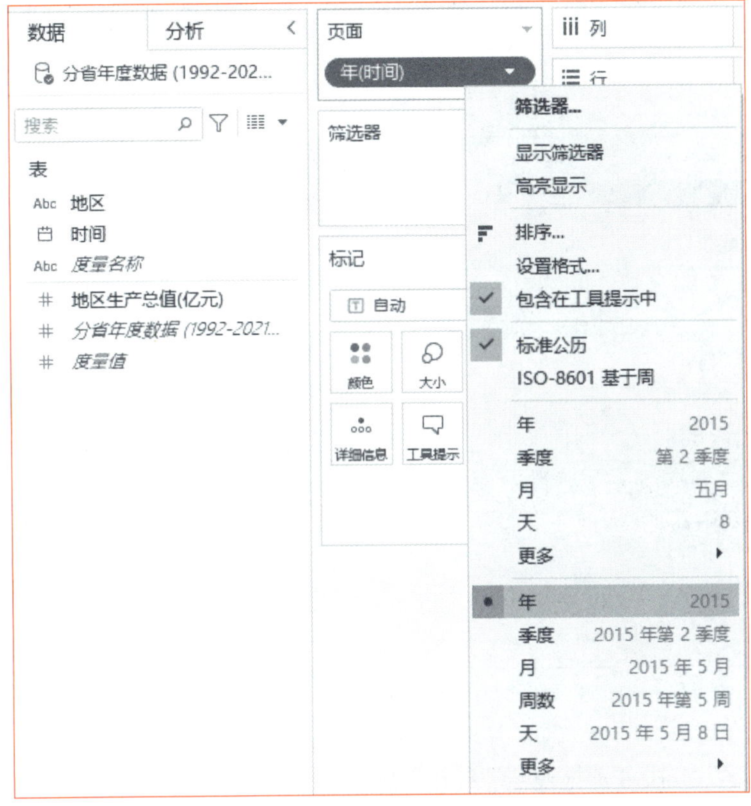

图 5-57　连接数据

步骤 2：新建计算字段。新建计算字段 “rank”，键入函数：RANK_UNIQUE（SUM（[地区生产总值（亿元）]），'desc'），如图 5-58 所示。

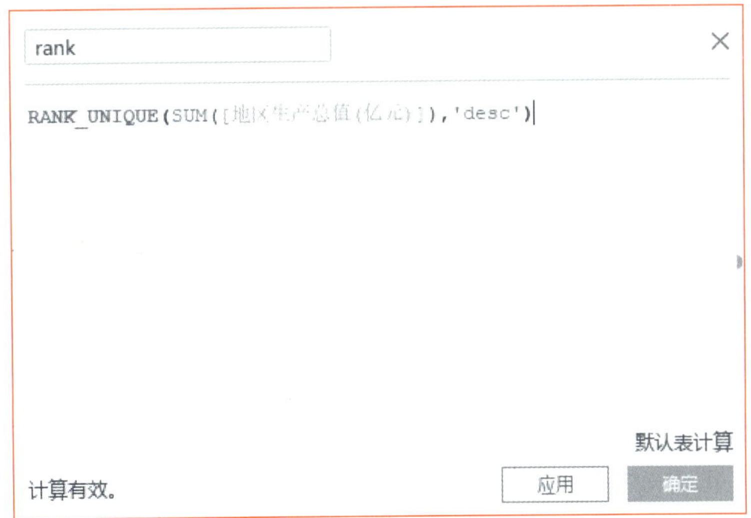

图 5-58　新建计算字段

将度量值“总和(地区生产总值(亿元))”拖拽至列功能区；将度量字段“rank”拖拽至行功能区，用鼠标右键单击“rank”，选择“离散”，如图 5-59 所示。

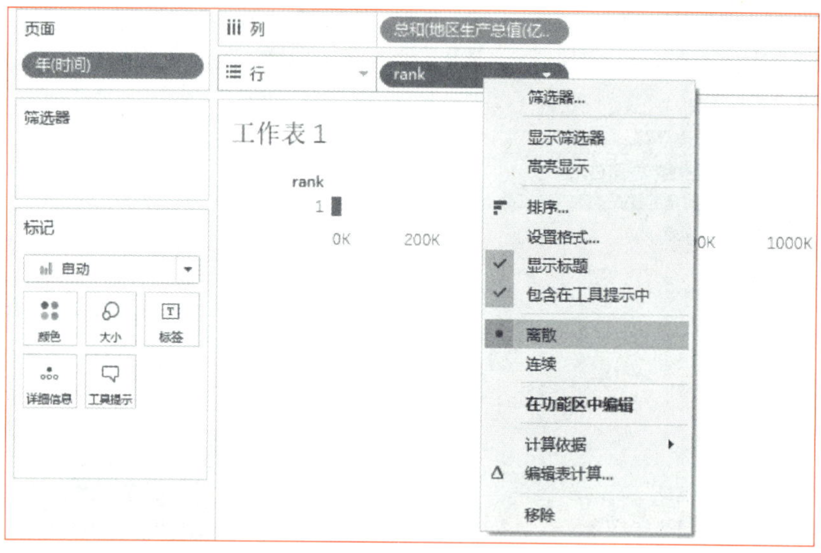

图 5-59　编辑度量值和度量字段

将“地区”字段分别拖拽至“标记”的“颜色”和“标签”选项卡；将“地区生产总值(亿元)”拖拽至“标记”的“标签”选项卡(见图 5-60)，修改“标签”文本显示方式，将多行文字字段名称调整为一行，如图 5-61 所示。

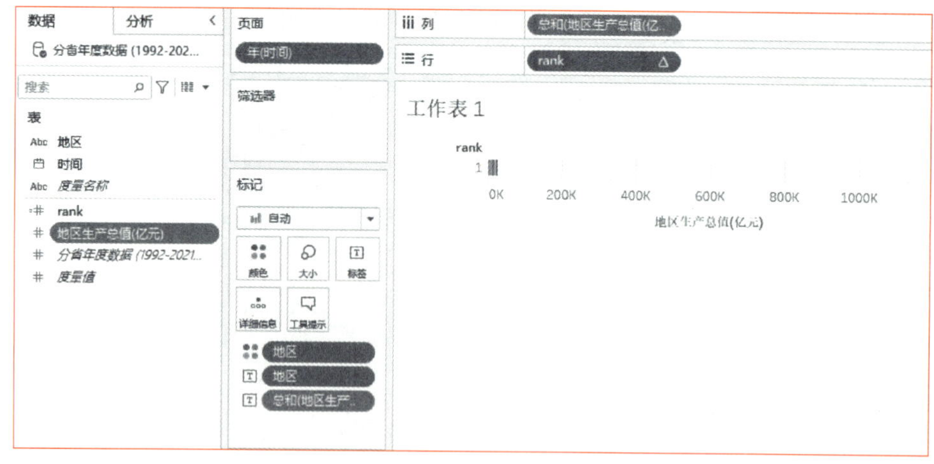

图 5-60　编辑“标签”选项卡

步骤 3：编辑表计算。用鼠标右键单击“行”功能区中的“rank”字段，选择“编辑表计算”，计算依据选择“特定维度—地区”，如图 5-62 所示。

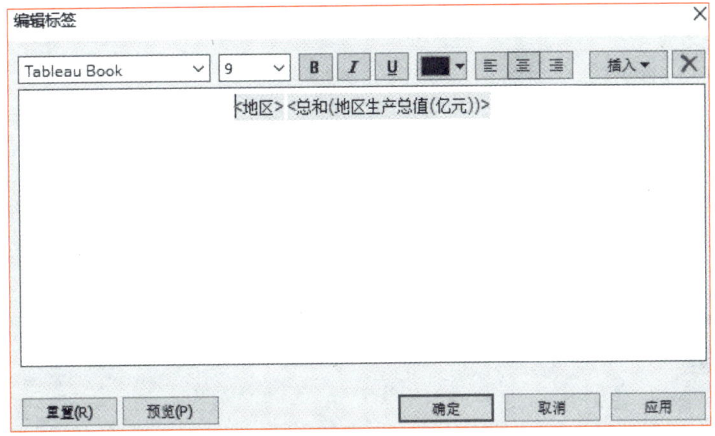

图 5-61　编辑标签

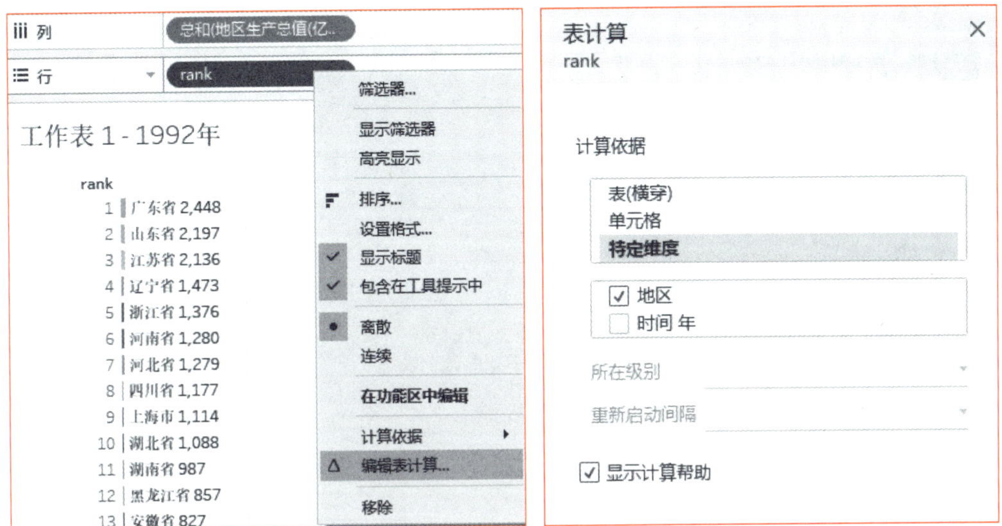

图 5-62　编辑表计算

步骤 4：完成动态条形图。单击右边的播放按钮，调整合适的播放速度，如图 5-63 所示。

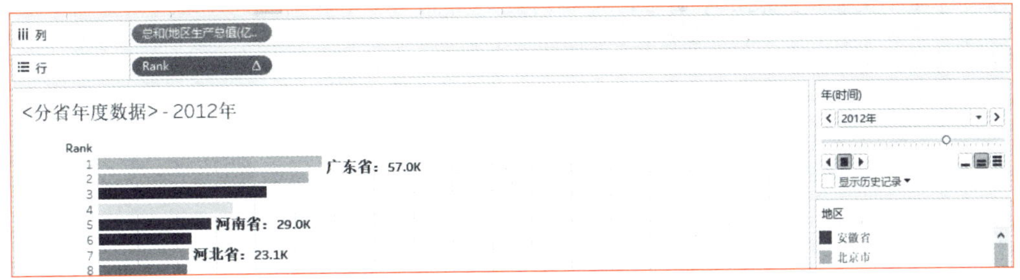

图 5-63　调整播放速度

可以观察到图形展示区中的各省数据随着时间的变化，排序和数据也会随着年份变化，如图 5-64 所示。

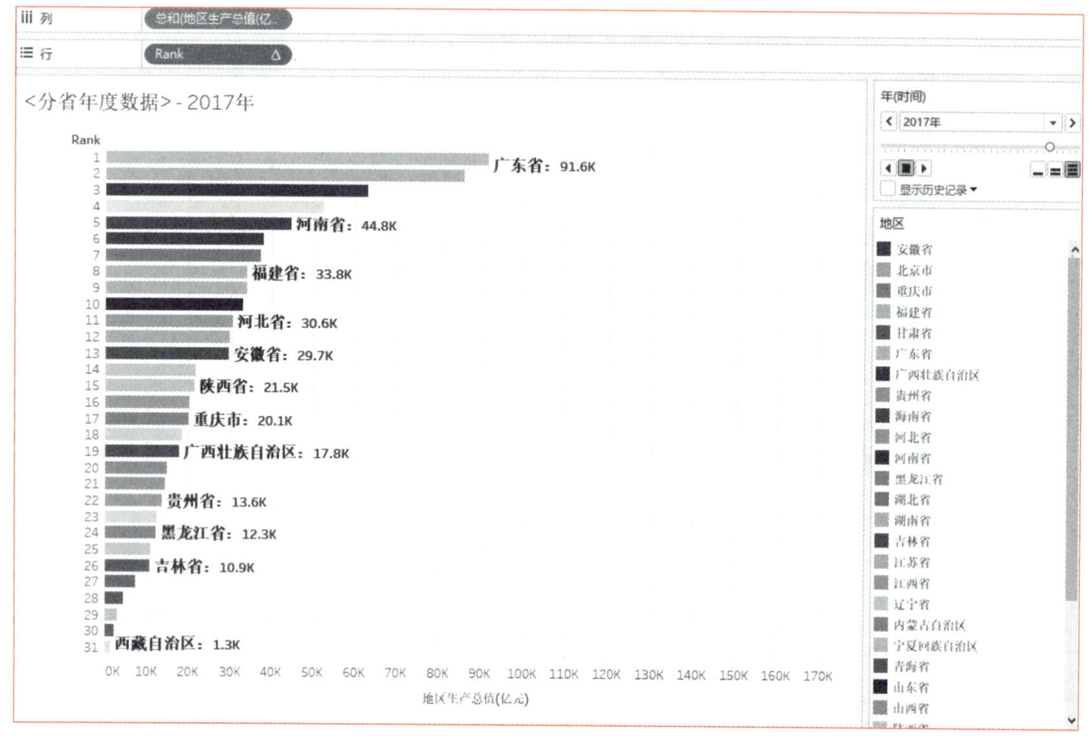

图 5-64　动态条形图完成效果

综合实训　中国经济发展可视化项目

1. 实训目标

通过可视化工具展示中国经济发展的关键指标，以便更直观地理解经济趋势、波动和结构变化。

2. 实训内容

（1）收集和整理中国经济相关数据，包括 GDP 增长率、就业率、消费水平、行业增长、人口增长、城市化进程等。

（2）使用 Tableau 或 Excel 对数据进行分析和可视化展示。

（3）建立数据更新机制，确保数据的实时性。

3. 实训步骤

（1）数据采集和整理。

① 确定数据来源，如国家统计局、世界银行等。

② 收集 GDP 增长率、就业率、消费水平等数据。

③ 建立数据采集和整理的机制，确保数据的更新频率和准确性。

（2）数据分析和可视化。

① 使用 Tableau 或 Excel 导入整理好的数据。

② 创建折线图展示年度 GDP 增长率，观察经济增长的长期趋势和短期波动。

③ 创建面积图展示不同行业的年度增长情况，识别出增长最快的行业和对经济贡献最大的行业。

④ 创建阶梯图展示人口增长、城市化进程等经济指标的变化，清晰地看到这些指标的增长步伐和变化点。

⑤ 创建日历图展示特定日期的经济数据，如销售额、就业率等，揭示季节性和周期性变化。

⑥ 探索使用螺旋图结合时间和数值，展示经济指标的变化趋势。

（3）实时数据更新。如果需要实时数据，建立数据更新机制，使用数据接口或自动化数据采集方法。

4. 实训结果

① 制作一个仪表板，整合所有图表，展示中国经济发展的全貌。

② 分析图表，得出中国经济发展趋势和关键转折点。

③ 根据可视化结果，撰写分析报告。

知识与技能训练

一、单选题

1. 时间序列数据的（　　）特征允许人们通过过去的数据来预测未来的数据。

A. 季节性　B. 周期性　C. 时间相关性　D. 趋势性

2. 在 Tableau 中，以下（　）最适合展示年度 GDP 增长率的变化趋势。

A. 饼图　B. 堆积图　C. 折线图　D. 条形图

3. 如果需要展示不同产品类别的销售额和利润额的对比，应该使用（　）。

A. 折线图　B. 面积图　C. 阶梯图　D. 螺旋图

4. 以下（　）适合展示销售额的季节性和周期性变化。

A. 折线图　B. 面积图　C. 日历图　D. 螺旋图

5. 以下（　）可以用来展示一年内每天的销售数据，并且能够直观地表达数据的周期性。

A. 折线图　B. 面积图　C. 螺旋图　D. 日历图

二、多选题

1. 时间序列数据可视化可以应用于哪些领域？（　）。

A. 金融分析　B. 天气预报　C. 生物科学　D. 工程学

2. 在设计折线图时，应该考虑下列（　）因素，以提高图形的可读性。

A. 清晰的曲折变化　B. 准确表达变化趋势

C. 合适的位置与粗细度　D. 不超过 4 条折线

3. 以下（　）可以用来展示时间序列数据。

A. 折线图　B. 堆积图　C. 动态条形图　D. 饼图

4. 在 Tableau 中制作日历图时，可以展示（　）时间维度的数据。

A. 周　B. 月　C. 季度　D. 年

5. 制作时间动态变化图表时，可以采用（　）交互式控制功能。

A. 调整时间范围　B. 放大缩小

C. 选择不同维度　D. 添加动画效果

三、判断题

1. 时间序列数据的分析方法包括趋势预测、异常检测、波动分析等。（　）

2. 时间序列数据的周期性变化可能与季节性变化相同。（　）

3. 堆积面积图适用于展示各个部分在总体中的占比关系。（　）

4. 在 Tableau 中，所有图表类型都支持时间序列数据的可视化。（　　）

5. 螺旋图是一种基于阿基米德螺旋坐标系的图表，适用于展示大量数据的变化趋势。（　　）

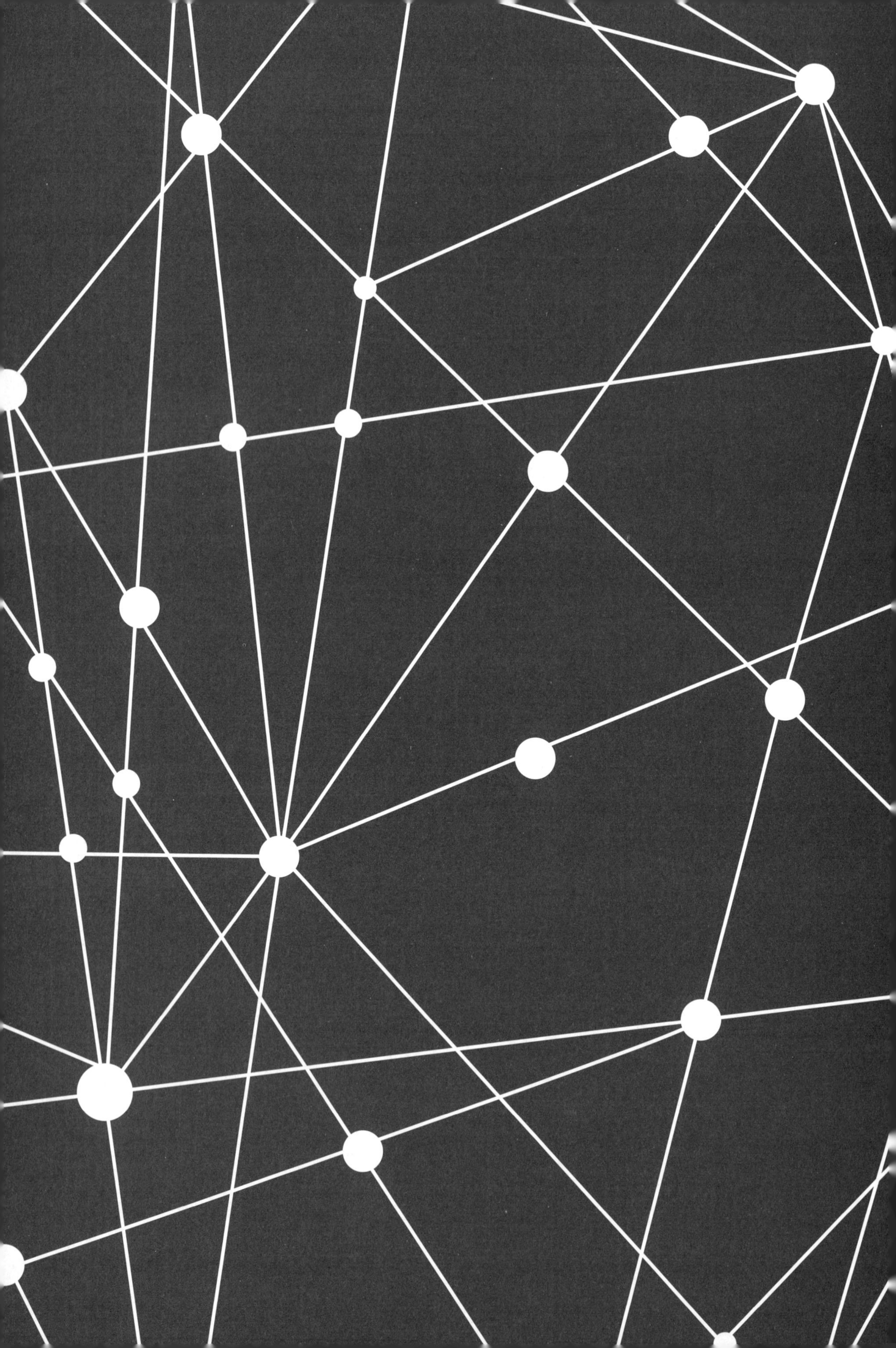

项目六

新零售智能销售数据可视化实战

学习目标

素养目标

◆ 增强服务意识，从客户角度换位思考，提高服务质量

◆ 培养在实践中不断提高、不怕失败、敢于尝试的创新素养

知识目标

◆ 掌握将表格数据形成可视化图形的思路和步骤

◆ 掌握可视化要素构建的基本原则

◆ 掌握数据看板的设计原则和方法

技能目标

◆ 能够使用 Tableau 进行不同类型图形的绘制和美化

◆ 能够使用 Tableau 进行数据看板的设计、美化和数据展示

◆ 能够使用 Tableau 进行数据看板可视化交互

思维导图

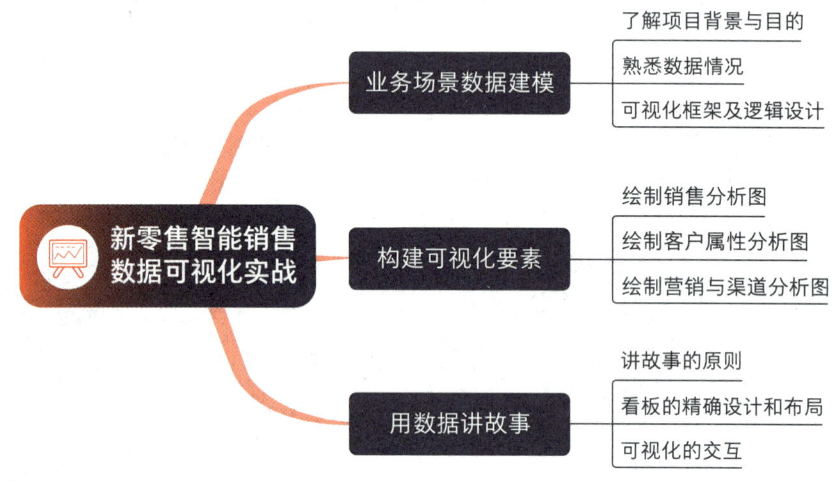

学习计划

- 素养提升计划

- 知识学习计划

- 技能训练计划

项目引入

在完成了对基本图形可视化知识的深入学习后，如何将这些知识运用到更高层次的应用实践，进而构建出设计精美、布局合理的数据看板，通过直观易懂的图形，精准地传递数据的核心信息与关键趋势，是学习数据分析可视化的最终目的，也是本项目要解决的问题。

本项目将以实际数据为例，探讨如何将不同的数据类型与图形类型相结合，以充分展现数据的价值，通过精心设计的图表和可视化元素，揭示隐藏在数据背后的故事，为企业的决策提供有力支持。

任务一　业务场景数据建模

一、了解项目背景与目的

当拿到一个数据集的时候，最好先花点时间了解数据集，研究这些数据的背景。只有充分了解了原始数据，才有可能用可视化图形传递准确的信息，而这往往是设计可视化图形时最容易被忽略的。在开始阶段，的确很容易陷入对最终效果的憧憬中，过分期待使用一些高级的图形让最终的可视化图形看起来精彩、漂亮又有趣。但如果连基本想要展示的内容都还不确定，最后可能只能得到一份看起来华丽但无意义的图形展示。这也就是了解项目背景的意义，只有了解了一个可视化项目想要表达的主题是什么，才能明确该从何处着手去了解数据、分析数据并制作可视化图形。

打开新零售智能销售数据包（可从教材资源中获取），通过对其中的图表进行阅读，大概可以了解这是一份电商店铺的运营数据包，包含了供应招标、营销推广、历史销售等多方面的数据。在这个实战案例中，不妨以“历史订单数据”为基础，对该店铺的历史销售情况进行全方位的分析，从而挖掘出在将来的销售中应该采取哪些策略，或侧重于哪些方面，这就是本项目的目的——为店铺的运营提供一部分的决策支持。

二、熟悉数据情况

了解项目的背景与目的之后，就要仔细观察原始数据，要研究数字和其中的度量标准，找出它们来自哪里，又是如何被估算的，还要检查它们是否合乎常理，有什么意义，在制作可视化图形中可以发挥什么作用。很多时候，仅仅只是将所有数据进行阅读理解所花的时间就要远远超过绘制图形的时间。

仍然以数据包中的“历史订单数据”表为例，将字段简单地进行梳理更加有助于熟悉数据的情况。通过观察，可以看到该数据表中的数据是以订单为基础单位的，共有字段 31 个，每个字段都对应了一个销售订单的属性。

仔细阅读数据，会发现每个字段也有自己的特征。“订单编号”字段存在着唯一性，因为每个订单只可能有唯一的编号，所以使用“订单编号”来计数，也可以用于与销售相关的数据分析中。“商品编号”字段一定程度上与“品名”字段的功能是一样的，这是因为一个商品只能对应一个商品编号，但在一些场合，特别是当需要对产品名称做展示的时候，使用“品名”字段就更合适。“下单日期”字段包含了年、月、日的详细信息，可以用来做不同时间粒度的数据分析。“商品类别”和“客户类型”分别对商品和客户进行了分类，通过对两个字段不同内容进行计数，也可以进行分类对比的数据分析。“省份”字段既可以代表客户所在地，也可以用作统计不同省份的销售情况，在进行空间数据分析的时候必不可缺。

三、可视化框架及逻辑设计

在搭建可视化框架和进行逻辑设计之前，不妨对上述字段进行分类。忽略掉一些跟销售关联不大的字段，如序号、配送方式、配送时段等，依据项目目的以及字段之间的关联关系，可以粗略的将这些字段分为三类：销售数据、客户数据、营销与渠道数据，如表 6-1 所示。

表 6-1　数据字段分类表

类别	字段
销售数据	订单编号、下单日期、商品编号、品名、商品类别、数量（件）、单价（元）、金额（元）、销售员编号、商品评分、订单状态
客户数据	客户类型、消费能力、年龄、性别、省份、区域分布、客户编号
营销与渠道数据	营销类型、流量入口、流量来源、销售渠道、访问深度、付款方式

事实上，观察数据集并给数据字段分类能很有效地帮助作图者梳理作图思路，尤其是当一个数据集中有多个数据表的时候，通过初步分类，可以将不同表格的数据连接起来，数据分析将更加全面，也就能通过图表传递更多信息。在做分类的过程中，作图者会发现项目背景和目的可以对数据分类产生积极的影响：作图者会更倾向于基于数据分析的目的进行数据分类。在实例中，进行销售数据分析，首先要对整体的销售额和销售量进行展示，并且还能够通过筛选条件的添加，了解不同维度下的销售情况和趋势变化，这将有助于阅读者了解店铺的基本销售情况，因此有了基础的销售数据分类；其次，客户数据也是非常重要的一环，能有效帮助阅读者了解不同客户的消费习惯，从而将客户属性与销售情况联系起来，于是有了客户数据分类；营销和渠道是客户获取商品信息的重要因素，它们也会对销售情况造成影响，这是营销与渠道数据分类存在的意义。基于项目目的进行数据分类，透彻地阅读和理解数据集，从而形成可视化框架及设计逻辑，这是一个自然而然的思维过程，也是最适合进行数据分析与可视化的思维过程。

在明确总体的作图框架后，可以直接将数据分类转换为作图的模块或主题。在着手进行图形制作之前，还可以进行的一个步骤，就是找到不同模块主题的共享字段，通过作图工具中的功能，将不同模块的图形进行连接，使得图形之间可以进行交互，更好地讲述图形背后故事。

举个例子，在“历史订单数据”表中，“省份”字段虽然被分类在客户数据，但在销售数据和营销与渠道数据中，也可以用于进行不同省份的相关数据分析和展示，所以“省份”就可被认为是共享字段。同理，“下单日期”“年龄”“流量入口”等字段都属于跨类别的共享字段。如何使用共享字段进行图形间的交互，从而使得可视化图形信息量的最大化，本书将在后续内容中进行更加详细的介绍。

任务二　构建可视化要素

经过前期充分的准备工作，接下来可以着手制作图形了。作图者的任务是将自己所知道的内容传达给阅读者。阅读者一般都没有看过原始数据，所以如果没有任何的解释或提前说明，他们看到的内容很可能和作图者看到的完全不同。因此，在作图的时候，可以假设所有人在看到图形之前都是盲目的。

如何让阅读者通过可视化图形准确地获取作图者想要传达的信息呢？在作图的时候，有三个原则能让图形更加易于阅读：① 选择合适的图形；② 添加必要的说明；③ 进行合理的美化。

接下来的内容将会展示如何在作图过程中贯彻这三个原则。

一、绘制销售分析图

基于上一任务的数据字段分类，任意从字段中挑选 1 个或多个（见表 6–2），就可以制作一些能展示销售额相关信息的图形。例如，通过“金额”和“下单日期”可以展示出销售额随时间的变化趋势，通过“商品类别”和“金额”则可以展示不同商品类别的销售情况。通过前几个项目的学习，作图者可以比较准确地选择出合适的图形来进行可视化表达：销售额随时间的变化趋势属于时间序列可视化，适合使用折线图；而不同商品类别的销售情况属于类别可视化，简单的柱形图或稍复杂的南丁格尔玫瑰图都是不错的选择。

表 6–2　销售数据字段表

类别	字段
销售数据	订单编号、下单日期、商品编号、品名、商品类别、数量（件）、单价（元）、金额（元）、销售员编号、商品评分、订单状态

图 6–1 这张销售额的趋势图制作起来很简单，作为作图者也能很直接地观察出趋势的变化，获取想要的信息，但作为阅读者，很难去分辨这个图形到底要表达的是

什么：这条随时间变化的折线，展示的的确是销售额随着时间的变化，但销售额的“主题”是什么并不明确，具体的数值也难以直接看出。此时，必要的说明就显得重要了起来。

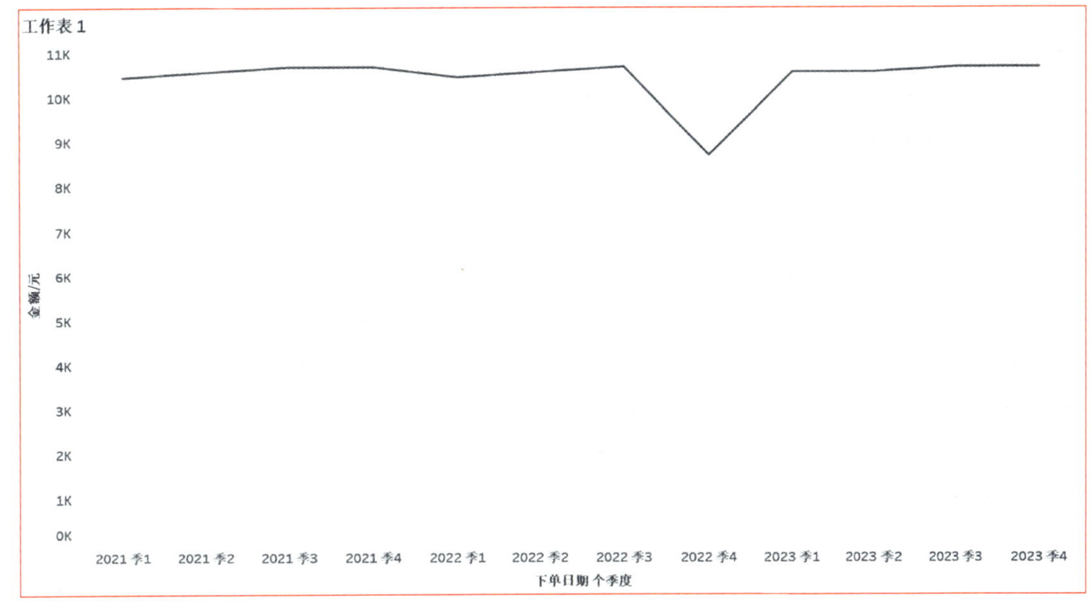

图 6-1　销售趋势图（折线）

与第一张图形对比，很容易发现第二张图形并没有更复杂（见图 6-2），但表达的信息却更加准确和清晰了：增加的标题明确了金额的“主题”是某个店铺的销售额变化趋势，而非某件商品或某个地区；x 轴、y 轴的刻度线和标题字体变大，并且添加了各个拐点的数据说明，能准确观察每个节点的数据。这些简单的说明并不复杂，但确实有效提升了图形信息传递的准确性。

信息传递没有问题了，但对可视化效果有一定要求的作图者肯定还会有这样的感觉：这张图显得有些单薄了。不管是放在一篇数据分析报告里，或是单独阅读，这张图形都过于简单了一些，带给阅读者的视觉冲击力也不够大。此时，则可以考虑通过添加图形元素、更改图形颜色和设计等方式，让图形想要表达的信息更为明显和突出。依据前期对数据集的观察，这家店铺是售卖户外运动用品的，因此可以将颜色调整为户外运动商品更常见的绿色；添加柱形图形成折线图和柱形图的组合图，整个图形元素更加丰富也更抓眼球；y 轴调整了起始点和刻度间隔，让整个折线的拐点更为突出，趋势更明显，如图 6-3 所示。

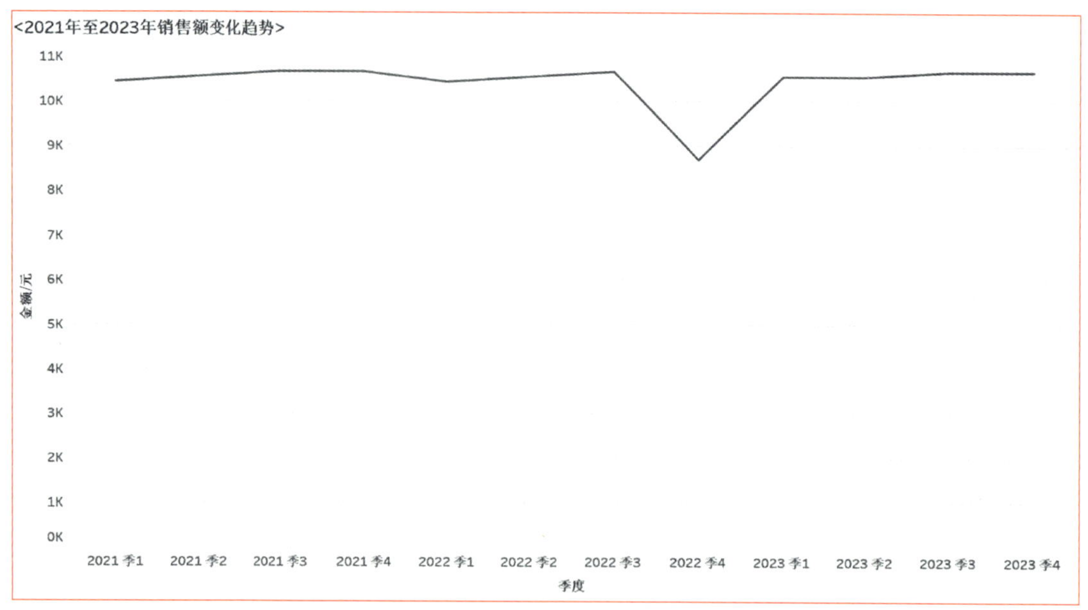

图 6-2 销售趋势图（折线与节点数据）

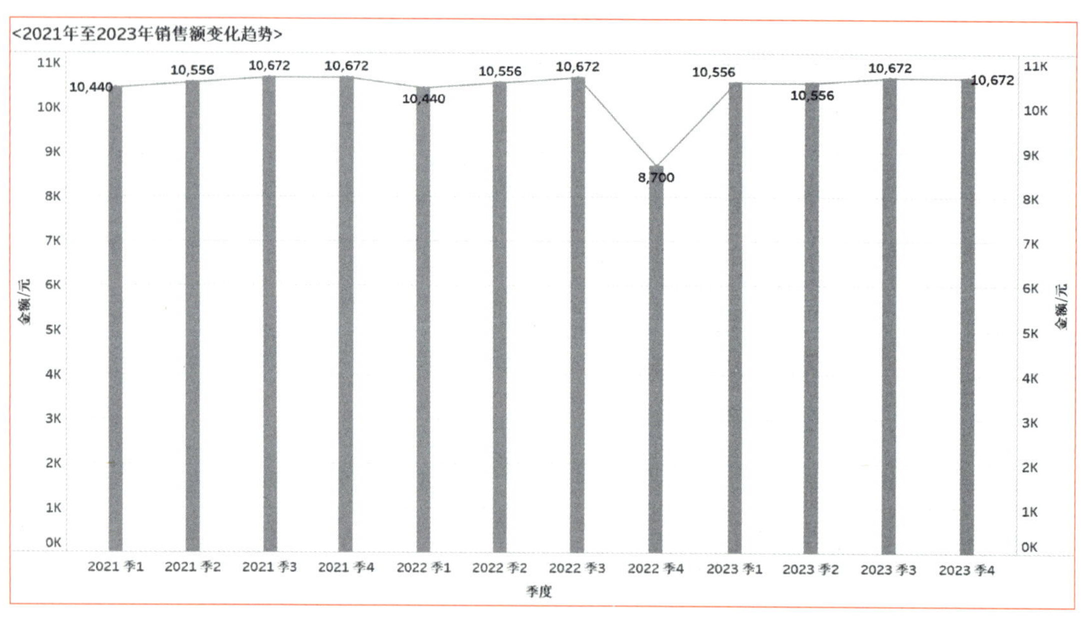

图 6-3 销售趋势图（折线与柱形图）

依据同样的作图原则，可以画出不同商品类别的销售情况。与销售额变化趋势图不一样的是，图 6-4 是通过颜色来区分商品类别的，所以在图形右侧添加了关于颜色的图例说明，而数据的展示也从销售额变成了销售占比。这证明了一点，图形的说明和美化一定要依据图形的特点和表达的需求：有一些图形元素比其他元素更具提示性，但不一定适用于所有数据集；对某种数据集完全不适用的方法，对另一种数据集来说可能是黄金搭配。只有通过不断实践，才能找到最适合当前设计意图的可视化方法。

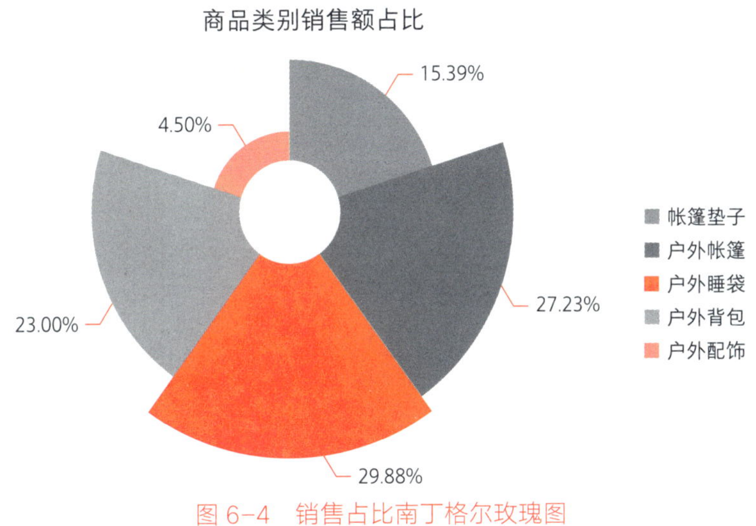

图 6-4　销售占比南丁格尔玫瑰图

二、绘制客户属性分析图

基于前一节的客户分类字段，客户属性的分析图形也可以制作出来。此时，依旧可以使用前面所提到的任选字段组合的方式来进行可视化图形的制作，客户数据字段如表 6-3 所示。具体的作图思路就不再赘述了，虽然字段类别和属性有所区别，但只要抓住图形想要展示的内容关键，便可以轻易找到适合的图形进行制作，并进行相应的优化。

表 6-3　客户数据字段

类别	字段
客户数据	客户类型、消费能力、年龄、性别、省份、区域分布、客户编号

图 6-5 是挑选了“年龄”“客户类型”形成的不同年龄段客户类型占比。为了体现客户类型的占比差异，选择了堆积柱状图，并使用不同颜色区分客户类型，使阅读者通过不同颜色柱状的高低即可直接读取占比的区别。

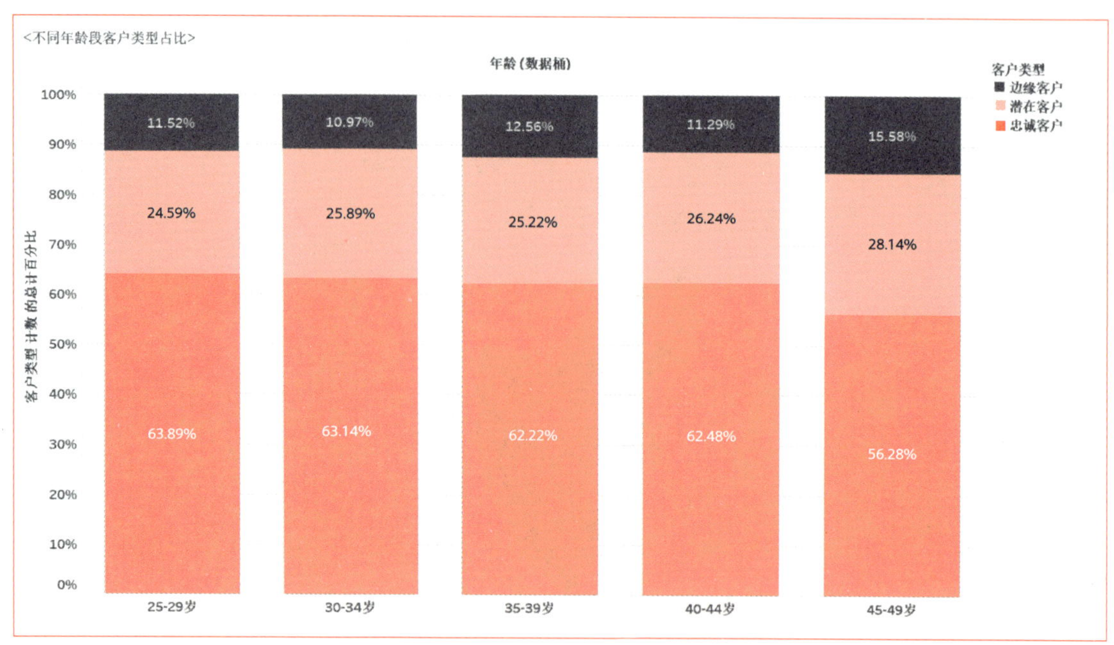

图 6-5　客户类型占比差异堆积图

三、绘制营销与渠道分析图

营销与渠道数据的可视化图形制作和前两类也类似，所选择的字段和制作出来的图形，是需要能传达有意义的信息的。对于一家店铺来说，分析什么样的营销类型和销售渠道对商品销售最有效是很重要的一环，营销类别与销售渠道字段如表 6-4 所示，依据不同营销类型和销售渠道订单数量的占比，可以展示出这样的结果（见图 6-6 和图 6-7）；观察一下商品评分与销售额是否有直接关系（见图 6-8），也能为后续的营销策略提供一些有效建议，此时“金额”字段作为共享字段，也可被用于营销与渠道数据的可视化。

表 6-4　营销类与销售渠道数据字段

类型	字段
营销与渠道数据	营销类型、流量入口、流量来源、销售渠道、访问深度、付款方式、销售额

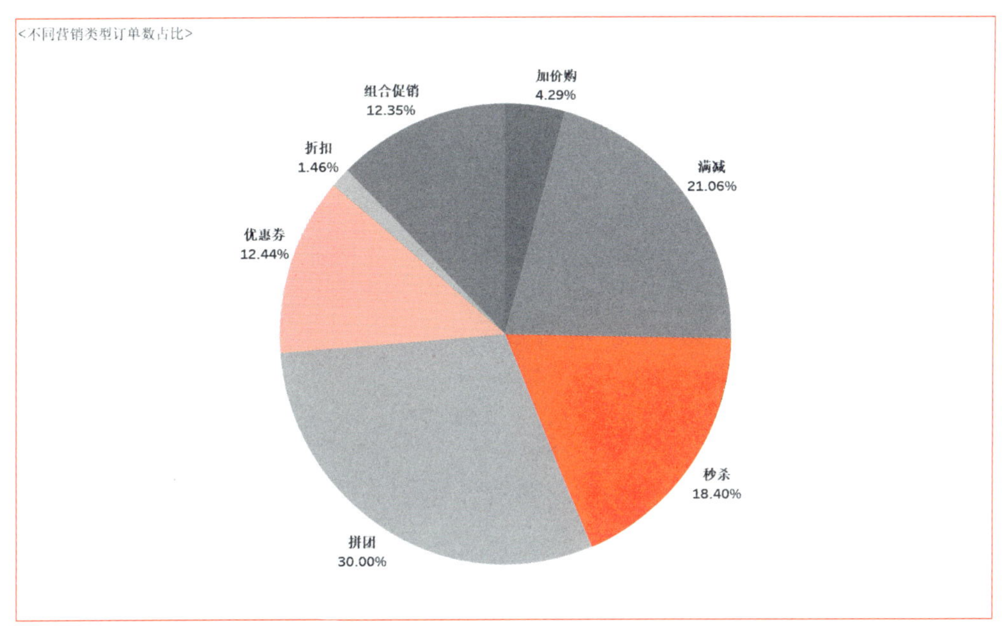

图 6-6 不同营销类型订单数量占比饼图

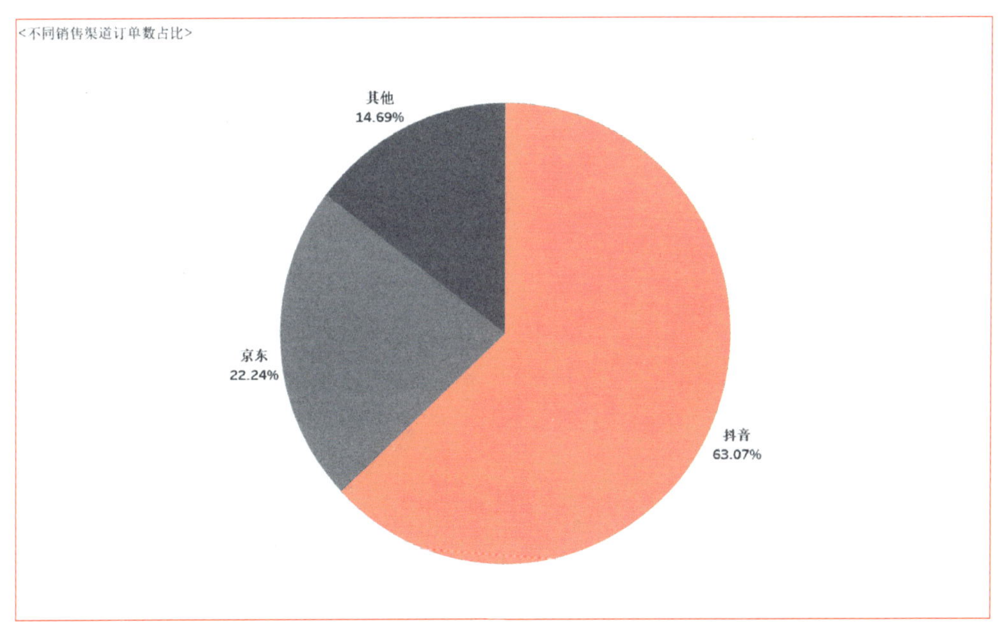

图 6-7 不同销售渠道订单数占比饼图

在进行图形制作的时候，需要注意，虽然任意选择字段都可以形成可视化图形，但有些图形与项目的目的没有任何关系，或者字段间并没有太大的关联和分析的意义，那即使做出来的图形再好看，也并不能为项目提供任何价值。这并不代表应该按部就班地按照以往的经验来进行作图，作图者还是可以并且应该作出各种尝试，通过可视化图形的制作来探索隐藏在数据背后的规律，但那些“实验失败”的图形，就无须最终展示在阅读者面前了。图 6-9 就是在进行实践案例分析时尝试制作的图形，由于并不能提供有意义的信息，最终不会被展示在阅读者面前。

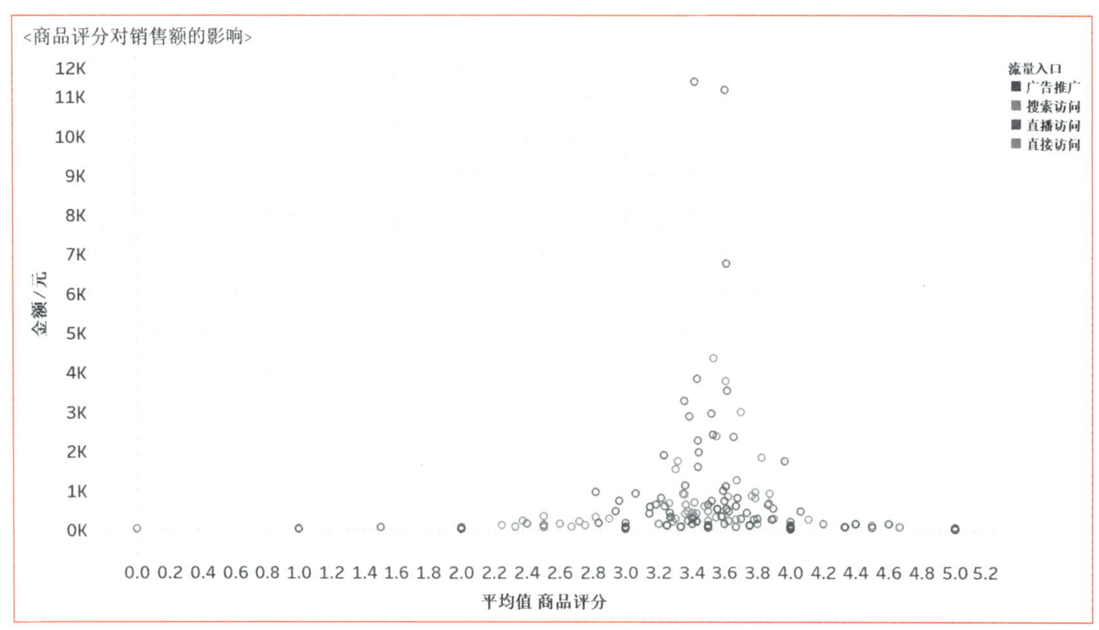

图 6-8　商品评分对销售额影响散点图

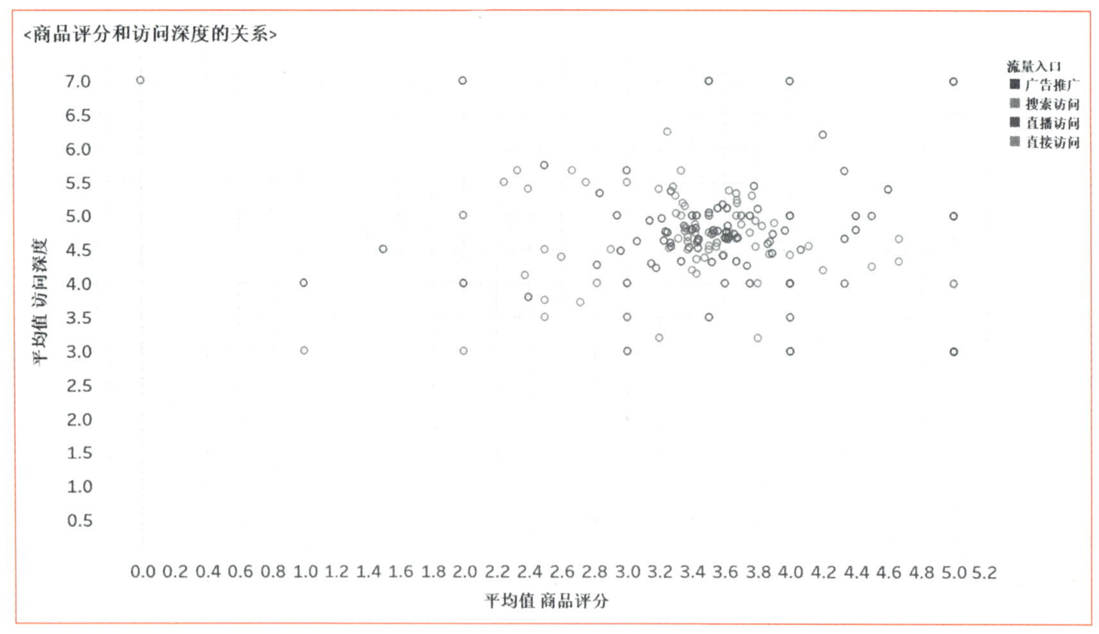

图 6-9　商品评分和访问深度关系散点图

任务三　用数据讲故事

到底应该怎样用数据来讲故事？具体细节会因为数据的不同而有所差别，不过总体来说，不管图形表现的是什么，都需要注意图形本身的意图和阅读者。

一、讲故事的原则

用数据讲故事是一种有效的方式，它可以帮助作图者以事实为基础，传达信息，并引发观众的共鸣。根据前两个任务所做的一些工作，可以归纳总结出一些用数据讲故事的原则：

（1）明确目标。在开始之前，确定想要传达的信息和故事的目标。这有助于收集和选择合适的数据，并构建一个有针对性的故事。

（2）选择合适的数据。确保选择的数据与故事目标密切相关。数据应该是准确的、可信的、可靠的。

（3）故事结构。数据讲故事也需要一个结构，就像一篇文章或一部电影一样。通常可以采用以下结构：引入背景和问题、展示数据、解释数据的含义和影响，最后得出结论。

（4）使用可视化。图表、图像和其他可视化元素可以帮助读者更好地理解数据和故事，确保可视化清晰、简洁，并与故事的核心信息相关。

（5）保持简洁。避免使用复杂的数据和过多的细节。尽量保持简单明了，用易懂的语言解释数据的含义。

（6）验证和审查。在发布故事之前，确保数据的准确性和完整性。数据分析和解释应该经过仔细的审核。

（7）尊重隐私和伦理。如果故事涉及个人数据，确保遵守隐私规定，并以尊重伦理的方式处理数据。

简而言之，以某个问题或目的作为出发点，以批判的眼光检查数据，并且把握图形的设计意图以及受众群体，就能用数据讲好故事。

二、看板的精确设计和布局

数据看板由多个图形排列而成，要能突出重点，反映图与图的关系。

数据看板的精确设计和布局非常关键，它决定了数据的可视化效果和阅读者体验。在通常情况下，设计和布局数据看板需要注意以下几点：

（1）保持简洁。避免在一个看板上堆积过多的信息和图表。简洁的设计更易于理解和解读。如果需要展示大量信息，可以考虑设计多个相关联的看板。

（2）使用配色方案。选择清晰明了的配色方案，确保数据可视化的清晰度和易读性。使用相近色彩来表示相关数据，有助于观众快速理解信息。

（3）强调重要信息。通过大小、颜色、加粗等方式，强调关键数据和信息，使其在看板上更加显眼。

（4）注重布局和排版。设计看板的布局时，考虑信息的逻辑关系和读取顺序。放置重要信息在阅读者自然浏览的路径上，让阅读者能够流畅地阅读看板。

（5）使用交互性。如果可能，可以增加看板的交互性，让阅读者可以根据自己的需求对数据进行筛选和探索，提升阅读者体验。

细心的作图者会发现，数据看板的设计与可视化图形的设计需要注意的原则有一些相似，这是因为无论是可视化图形还是数据看板，最终目的都是让阅读者能有效地获取信息。

在本项目中，已经完整一些可视化图形，将这些图形放在一起，其实就能获得一个简单的数据看板了（见图 6-10）。

但是，这样的数据看板无法突出重点，也很难从中分辨出图形之间的逻辑关系，而一个看板上同时放置太多的图片，信息量过大也让阅读难度直线提升。此时，看板的简化、强调和美化很有必要。依据前面提到的原则，优先制作出店铺整体销售情况相关的数据看板。在如图 6-11 所示的看板中，依据图形标题，就能很容易分辨出这几个图形都是与店铺销售情况有关的，分别表现了趋势变化的区别和不同商品类别的销售情况对比。

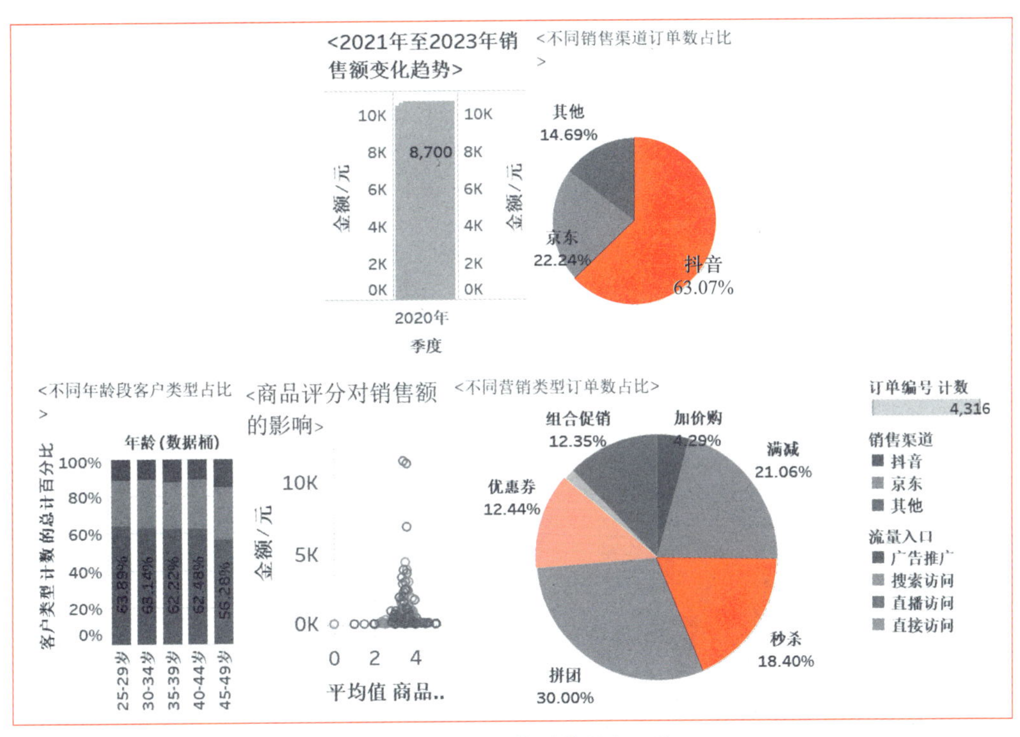

图 6-10　一个简单的数据看板

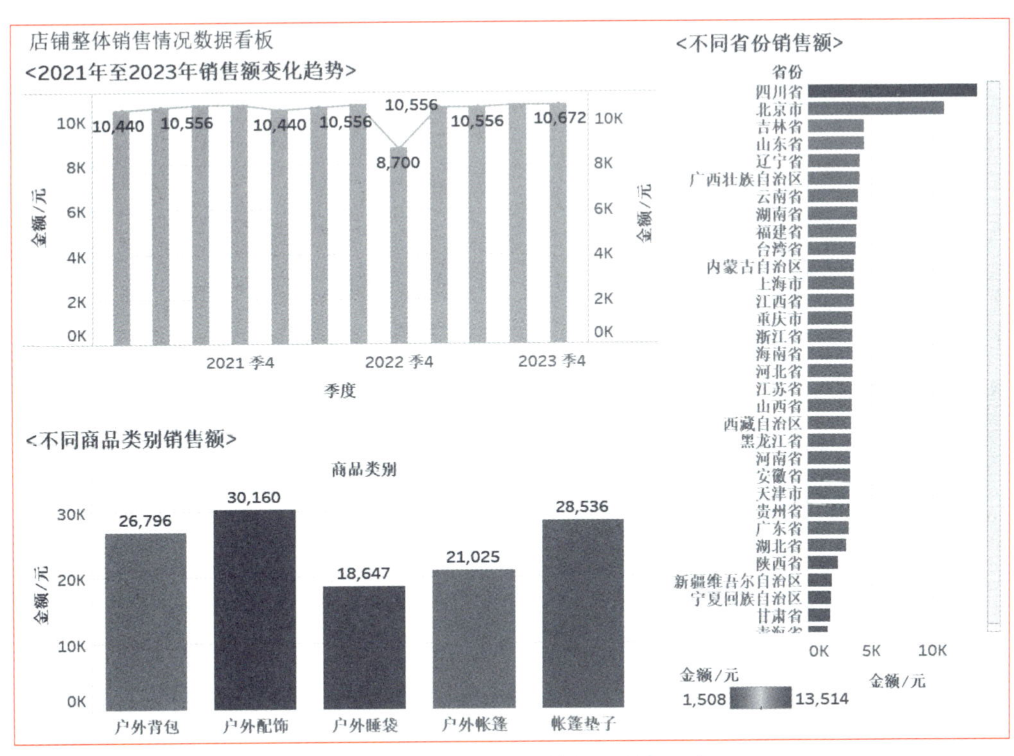

图 6-11　店铺整体销售情况数据看板

使用同样的方法，可以制作出营销与渠道分析的数据看板（见图 6-12）。

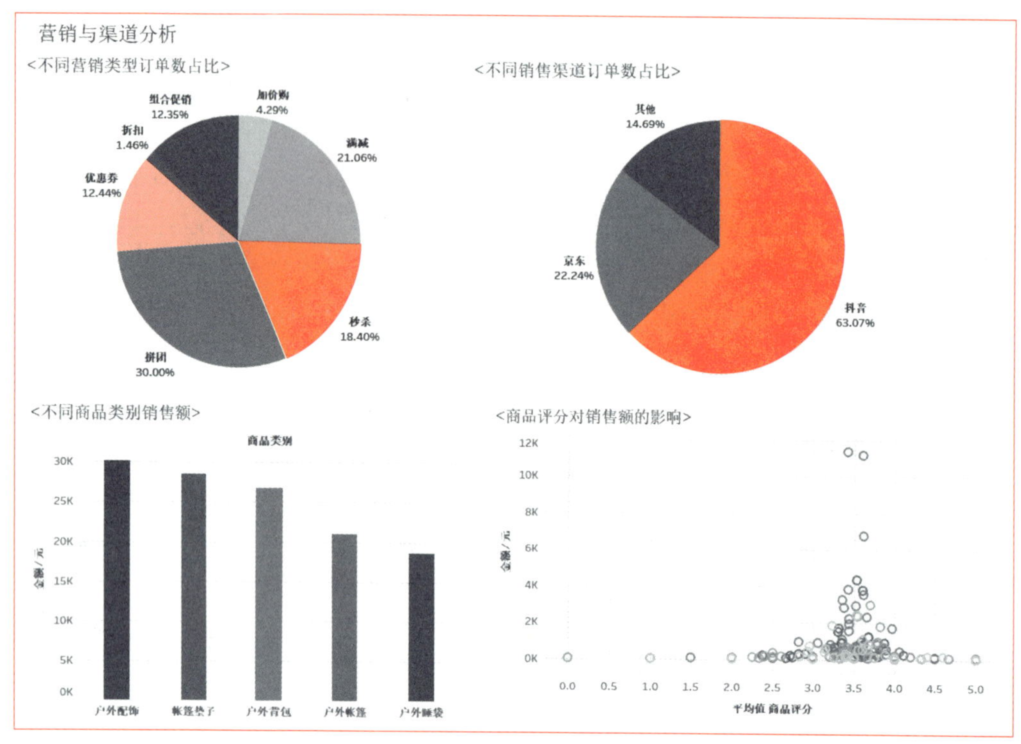

图 6-12 营销与渠道分析数据看板

三、可视化的交互

可视化的交互是指在数据可视化中，阅读者可以通过与图表、图形或其他可视化元素进行互动来探索和获取信息。它通过让阅读者参与其中，让阅读者自主选择感兴趣的数据维度、范围，并采用即时反馈的方式，增强阅读者对数据的理解和参与感。

常见的可视化交互包括以下几种方式：

（1）鼠标悬停。当阅读者将鼠标悬停在图表或图形上时，显示数据标签或提示信息，帮助阅读者了解数据细节。

（2）点击。阅读者点击图表或图形上的元素，弹出详细信息或进一步的数据展示。

（3）拖拽。阅读者可以通过拖拽操作来调整图表的显示方式，如调整时间轴范围、拖动地图来查看不同区域等。

（4）放大和缩小。阅读者可以通过放大和缩小操作来查看图表的细节或整体情况。

（5）滑块。阅读者可以通过滑块来选择不同的数据范围，例如时间范围、数值范围等。

（6）下拉菜单。阅读者可以通过下拉菜单选择感兴趣的数据维度或分类。

（7）选择框。阅读者可以通过选择框勾选或取消勾选特定的数据项。

（8）交互过滤。阅读者可以通过多个交互方式联动筛选数据，从而实现更精确的数据展示。

（9）动态更新。当数据发生变化时，图表可以自动更新，以保持数据的实时性和准确性。

前四种交互方式，都是在单一图形上进行的交互，目的是让阅读者更详细地了解图形传递的信息。

滑块、下拉菜单、选择框等筛选工具，则可以用在更多场景，无论是单一的图形还是数据看板，都可以使用，如图 6-13 所示。

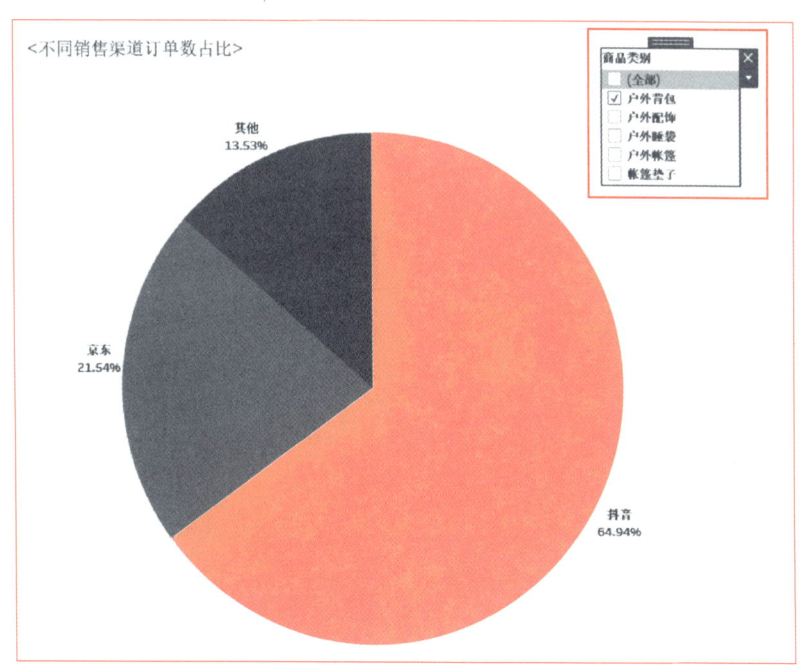

图 6-13　下拉菜单数据交互工具

交互过滤则更加特殊一些，通常用在数据看板的场景中，将看板中的其中一个图形用作筛选器，进行整个数据看板各个图形的联动，这个被用作筛选器的图形中一定要包含“共享字段”，否则在进行点选的时候，看板上的其他图形不会发生任何变化。

在本实例中，分别给每个数据看板都设置一个筛选器图形，通过交互过滤的方式，对店铺的整体销售情况有一个更加细致的了解。在店铺整体销售情况数据看板中，将不同省份销售额设置为筛选器，点击其中任意一个省，就可以直接看出该省的销售变化趋势和不同商品类别的销售额对比，如图 6-14 所示。

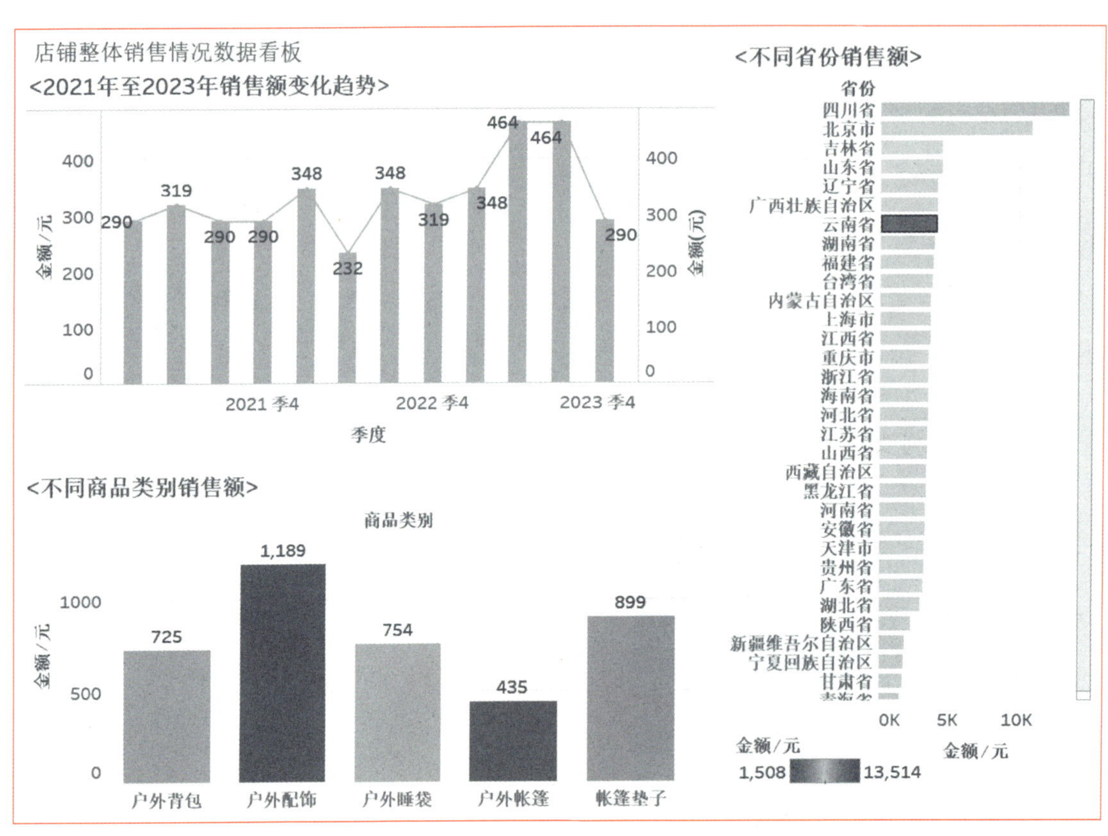

图 6-14　通过条形图进行数据交互过滤

在营销与渠道分析数据看板中，将右下角的商品评分对销售额影响图形设置为筛选器，由于该图形中每个点都代表一种商品，点击任意一个点都可以看到相应商品的销售额、各个销售渠道的订单数，以及哪种营销方式对这种商品最有效，如图 6-15 所示。

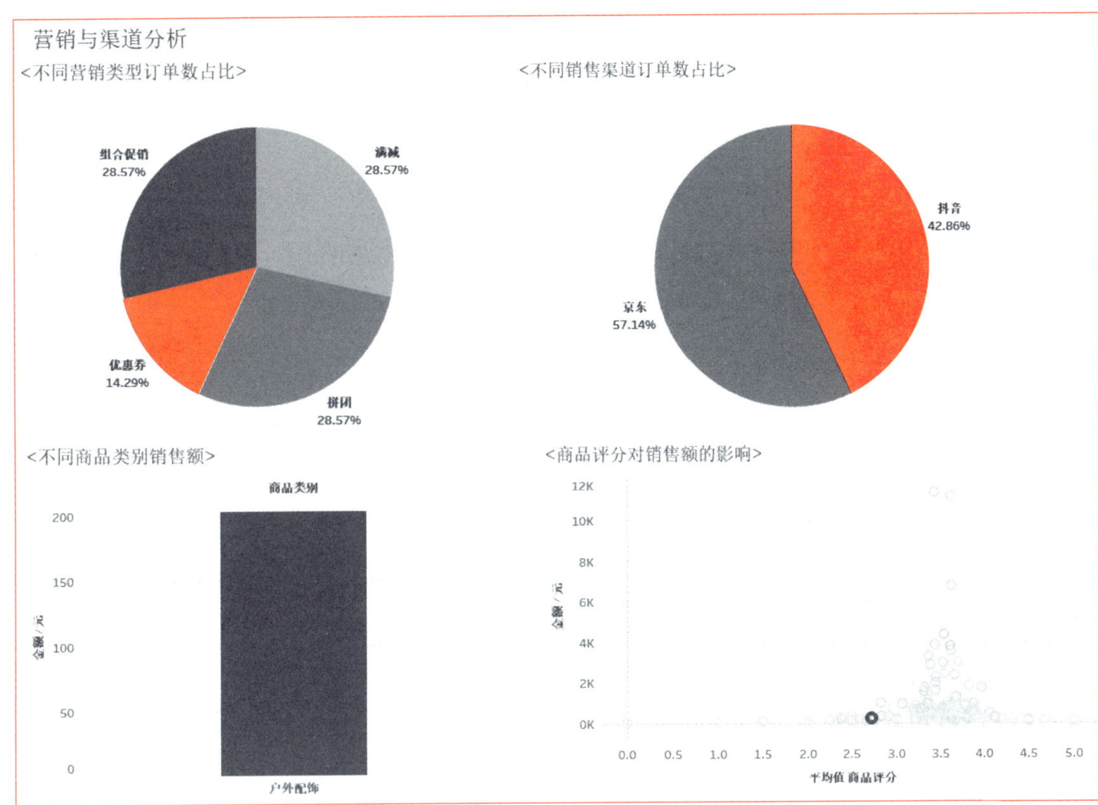

图 6-15　通过散点图进行数据交互过滤

最后，关于动态更新，不同的可视化工具所能提供的支持有所不同。有的工具自带动态更新的功能，有的工具则可以通过编程实现。依据实际的需求，选择合适的工具来进行数据展示即可。

本项目深入探讨了新零售智能销售数据可视化的实战应用。新零售业务中涉及大量的销售数据，通过数据可视化的方式可以更好地帮助读者理解和分析这些数据，为业务决策提供有力支持。

接下来对本项目进行梳理和总结。做好一个可视化项目，要做到以下几步：

第一，要明确项目背景和目标，即建立新零售智能销售数据看板，以便阅读者能够及时了解销售绩效和趋势，优化运营和销售策略。

第二，要选择合适的数据可视化工具，并对数据进行熟悉、清洗和准备。可以依据项目的需求和个人倾向选择不同的可视化工具。

第三，要对可视化展示的框架和逻辑进行设计，以便作图者后续能制作出合适的数据看板。在布局方面，应该保持简洁，避免在一个看板上堆积过多的信息和图表。

信息的逻辑关系和读取顺序也需要重点考虑，将重要信息放置在阅读者自然浏览的路径上。

第四，选择合适的可视化图表和图形。在新零售智能销售数据看板中使用了折线图、柱状图、饼图等不同类型的图表，来展示销售趋势、销售额分布、地域销售情况等重要信息。这些图表的选择应与数据的性质和目标相匹配，以确保信息的清晰传递，便于阅读者理解。

第五，增加可视化的交互功能。通过允许阅读者对数据进行筛选和探索，增强阅读者对数据的参与感，使他们能够根据自己的需求自主选择感兴趣的数据维度或范围，从而更好地理解数据和信息。注意，要确保交互设计的直观易用，不需要阅读者进行复杂的学习或操作。

实际操作过程中，在完成一个可视化项目后，还要不断优化和改进数据看板，根据阅读者的反馈和需求进行调整，以提升阅读者的体验。

综合实训　户外运动商品市场开发分析可视化项目

一、实训目标

（1）掌握数据的可视化分析流程。

（2）学习如何通过数据可视化工具展示数据分析结果。

（3）提高数据解读能力，为业务决策提供支持。

二、实训内容

（1）使用 Tableau 等数据可视化工具分析新零售平台户外运动商品的销售数据。

（2）构建数据看板，展示商品数据、竞争对手数据分析结果。

（3）通过交互式图表深入分析数据，提取业务洞察。

三、实训步骤

（1）业务场景数据建模。

① 分析数据集的上下文背景，明确可视化项目的目标和主题。

② 对数据字段进行分类。

（2）构建可视化框架。

① 设计可视化框架和逻辑，确定需要展示的关键指标和数据维度。

② 确定共享字段，以便在不同图表之间建立交互。

（3）制作可视化图表。

① 利用 Tableau 等工具，根据数据字段分类制作相应的图表。

② 添加必要的说明和图例，确保图表信息的准确性和易读性。

（4）数据看板设计。

① 将制作的图表整合到一个数据看板中，确保布局合理、重点突出。

② 设计看板的交互功能，如筛选器、下拉菜单等，提高用户体验。

（5）交互式分析

① 通过设置筛选器图形，实现数据看板中图表的联动交互。

② 测试交互功能，确保数据看板的交互性符合设计要求。

四、实训成果

（1）完成一个包含商品数据、竞争对手数据的数据看板。

（2）能够通过数据看板直观地展示数据分析结果，为客户提供决策支持。

知识与技能训练

一、单选题

1. 以下（　　）类型的图形最适合展示销售趋势。

A. 饼图　　B. 柱状图　　C. 散点图　　D. 地图

2. 在构建数据看板时，以下（　　）原则对于突出重要信息最为关键。

A. 保持简洁　　B. 使用一致的配色方案

C. 强调重要信息　　D. 合理的布局和排版

3. 以下（　　）步骤对于确保数据准确性最为重要。

A. 数据清洗　　B. 数据分类　　C. 数据可视化　　D. 数据解释

二、多选题

1. 以下（　　）因素对于确保数据可视化的有效性至关重要。

A. 清晰的数据展示　　B. 一致的设计风格

C. 交互性的设计　　D. 复杂的视觉元素

2. 以下（　　）步骤对于构建有效的数据看板至关重要。

A. 数据准备　　B. 可视化框架设计

C. 图表选择和制作　　D. 看板交互设计

3. 以下（　　）因素对于提升数据看板的用户体验至关重要。

A. 直观的交互设计　　B. 准确的数据展示

C. 一致的设计风格　　D. 复杂的视觉元素

三、判断题

1. 在设计数据看板时，应该避免在一个看板上堆积过多的信息和图表。（　　）

2. 在新零售数据可视化中，数据清洗是确保数据准确性的最重要步骤。（　　）

3. 在新零售数据可视化中，复杂的视觉元素可以提升数据看板的用户体验。（　　）

参考文献

[1] 邱南森 . 数据之美——一本书学会可视化设计 [M]. 张伸，译 . 北京：中国人民大学出版社，2014.

[2] 邱南森 . 鲜活的数据：数据可视化指南 [M]. 向怡宁，译 . 北京：人民邮电出版社，2012.

[3] 陈为 . 数据可视化 [M].2 版 . 北京：电子工业出版社，2019.

[4] 喜乐君 . 数据可视化分析：Tableau 原理与实践 [M]. 北京：电子工业出版社，2020.

[5] 赵旭隆，张蓬 . 数智化驱动新增长 [M]. 上海：上海浦江教育出版社，2023.

[6] 吴晓霞，乔凯丽，蔡理强 .Python 开发与财务应用 [M].2 版 . 北京：人民邮电出版社，2024.

主编简介

胡辉，武汉职业技术大学商学院副院长，副教授，高级电子商务师，2023 年全国职业院校技能大赛电子商务赛项监督仲裁长。荣获 2023 年全国职业院校技能大赛教师教学能力竞赛三等奖，金砖国家职业技能大赛数据分析与可视化赛项国际总决赛一等奖（优秀指导专家）；2018 年湖北省教师教学能力大赛一等奖。2018 年、2019 年指导学生参加湖北省职业技能大赛电子商务赛项获一等奖。主持参与了十余项省级课题，编写“十二五”“十三五”“十四五”职业教育国家规划教材各一部。

读者意见反馈

为收集对教材的意见建议，进一步完善教材编写并做好服务工作，读者可将对本教材的意见建议通过如下渠道反馈至我社。

咨询电话　400-810-0598

反馈邮箱　gjdzfwb@pub.hep.cn

通信地址　北京市朝阳区惠新东街4号富盛大厦1座
高等教育出版社总编辑办公室

邮政编码　100029

防伪查询说明

用户购书后刮开封底防伪涂层，使用手机微信等软件扫描二维码，会跳转至防伪查询网页，获得所购图书详细信息。

防伪客服电话　（010）58582300

网络增值服务使用说明

授课教师如需获取本书配套教辅资源，请登录“高等教育出版社产品信息检索系统”（xuanshu.hep.com.cn），搜索本书并下载资源。首次使用本系统的用户，请先注册并完成教师资格认证。

高教社高职电子商务专业教师交流及资源服务QQ群：218668588